U0916443

商业模式全史

[日] 三谷宏治 著

马云雷 杜君林 译

图书在版编目(CIP)数据

商业模式全史 / (日) 三谷宏治著；马云雷，杜君林译. —南京：江苏凤凰文艺出版社，2015

ISBN 978-7-5399-8950-1

Ⅰ. ①商… Ⅱ. ①三… ②马… ③杜… Ⅲ. ①商业模式-研究 Ⅳ. ①F71

中国版本图书馆CIP数据核字 (2015) 第294596号

江苏省版权局著作权合同登记：图字10-2015-502

ビジネスモデル全史 三谷宏治
"BUSINESS MODEL ZENSHI" by Koji Mitani

Original Japanese edition published by Discover 21, Inc., Tokyo, Japan
Simplified Chinese edition is published by arrangement with Discover 21, Inc.
Illustrator: Kuniko Nagasaki (Platinum Studio)

书名	商业模式全史
著者	[日] 三谷宏治
译者	马云雷 杜君林
责任编辑	孙金荣
特约编辑	秦 蕊
责任校对	孔智敏
版权支持	王秀荣 张晓阳
封面设计	刘红刚
出版发行	凤凰出版传媒股份有限公司 江苏凤凰文艺出版社
出版社地址	南京市中央路165号，邮编：210009
出版社网址	http://www.jswenyi.com
经销	凤凰出版传媒股份有限公司
印刷	三河市金元印装有限公司
开本	700毫米×1000毫米 1/16
印张	20.5
字数	287千字
版次	2016年1月第1版 2019年9月第14次印刷
标准书号	ISBN 978-7-5399-8950-1
定价	42.00元

(江苏凤凰文艺版图书凡印刷、装订错误可随时向承印厂调换)

目录

第 1 章 >

商业模式究竟为何物？

第 2 章 >

近代商业模式的创生期（1673—1969）

第 3 章 >

近代商业模式的变革期（1970—1990）

第 4 章 >

20 世纪末，速度与 IT 产业引领的创造期（1991—2001）

第 5 章 >

“巨无霸”的战争与“小个子”的崛起

（2002—2014）

第 6 章 >

如何进行商业模式创新

补 章 >

日本向世界发起的挑战

序言

《商业模式全史》一书的书名中蕴含了两层含义。

一是书中关于商业术语及经营战略术语的历史。

这些略带庸俗又极其暧昧的商业术语发展至今，可谓一路坎坷。它们时而被褒、时而被贬，时而受人冷落、时而受人拥戴。

商业术语[1]的历史大致可以分为以下三个时期：

第一时期，从远古到1990年前后。

这个时期虽然也存在着商业模式的概念以及相关术语，且这些概念和术语对日后诸多方面的变革都起到了决定性的作用，但当时使用它们的人却寥寥无几。

[1] 根据克里斯托夫·佐特和拉菲尔·阿米特的论文 *The Business Model*（2010）。

第二时期，1991—2001 年。为了解释互联网经济，[1] 商业术语在这一时期迅速发展至顶峰。

20 世纪 90 年代中期，随着互联网的大规模普及，互联网经济也取得了蓬勃发展。1993 年，Mosaic 浏览器[2] 公开后，亚马逊和雅虎都顺势而起。到了 1998 年，商业模式本身也成为了一种专利（例如 Priceline 的逆向拍卖模式）。无论是企业主、投资人，还是经营者、媒体，都纷纷使用此类术语，许多学者也对此表现出极大的兴趣。

随着 2001 年网络泡沫（.com bubbles）的崩溃，人们都认为“商业模式”这类术语也会和其他经营流行语[3] 一样最终因过时而惨遭淘汰。

然而，“商业模式”竟奇迹般地存活了下来，这必须归功于它的两大作用。作用之一是它回答了“竞争优势的持续性”问题，作用之二是它回答了“革

“商业模式”用途的变迁

	第一时期	第二时期	第三时期
时期	远古—1990	1991—2001	2002—
用途	未被广泛应用	①用来解释电子商务	②用来系统分析竞争优势的持续性 ③革新的源泉
序章中的事例	·美第奇家族 ·旅行支票 ·信用卡	·信用卡的在线支付 ·PayPal	·Square ·Paypal Here ·乐天的 SmartPay ·Coiney

[1] 又称为“.com 经济”。IBM 将其用于内部改良并命名为 e-business。属 IBM 的宣传用语。

[2] Mosaic Communication 成立于 1994 年 4 月，后更名为 Netscape Communication，1995 年 8 月成功上市。总市值曾一度暴涨至 20 亿美元。

[3] 1990 年底，NEC 公司为了提高办公电脑的销量，特聘田原俊彦为电视广告代言人，广告中田原大喊：“老板！隔壁的公司都引进 SIS 了！我们不能再等了！”SIS 即 Strategic Information System（战略信息系统）。

新方法”的问题。

而这两个问题恰恰是21世纪经营战略论必须要面对的两大课题。因此，2002年以后“商业模式”又迎来了它的“第二春”，即“商业模式”的第三时期。

《商业模式全史》这个书名中还蕴含了另外一层含义，即商业模式变革的历史。历史上存在过哪些重要的商业模式？它们是如何产生发展的？本书都会作一简要概述。

这部分的历史远比商业术语的历史范围更大、内容更深。不过，无论商业如何变化，其中的商业模式都是有规可循的，都是能够为我们所认知的。

归根结底，商业就是：

把采购来或生产出的价值提供给他人，以换取同等的价值。

这些要素的组合就是商业模式。凡是有实力的企业无不拥有自己的商业模式。

但本书记述的并非是那些“成功的典范”，而是那些敢于突破传统商业模式的“改革先驱”。

例如，从“价值补偿”的角度看，有“刀片＋刀架”模式的吉列公司，也有“广告模式”的哥伦比亚广播公司；从“价值提供”的角度看，有“百货店模式”的梅西百货公司，也有“连锁店模式”的A&P公司等等。

在这些开创了新型商业模式的先驱里，当然不乏一帆风顺的例子，但大多数公司都是历经坎坷，在摸索中努力寻找着前进道路的。其中，梅西百货通过全渠道销售模式走出了经济萧条，而美国A&P公司却终究没能逃脱破产的命运(2010)。

实践是先行人，理论是追随者。

克莱顿·克里斯坦森、马克·约翰逊、亚德里安·斯莱沃斯基、琼·玛格丽塔、克里斯托夫·佐特、拉菲尔·阿米特、亨利·伽斯柏等人均是商业模式理论的知名学者，正是他们的存在，商业模式理论才得到了巨大的发展。然

"商业模式革新"的历史

	第一时期	第二时期	第三时期
时期	创生期 第 2 章（1673—1969） 变革期 第 3 章（1970—1990）	创造期 第 4 章（1991—2001）	巨无霸和小个子 第 5 章（2002—2014）
各章节案例	"三井越后屋" 大型连锁商店 纵向一体化模式 / 分散经营模式 "刀片＋刀架"模式 广告模式 "计量收费"模式 "多产多死"模式 "小型复印机" 精益生产 / 金字塔模式 区域集中模式	直销模式 SPA 模式 "门户网站" "检索词广告" C2C 电子商务平台 B2B 电子商务平台 一站式购物 / 长尾理论	"免费＋收费"模式 面向个人用户的大型"免费＋收费"模式 社交网络 社交游戏 全渠道销售 开放式创新 乔布斯的"再发明" 知识产权经销商 超分散网络模式

而，商业模式真的可以增强竞争优势的持续性吗？商业模式作为改革创新的源泉，它的确有实际的意义吗？除了上述学者，波士顿、埃森哲等众多商务咨询公司也都在争相寻找着其中的答案。

迄今为止，商业模式似乎很好地解释了创新的实现和商业的持续竞争优势这两大问题，这不得不令人拍手称赞。不过，我们面临的最终挑战是如何运用商业模式来成功解决这些问题。当然，我们也许找不出简单明了的答案。

本书共涉及 70 个商业模式、200 家公司、140 位改革先驱和商业领袖。希望各位读者可以细细品读"商业模式理论三个时期的变迁"和"改革先驱们盛衰兴废的真正动力"。

在解释商业模式理论之前，我们都会用一个和"钱"有关的小故事作为铺垫来引出正文。首先登场的就是在文艺复兴时期曾赞助过多位艺术家的美第奇家族。[1]

[1] 赞助过波提切利、达·芬奇、米开朗琪罗、拉斐尔、瓦萨里、布伦齐诺、亚洛里等艺术家。

序 章

围绕“钱”的五种新型商业模式

乔凡尼·迪比奇
(1360—1429)

杰克·多西
(1976—)

“巨匠们的午后”序[1]

美第奇家族的创始人乔凡尼和 Square 的联合创始人多西

多西（以下简称为“多”）： 您就是美第奇家族的创始人乔凡尼·迪比奇·德·美第奇老先生吧，能在这儿遇见您，我真是备感荣幸啊！

乔凡尼（以下简称为“乔”）： 你就叫我乔凡尼好了，身边叫美第奇的人多了去了。多西先生，你是从事什么工作的？

多： 我啊，我开发了一款产品，有了它，人们在任何地方都可以使用信用卡付钱，而且不管多小的店铺，都不用再为拒收信用卡而感到难堪了。

乔： 嗯？信用卡？这是什么东西？

多： 哦，信用卡就是代替现金的信用凭证，人们可以用它买任何东西，而且是先拿货后付钱。美国银行推行了 VISA 卡后，现在信用卡已经是人们的必备物品了。

乔： 哈哈，跨越国境的证书（VISA），[2] 名字起得倒是不错。不过这种东西发行起来可没那么简单吧？个人不还款，商家要诈骗，风险可不小啊！

多： 所言极是，美国银行发行信用卡之初，就赔了好几百亿日元呢！

乔： 不过话说回来，超越风险才是金融的使命啊！想当年，我们在意大利北部从事汇兑业务，也

[1] 每章开头部分的小故事“巨匠们的午后”，均为虚构，仅作为正文引言，供大家一笑。

[2] 语源为拉丁语的 carta visa（调查过的证书），visa 是 videre（看）的过去分词。

正是向风险发起的挑战。14世纪，随着社会的进步，出现了跨国贸易，不过在当时，现金的流转可是一大难题。人们不仅要承担汇率带来的损失，而且在搬运的过程中也免不了提心吊胆。

多：从此世界上终于有了一张国际“汇兑·结算”网，从这边存入里拉，从那边就可以取出英镑。

乔：是的，特别是我们美第奇家族，编织了一张稠密的跨国信息网。假如我们收到了一笔由佛罗伦萨汇向伦敦的支付申请，我们会立即将该信息传达给伦敦支店，让他们找到一笔反方向的支付申请。这样一抵销，不用搬运一分钱，不仅消除了汇兑的损失和风险，还大大节省了结算时间。

多：信息就是力量啊。

乔：是的。不过我们在客户方面也做出了巨大的创新。通过把梵蒂冈吸纳为自己的客户，从欧洲各地上缴来的公款就成了为我们所用的资金。

多：原来如此。不过我做的事从某种意义上来讲正好与您相反。我不是把大客户，而是把无数的小客户聚集在了一起，做成一份大的事业。

乔：不过，针对小客户的风险管理可要费时费力多了。你能从他们身上拿到什么像样的担保呢?

多：您说对了。正因如此，我在风险管理上还真下了一番苦功。事先审查其实没有多大意义，所以我采取了另外一种思路，利用电脑的自动分析软件对每笔销售和支付状态进行审核，总算可以将风险缩减至可控范围。

乔：自动分析软件？你越说越有意思。不过，你的事业不容易被模仿吗？一旦被模仿，你可

创造不了300年的辉煌哦！

多：模仿嘛，总归是会被模仿的！所以我也清楚地知道我必须不断地改变，因为一旦停下来，一切就都完了。所以说，我的创新之路才刚刚开始！

乔：好样的，那我们就看看100年之后到底会怎样。

多：100年？

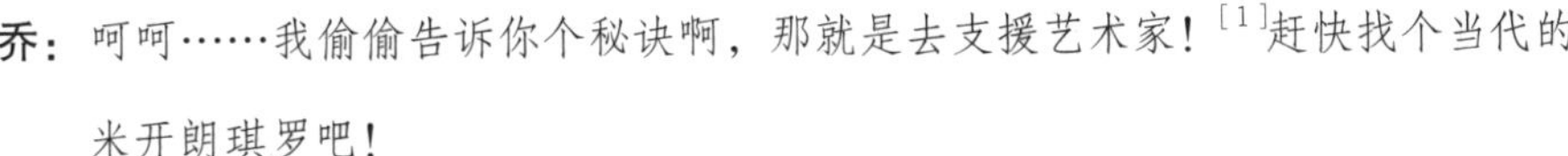

乔：呵呵……我偷偷告诉你个秘诀啊，那就是去支援艺术家！[1]赶快找个当代的米开朗琪罗吧！

[1] 当时，金融行业的社会地位很低，为了提高自己的社会地位，最主要的方法就是在财力、物力上对艺术家进行支援。除了米开朗琪罗，美第奇家族还支援过多纳泰罗、波提切利、达·芬奇等多位艺术家。

美第奇家族创建的国际“汇兑·结算”体系以及对梵蒂冈公款的巧妙运用

通过分散网点和信息网络构建起来的国际“汇兑·结算”体系

何谓商业模式？何谓商业模式的革新？为了弄懂这些问题，我们先纵观一下第1时期到第3时期中关于商业模式的若干实例。其中关键词为“汇兑·结算”。这类业务始于美第奇家族，此后的600年间又相继出现了由美国运通公司、VISA、PayPal、Square开创的不同支付模式。

货币作为商品（服务）的支付手段，是古代的一大发明。但到了中世纪（欧洲），由于贸易往来的不断扩大，跨国大额贸易的逐渐增多，利用货币（金银等）进行交易时会有诸多不便。

为此，从事货币兑换的商人在欧洲各地开设分店，让远隔两地的人实现了不同货币错时结算的可能。其中的主导力量，正是14世纪文艺复兴初期，以北意大利佛罗伦萨为据点的美第奇家族。

美第奇家族的乔凡尼·迪比奇·德·美第奇（Giovanni di Bicci de' Medici,

乔凡尼·迪比奇·德·美第奇

通过兑换业获取高额利润，为美第奇家族的繁荣奠定了基础。1410年起担任罗马教皇厅的财务管理员。

1360—1429）率先在整个欧洲建立起了稠密的信息网，成功开创了兑换、结算业务，并从中取得了丰厚的佣金收益。

比如，一旦有 A 国向 B 国的汇兑业务时，美第奇家族就会第一时间找到与之相反的汇兑业务（B 国向 A 国），这样就回避了汇兑的风险，也不必再大费周章搬运货币了。由此，让多数企业家备感安全的结算网络终于问世了。

化敌为友——美第奇把严禁利息的梵蒂冈也变成了合作伙伴

但有一个大难题，即势力庞大的天主教会严禁收取利息。[1]

“那汇兑业务，难道就不是（以佣金为名）收取利息的融资行为吗？”

结果，天主教会的罗马教廷（梵蒂冈）公开声明“佣金不是利息”，因此银行业（融资、汇兑、结算）终于名正言顺驶入了发展的轨道。这究竟是怎么回事呢？聪明的美第奇家族在账目中增加了一项名为“上缴给神”的款项，即捐献给教会和慈善事业的款项。正是因为这笔款项，美第奇家族与梵蒂冈成功构建起伙伴关系。

1410 年，美第奇家族又被梵蒂冈委以财务管理的重任，独自掌管着来自全欧洲的巨额财富。虽然佣金寥寥无几，但各国上缴的公款在纳入罗马教廷之前的数月，都成为美第奇家族自由使用的资金。

借此，美第奇家族：

①建立起了国际“汇兑·结算”网络；

②把梵蒂冈（某种意义上的敌人）变成了客户，并与之建立了伙伴关系；

③开创了利用教廷公款进行汇兑的新型收益模式。

[1] 伊斯兰教也禁止在其教徒中收取利息，但可以向其他教的教徒收取利息。

国际“汇兑·结算”体系

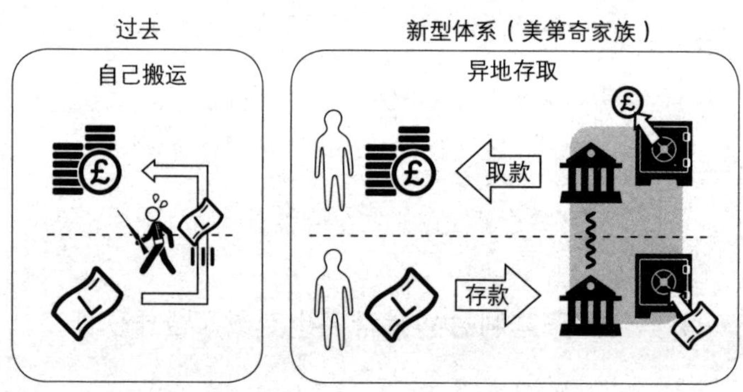

正是由于这种稳固的经济模式，从 15 世纪初，美第奇家族踏上了持续 300 年的繁荣之旅。

托马斯·库克和美国运通公司开发的旅行支票以及由此实现的个人国际结汇

运通老板的一声令下，世间有了“旅行支票”

到了 19 世纪末，美第奇家族开创的国际“汇兑·结算”方式，在托马斯·库克和美国运通公司的不断努力下，终于拓展到了个人层面。实现这一拓展的便是“旅行支票”。

其实在此之前，就存在着个人使用的支票，只不过在旅游目的地使用起来极其不便。就连当时美国运通公司的老板在旅游时也遭遇到了大麻烦。

他赴欧洲度假期间，美国发行的支票在当地居然不能使用。无奈之下他只好到当地银行换取些货币，然而银行的工作人员却告诉他海外发行的支票处理起来要花费些时日，结果问题推来搡去，迟迟也没能解决。

老板愤慨至极，回国后立即命人开发此类产品。就这样，1891 年，美国运通公司参与开发的旅行支票终于与世人见面了。

旅行支票

①把国际“汇兑·结算”业务拓展到了个人层面（旅行者），为了实现这一目标，其实要涉及诸多部门和许多相关者。

②发明了难以伪造的支票。[1]

③对商店、餐馆进行兑换补偿。

[1] 在当时，创造性地采用了两处签名和水印的认证方法。支票的样本会在发行前被送到世界各国的银行、酒店、商船、铁道等相关部门。

④丢失或被盗时，为顾客弥补损失，并立即补发。

可以说，凡是诚心诚意使用旅行支票的顾客，他的资金安全一定会受到保障。

⑤购买旅行支票时需提前付款。这样对支票的发行方来说既保证了资金周转，又可以在客人使用之前的这段时间获得利息。

为此又一种新的收益模式诞生了。

美国运通公司的旅行支票

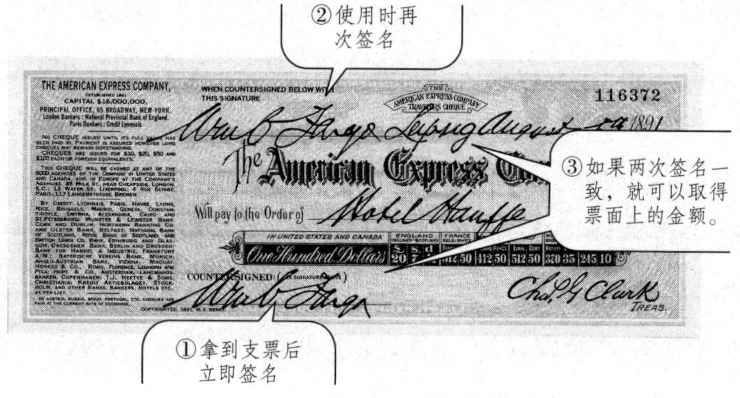

由美国银行的 VISA 卡构建起来的社会基础设施

无论何时何地何物，皆可赊购的信用卡

第二次世界大战以后，20 世纪 50 年代的美国抓住了世界复兴的机遇，在国内掀起了一波消费热潮。在此期间也涌现了大量的赊销公司，它们允许消费者月结。可是大量的赊销卡以及每月收到的大量账单，都让消费者十分头疼。要是有一张无论何时何地、无论购买何物都可以通用的信用卡就好了。

自 1950 年大来卡创办以来，十余家银行都推出了信用卡，可是无一例外，都没能形成规模。直到美国银行发行的银行卡（BankAmericard）才将信用卡业务提升到一个新的高度。

那么如何吸纳使用者呢？

首先就要确保该卡无论在何地都可以使用。因此发卡方的第一要务就是扩充加盟店的数量，只有加盟店足够多，使用者才会增多，而这又会反过来促进店铺的加盟热情，达到所谓的“网络效应”。不过为了实现这一目标，前期除了通过不断地投资来吸纳加盟店和使用者，别无他法。

在发行初期，美国银行曾遭受到严重的挫折。1959 年，美国银行在洛杉矶近郊试发行时，未能按时还款的人数远远超出了预期，[1] 不仅如此，大量的信用卡欺诈案件更是让美国银行蒙受了 2000 万美元[2] 的巨额损失。

不过美国银行并没有选择放弃，而是从中吸取经验教训，最终成功建立了覆盖全球的信用卡网络“VISA”。

---

[1] 未能按时还款的比例达到了 22%（原本预计为 4%）。

[2] 约等于现在的 1.2 亿元人民币。

美国银行的通用信用卡

1959　　1977

与以往的信用卡相比，VISA 卡有如下特点：

①对使用者来说，会费、手续费低廉（多数免费），且用途广泛。

②对加盟店来说，适当支付手续费，[1]但由于方便了消费者，各行各业都踊跃加盟。

③对发卡行来说，获得了信用卡收入。

④有利于依靠信息网络[2]的大型营销公司。[3]

顾客免费使用信用卡，商家适当支付手续费，这种盈利模式可以说是一种“免费＋收费”模式，我们会在后文中有所论及。

目前，在个人结算中使用 VISA 卡结算的比例已经达到了 15%—45%（日本 15%、法国 32%、英国 38%、韩国 43%、美国 45%。根据三菱 UFJ 研究和咨询公司的调查数据），可以说，VISA 卡已经成为一种社会上不可或缺的基础设施。

不过“汇兑・结算”业务中，仍有一些领域未被覆盖。那便是微支付（小额支付）和移动支付（手机支付）。

---

[1] 信用卡公司收取的手续费根据加盟店的行业、规模而有所不同，大体为成交金额的 3%—10%。

[2] NTT DATA 公司提供的“CAFIS”磁卡结算网络，覆盖了 120 家银行卡公司、1600 家金融机构和几十万家加盟店，平均每笔交易 NTT DATA 公司可从中获得 3 日元，因此年营业额高达 100 亿日元。

[3] VISA 和万事达卡本身是一家营销公司。

网络、密码和 eBay：PayPal 把陌生人连接在了一起

公开键密码，赋予网络的新安全

进入 20 世纪 90 年代后，网络的使用成本急剧降低，同时，因密码安全性的提升，“汇兑・结算”体系也悄悄地发生了变化。

1994 年，从事网页浏览器开发的网景通信公司大力推行 SSL2.0，即公开键密码的通信方式，成了高安全性 TSL 协议的先驱。

1992 年，互联网上的在线店铺（以下称为网店）实现了信用卡支付的可能，随着通信安全性的不断提高，互联网经济已逐渐走进了百姓生活，现在有一半以上的网络交易都是通过信用卡进行结算的。[1]

当然这里面还有一些问题尚未解决，直到 1999 年 PayPal 的出现，这一问题才变得不是问题。

埃隆・马斯克

美国著名的企业家，出生于南非。考入斯坦福大学研究生院后，仅上课 2 天就选择了退学。退学后他和哥哥共同创立了 Zip2 公司，从中获利 4100 万美元。

其后又将创立的 PayPal 卖给了 eBay，利用这笔资金再次创立了 SpaceX 和 SolarCity 两家公司。曾向特斯拉公司投资，并担任 CEO 一职。

[1] 在日本，排在第 2、3、4 位的结算方法分别是现款现货、银行转账或邮政汇兑和便利店支付。

埃隆·马斯克（Elon Musk，1971— ）对这项技术表现出了极大的兴趣，因此在第二年便将其成功收购。他通过各种营销手段，使 PayPal 成为街头巷尾议论的话题，因此用户的数量也有了大幅度提升。而 PayPal 的舞台正是世界最大的拍卖网站 eBay。

eBay 上多数交易是个人间或者个人同中小微企业的交易，想要扩大使用者的范围，就必须冲破两重壁垒。一是信用保证的壁垒，二是小额结算的壁垒。

PayPal 成功打破了个人结算的壁垒——“信用”和“小额结算”

一方面买方不愿意把信用卡号码等信息告诉给素不相识的对方（个人）；另一方面通过银行汇款，不仅要手续费，而且先付款再收货的形式也令人担心。

更要命的是，卖方多为小型商户（或者个人），大多数都没有通过信用卡公司的审查。

不过，PayPal 成功解决了这些难题：

①买方不必把信用卡的相关信息告诉对方，通过邮件、网页即可完成支付；

②卖方只需开办 PayPal 户头，操作简便，无须月租金，且手续费低廉（小于 2%—4%）；

eBay

用户间（C2C）的线上拍卖及购物平台。创始人皮埃尔·奥米迪亚在 28 岁那年，利用休假编写了一组源代码，这便是 eBay 的原型。网站最初的交易物品是一支坏掉的激光笔。

③ 实行“保护买家制度”，即当交易出现问题时，款项会退还给买家；

④ 借用互联网的信息体系，用较少的成本完成了基础构建。

通过以上创新，PayPal 冲破了“信用”和“小额结算 ”这双重壁垒，让素不相识的人也实现了自由交易。

这项服务迄今已有 16 个年头了，目前用户覆盖了 203 个国家，账户数也达到了 1.52 亿。

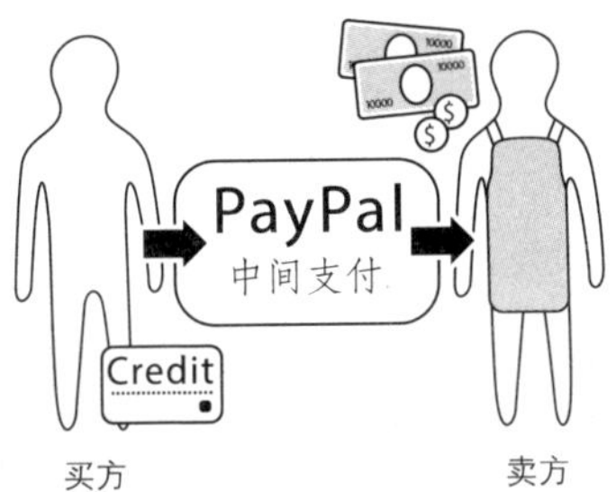

PayPal

介于买方和卖方之间，打破了“信用保证”和“小额交易”双重壁垒。2002 年以 15 亿美元的价格被 eBay 收购，从中诞生了许多名震江湖的“PayPal 黑帮”人士。

PayPal 已经成为名副其实的国际“汇兑・结算”体系。它的年结算金额高达 1800 亿美元（2013 年），相当于新西兰整个国家一年的 GDP。

2002 年 2 月，PayPal 刚一上市，eBay 便决定投资 15 亿美元将其收购。当然，这其中也不乏批评之声，认为收购价格过高。不过如今，PayPal 每年可以创造 66 亿美元的高额利润，不容置疑它已经成为了 eBay 最大的摇钱树。

此后，埃隆・马斯克本人又先后创办了太空探索技术公司（SpaceX）和特斯拉（Tesla）公司，真可谓是一名当之无愧的连续创业家。

PayPal 完成收购后，许多重要员工陆续从公司离职，创造了属于他们各自的传奇，被世人称为“PayPal 黑帮”（PayPal Mafia）。而这次收购也成为硅谷“创业 Style”转型升级的大事件之一。

现场支付的新方式：扩大卖方，改变买方的 Square 革命

现场支付的革命

手机支付恐怕就是“汇兑·结算”的最后战场了吧？

手机支付有两种方式，一种是利用智能手机进行在线支付，另一种是利用手机终端进行现场支付。

前者发展极其迅猛，目前两成以上的在线购物都采用了这种支付方式。这种支付方式只要借助信用卡和 PayPal 即可轻松搞定。问题是后者该如何完成支付呢？

正当人们一筹莫展时，另一名连续创业家走进了人们的视线，他就是杰克·多西（Jacky Dorsey 1976— ），他继 2006 年成功发明了推特（Twitter）后，2009 年又成功开发了 Square。[1]

只要在 iPhone 或者 iPad 等移动终端插入一个 2 厘米大小的方形读卡器，下载一个 APP，输入银行账户，移动设备立刻就变身为一个信用卡结算终端了。

杰克·多西

纽约大学肄业。14 岁时曾设计出一款出租车调度软件。2006 年，经过长达 5 年的酝酿他终于成立了 Twitter 公司。2009 年，又成立了 Square 公司。2013 年底正式加入沃特·迪士尼公司的董事会。

[1] Jacky Dorsey 也向 Foursquare 进行了投资。

这项尝试来自“无论何时何地都能方便结算”的理念，Square 希望能够为包括大型商场在内的所有店铺，提供一种灵活简便的结算方法。

目前，优衣库（东京银座店）已经采用了这种结算方式。店员们手持装有 Square 的 iPad，在为您介绍商品的同时就可以帮您结账。

可以说，Square 是一种以信用卡为基础的新型支付方式。

①对买方而言，扩大了信用卡的使用范围、缩短了支付时间；

②对卖方而言，允许消费者使用信用卡结算，为消费者提供了便利；

③低廉的手续费（略大于 3%）和快速的到账时间。

这种新式的结算手段，特别是对卖家来说，蕴藏了无限的可能。

Square 真的有竞争优势吗?

的确，Square 改变了顾客（买方和卖方）的价值。但是它有持续竞争的优势吗?

单从日本市场来看，就已经出现了三四家类似的企业。如 PayPal Here、乐天 Smartpay，还有日本产业革新机构投资的 Coiney[1] 等等。

关于加盟商户的手续费，Square 为 3.25%，乐天为了与之争夺客户，将手续费定为 3.24%，因此短短几个月 4 家移动支付商就都将手续费调整至了 3.24%。

利用 Square 读卡器进行结算

[1] 由一毕业就供职于 PayPal Japan 的佐俣奈绪子女士一手创办。

关于支付后的到账周期，各个公司（有条件限制）也分别给出了“当天到账”和“隔天到账”的承诺。同时也覆盖了iPhone、iPad、iPod touch、Android各类移动终端。

如此一来公司间还有差别吗？会不会因恶性竞争，最后两败俱伤呢？

在北美地区，Square能在竞争中存活下来，主要应归功于它对审查方式的创新和占领市场的速度，以及对“使用便捷”“费用低廉”的不懈追求。

加盟Square之前，既不需要当面审查，也不需要提供纳税证明，只需要通过电话接受银行账户和身份信息的认证即可。

Square重视的不是事前审查，而是事后审查。它通过把握不同的结算类型，一旦发现异常，便立即停止结算。

Square 支付终端

一般情况下，配有收银系统的POS机需要700美元，配备锁钱箱和打印机的POS机需要299美元。

对店铺来说，设备成本低廉。即便不购置昂贵的POS机，只要在现有的移动设备插上读卡器，下载相应APP就可以实现移动支付了。

加盟商户的激增，让Square大获全胜。

从2010年推出服务开始，短短的3年间Square在北美就吸纳了420万加盟商户，年交易额超过150亿美元。更值得一提的是，Square已全面覆盖了美国7000多家星巴克咖啡店。

接下来的问题就是，这一竞争优势是否能延续至国外呢？

Square通过和三井住友银行（VISA集团的主力银行）展开的合作，正积极

Square 改变了设备以及对商户的审查方式

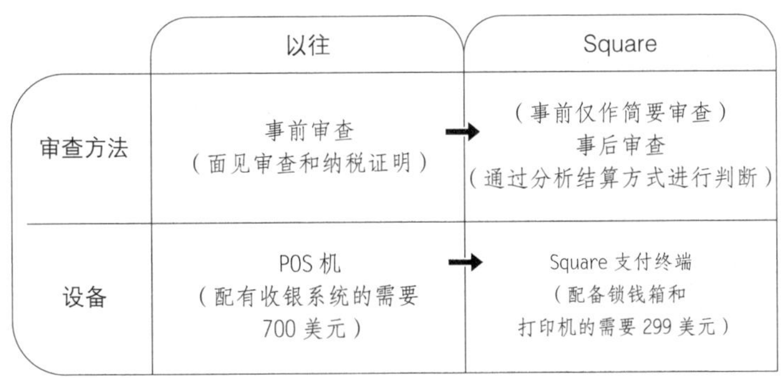

	以往	Square
审查方法	事前审查（面见审查和纳税证明）	（事前仅作简要审查）事后审查（通过分析结算方式进行判断）
设备	POS 机（配有收银系统的需要 700 美元）	Square 支付终端（配备锁钱箱和打印机的需要 299 美元）

地开拓着日本市场。与此同时，对苦于吸纳商户的信用卡公司来说，这或许也是个千载难逢的好机遇吧。

协同发展的三大企业 vs 单枪匹马的 Coiney

在日本国内，PayPal、SoftBank、乐天三家公司形成了三足鼎立之势。它们在市场定位、竞争力和营销资源上各有所长。

PayPal Here 的优势，不言而喻正是 PayPal 自身这一平台。它们有一套行之有效的方案可以引导 PayPal 用户使用 PayPal Here，并且承诺当日即可到账（到达用户的 PayPal 账号上）。

当然，作为竞争对手的 SoftBank 也不甘落后，[1] 为了吸纳商户在营销上也拼尽了全力，可惜目前商户只能使用 SoftBank 的终端。

乐天 Smartpay 的优势也在于它和乐天产业的协同合作，不过它要求必须使用乐天银行。如果使用他行，则享受不到初期免费、隔日到账以及免费打款等诸多优惠。

而来自互联网企业的 Coiney 则大打感情牌，它宣称“自己是纯正的日本血

[1] PayPal Japan 是由 PayPal 和软件银行集团按 50：50 的投资比例成立的公司。公司于 2012 年成立。孙正义表示要借此举改变信用卡业务尚不发达的日本市场，通过营销团队将信用卡这种结算方式（使用读卡器）快速推广至百万家店。

日本的移动支付对照表

	PayPal Here	Coiney	乐天 Smartpay	Square
业务起始时间	2012 年 9 月	2012 年 10 月	2012 年 12 月	2013 年 5 月
入账手续费	5 万日元以上不收取手续费	10 万日元以上不收取手续费	乐天银行不收取手续费	所有银行都不收取手续费
可利用终端	仅 SoftBank	智能机 iPad	智能机 iPad	智能机 iPad
母公司 / 合作公司	PayPal SoftBank	Credit Saison	乐天	VISA 三井住友卡

统”“某某商业街已经全盘使用了 Coiney”“和企业无牵扯，可以任意组合”等等。2013 年，Coiney 先后获得了日本产业革新机构的 8 亿日元投资和 Credit Saison 公司的 5 亿日元投资。

这四家公司各持法宝，究竟是市场地位，还是竞争力，抑或是营销资源会成为决胜的利器呢？大浪淘沙，最后胜出的公司（一二家）将为我们揭晓答案。

至此，我们简单回顾了一下“汇兑 · 结算”层面上的经济模式变迁：

从美第奇家族创建的国际公款汇兑网络、美国运通公司开发的旅行支票，VISA 公司发明的通用信用卡、PayPal 实现的个人小额结算，到 Square 的移动终端支付。

其实这些不仅是一个企业自身的战略，它更是商业模式创新的动力所在。

第 1 章

商业模式究竟为何物?

约瑟夫·熊彼特（1883—1950）　　克里斯托夫·佐特

“巨匠们的午后”1

“创新理论”的鼻祖熊彼特与“商业模式论”的盟主佐特

佐特（以下简称为“佐”）：熊彼特博士，您好。我叫克里斯托夫·佐特，目前正在从事商业模式的研究。能在这见到您这位“创新理论”的奠基人，我真是三生有幸啊。

熊彼特（以下简称为“熊”）：你所说的“创新理论”和“商业模式”究竟所谓何物？作为学者，你得先把概念弄清楚啊！

佐：是啊，您真是一针见血。的确现在有很多人还没有弄懂概念就开始高谈阔论了。英语中“innovation”（创新）一词源自拉丁语“innovare”，意为“更新”，在这我把它理解为“能给社会带来巨大价值的革新”。

熊：嗯，很好。创新绝不是从无到有，也不是技术进步。如果把动力源从“马”到“蒸汽机”的变化看作是技术进步的话，那城市交通从“公共马车”到“轨道交通”的变化才是创新。有了创新社会才真正有了变化。

佐：那“商业模式”就是构成“公共马车”和“轨道交通”的诸要素之间的联系了。换句话说就是“为何人，采购何种物品，创造何种价值，最后以何种方式换取等价物”。

熊：那它和创新有什么关系呢？

佐：目前主要有两种理论。一种叫“坐骑理论”，另

一种叫“自身理论”。前一种理论认为“新技术乘着‘商业模式’这头坐骑才走向了创新”，后一种理论则认为“商业模式自身的巨大改变即创新”。

熊：所言极是！这正是我在1912年《经济发展理论》一书中主张的“新结合”（New Combination）理论嘛。只有新要素的新结合才能引起社会的变化。

佐：甚至可以说这是“企业保持竞争优势的源泉”啊！因为商业模式整体的变化，是别人难以效仿的。

熊：言之有理，不过我的理论是为了解释“经济发展”和“景气循环”，可不是为了解释企业间竞争的哦！我对那些可不感兴趣。

佐：这、这样啊……

熊：怎么？有问题吗？我不是说了嘛！我的兴趣在“经济发展”上。企业间的竞争可能是一种原动力，但创新只有在开拓新市场时才具有价值。为此，竞争对手也可能是合作伙伴。

佐：IT产业成功地孕育了各式各样的“新结合”，以至于商业模式这一术语甚至被胡用乱用。但是我感觉为了开拓新市场，商业模式的理论还是有价值的。要么我就给您说说商业模式革新的历史吧，希望您能感兴趣。

熊：兴趣倒是有，但长篇大论我可没时间听！你就给我讲个梗概吧。

佐：那是、那是，那我就从商业模式的定义和意义，以及经营术语的使用变迁上说起吧，您看如何？

熊：嗯，好哇！不过先等一下，该我们选冰激凌了。佐特，你要不要也来那个绿色的？

商业模式并非一成不变

“商业模式”究竟为何物?

克里斯托夫·佐特（Christoph Zott）和拉菲尔·阿米特（Paphael Amit）曾在他们的《商业模式》(2010)[1]一文中指出“商业模式这个词用起来确实很方便，不过当前还没有一个明确的概念，即使经常使用的人中恐怕也有四成左右的人其实并不了解它的真正含义”。

那么换个词汇来解释呢，比如：“set”“statement”“architecture”“description”“method”“structural template”“pattern”“farework”等，恐怕也只会让人更加糊涂吧?

那么真如《魔球》的作者迈克尔·刘易斯所言，“商业模式”只不过是“故弄玄虚”的词语而已吗?“商业模式”究竟所谓何物?到底又有什么作用呢?

历史上也有许多学者提出过自己的定义，究竟孰对孰错，再争论下去恐怕也毫无意义。因此，我在整理前人的基础上，试着给出了自己的答案。

克里斯托夫·佐特

先后于德、法两国就学，在学期间（研究生）成绩优异。在加拿大获得博士学位。现为西班牙 IESE 商学院的教授，被誉为商业模式理论的鼻祖。

[1] *The Business Model : Theoretical Roots, Recent Developments, and Future Research*（2010）。

首先，商业模式是为了拓展传统经营战略框架而产生的概念，它的目的是为了应对商业的多样化、复杂化、网络化。

具体来说，经营战略框架有以下五大特征。迄今为止，①顾客的锁定（精简）一直被看作是经营战略的开端。但从商业模式角度来讲，可以说就是明确了利益相关者的整体范围。通俗点说，即凡是参与该商业的各方都属于“顾客”范畴。

因此，②原来的价值（提供给顾客的价值）就成为了总价值（参与者全体创造的总价值，Total Value Creation，简称为 TVC）。

通常，某一公司的收益来自提供给对方的价值（价值回报）。而在商业模式范畴中，包括直接客户在内的所有利益相关者创造出来的价值总和（TVC）就成为某一公司可能获得的最大收益。

上述的①和②应该就是传统战略论中所谓的“市场定位”（和价值定位）吧。

那么，如何让这些收益流入到自己公司呢？这便是③收益流问题。而把收益流和成本组合在一起就成了一道复杂的应用题（收益方程式）。这里面包含了大大小小各种问题。例如：如何把收费顾客和免费顾客组合在一起？选择广告模式时，应该针对大客户，还是聚集小客户？

④为了解好这道应用题，方法和资源（竞争力）的重要性不言而喻。然而我们不应该单纯地将其理解为“自己公司的资金链和经营资源”，而是应该看到“自己公司和其他企业以及竞争对手在不断协调的过程中所产生的整体价值”。

因此我认为，把①—④的观点统合在一起就是商业模式下的经营战略框架。

迈克尔·波特（Michael Porter）在 1985 年提出了五力分析模型，即围绕公司的五种力量决定了企业的盈利能力。而从当代的商业模式概念来看，大家更倾向于把这五种力量看作是价值和收益的源泉，是与自己公司协同发展的参与者。

其实，在商业模式下⑤无论是从上至下（市场定位到竞争力），还是从下至上（竞争力到市场定位）都绝不是一成不变的，而是相互联系、融会贯通的（请参见以下图表)。

关于商业模式的定义咱们就简单论述到这，接下来让我们按照佐特的分类方法一同看一下经营战略论中的商业模式是如何变迁的吧。

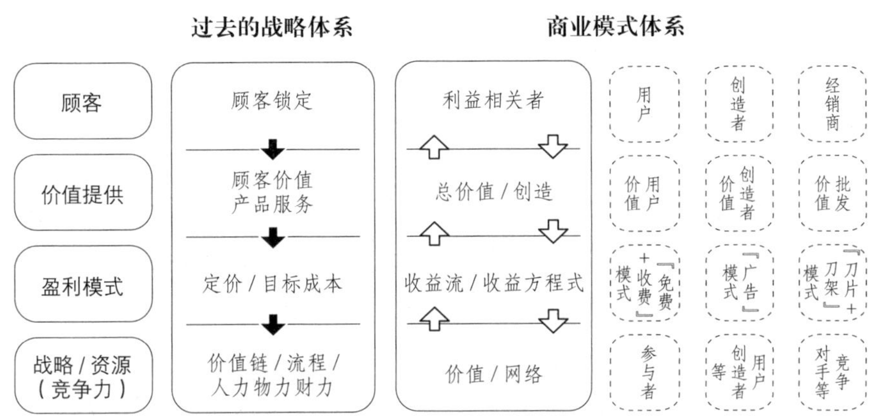

商业模式的创造与革新从未间断，商业术语却鲜为人知（远古到1990）

始于“分工”与“货币”的商业模式变革

如果说商业就是“如何把采购来或生产出的价值提供给他人，以换取同等价值”的话，那么这些要素的组合便可谓是商业模式。

商业模式的雏形始于人类分工合作的时期，这一时期他们的能力有了显著提高，尤其在文字出现以后，人类文明上升到了一个新的高度，与此同时，许多新事物都应运而生了。

例如，零售业这一形态，就由最初分散的①零售店聚集在一起发展成了②百货店，之后又进一步发展成了③自选超市。

与此同时，为了追求规模效应，店铺的经营模式也由单一经营发展成了连锁经营。店铺的拓展模式也不再局限于直销模式，特许经营、自由连锁经营等各种新模式也都陆续登上了商业舞台。

另外，前文中提到了“汇兑・结算”体系，其中货币的发明可以说就是最大的商业模式变革了。通过这项发明，人们成功地将使用价值和价值相分离，从物物交换的束缚中摆脱了出来，并且实现了价值的储藏和积累功能。

世界上最早的铸造货币——琥珀金币

吕底亚王国（公元前670年）的铸造货币，由大颗的天然黄金刻印而成。

此后，无论货币如何变化，也只不过是在形态和途径上的改

各种“汇兑·结算”体系下的商业模式案例

	美第奇家族的国际公款汇兑	托马斯·库克/美国运通公司的旅行支票	美国银行的 VISA 卡	eBay 的 PayPal	Square 的新型结算方式
顾客	经营范围拓展到了梵蒂冈	旅行者和观光店	个人用户 普通商店	线上拍卖使用者(买方和卖方)	个人用户 大小型商店
价值提供	降低收款风险 缩短网点距离	扩大使用范围 降低加盟风险	降低使用风险 通过加盟提高集客能力	降低支付风险 通过使用提高集客能力	提高利用频率 缩短网店距离 简单加盟
盈利模式	来自汇兑手续费,并非利息 网络体系内的使用效益	旅行者支付的手续费 预支款项的使用效益	加盟点支付的手续费	卖方支付的手续费	加盟店支付的少量手续费
竞争力	跨国支店网络 快速的信息网	难以伪造的支票 设计的公开化	特许经营形式 IT 基础设施	利用互联网低成本化	利用信用卡这一公共资源

变而已。美第奇家族完成了货币流通的国际化,通过构建的高速情报网络避免了货币搬运的风险。此后又把当时最大的国际“金融机构”——梵蒂冈变成了自己的客户,可谓商业模式变革上的又一次成功。

经济学家约瑟夫·熊彼特(Joseph Schumpeter,1883—1950)曾指出:“只有企业家和金融机构推动的改革,才是经济活动(和景气变动)的原动力。”[1]

其实这不言而喻。18 世纪产业革命以后,各国的企业家都努力寻找新的商业模式,着力加强金融功能,充分发挥了它们支撑经济的重要作用。

定位学派与能力学派的论争

不过,当时还很少有人认识到这属于商业模式的问题,人们只是单纯地把它看成是一个经营战略论的问题。

始于 20 世纪的经营战略论是一部伟大的理论体系,它主张把公司组织看作

[1] 在《经济发展理论》(1912)中,把革新定位为经济发展和景气循环的源泉,在此理论基础上主张企业家以及金融机能的重要性。

一个系统，强调公司应充分发挥系统功能，积极适应外部环境，最终打败竞争对手。当时可谓是百家争鸣，不过影响力最大的还要数定位学派和能力学派（请参考《经营战略全史》）。

- 定位学派：市场定位准确即可获胜

  代表人物：迈克尔·波特

- 能力学派：比起市场定位，企业的核心能力等综合实力对于维持竞争力更为重要

  代表人物：巴尼

此外，还有以环境为中心的观点，各种要素组合（组合派：亨利·明茨伯格等等）的观点，但在当时都未能成为主流。而定位学派和能力学派均以公司为战略中心，它们的观点简单易懂，且内容丰富，足够公司去实践了。

其实那时的企业家，接触的世界还不大，而且很简单。

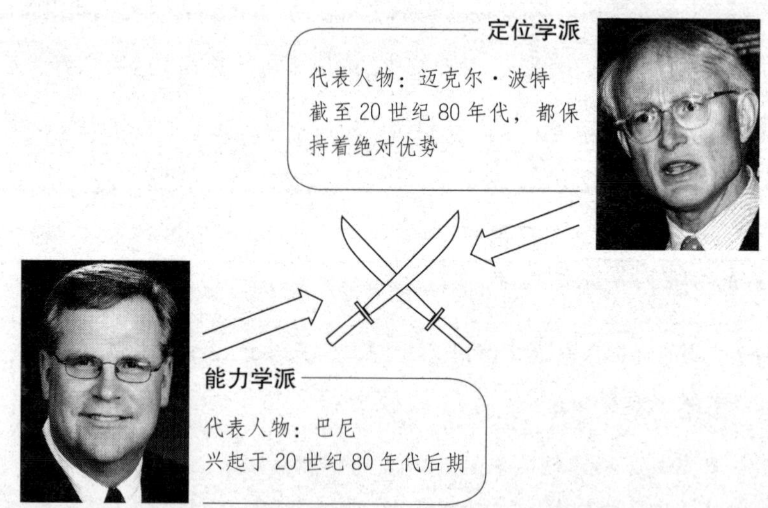

为了解释网络经济，商业术语被乱用一气（1991—2001）

互联网中爆发的“自由”

自从有了网络，世界变得复杂又充满了机会。

互联网的商业利用始于 1988 年。1993 年 Mosaic 浏览器公开发布后，互联网的使用人数有了迅猛的增长。

1994 年，该公司开发的浏览器 Netscape 一经发布就迅速占领了市场，1995 年 Internet Explorer 通过和微软的 Windows 95 进行捆绑式销售，使当年的数据流量[1]较上一年增长了 12 倍，且 1996 年的流量又达到了上一年的 10 倍。

两年翻了 120 倍！这在现实世界中是无论如何也难以想象的。

网络不仅改变了信息蕴含的价值，还解决了“广度”（Reach）和“深度”（Richness）此消彼长的矛盾。[2]

由此，在商业中，“向谁”“提供什么价值”“如何获取报酬”“如何操作”等，各个层面的自由度都有了成倍提高。

- 以前不可能成为顾客的人成为了顾客
- 以前不可能提供的价值现在可以提供
- 以前不可能实现的融资方法现在实现了（比如从 100 万人中每人融资 100 日元）
- 通过协同合作，涉及范围更加广泛了

[1] 美国的月平均数据流量，1995 年为 0.2 PB，2012 年为 13143 PB。PB 为数据存储容量的单位。

[2] 波士顿咨询公司的菲利普·埃文斯于 1995 年在《网络资本主义的企业战略》（*Blown to Bits*）一书中提出这一观点。

互联网的飞速发展（美国：月平均）

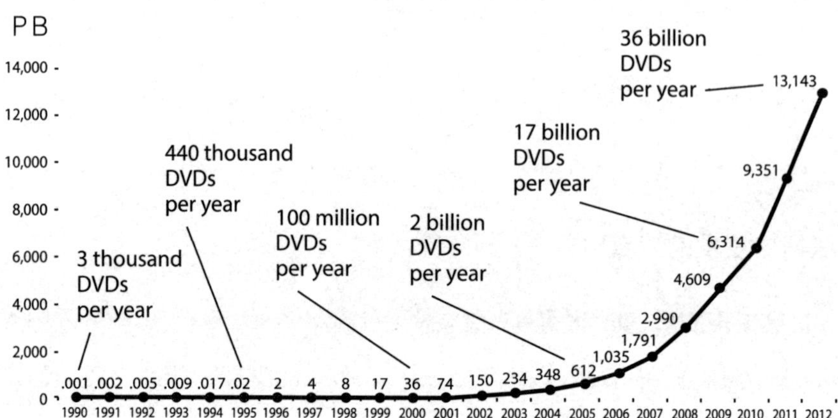

出处：Cisco Visual Networking Index and USTelecom Analysis.

当这些要素组合在一起的话，商业形态的范围就会呈现几何倍数拓展。

于是，从中发现商机的人们，开始共筑“网络经济”，大批投资人、资本市场聚集一起。这一时期“网络经济”的发展态势散发着无穷的魅力。

1994 年雅虎、亚马逊创立，1995 年 eBay 创立，1998 年谷歌创立……当今的互联网巨头，几乎都始创于那个时代。当然还有数以万计的公司在创业途中惨遭失败。

1998 年，Priceline 网站在美国成立，公司刚一成立即为其核心的业务模式“用户定价系统”申请了专利。这让许多人对“靠新模式赚钱”充满了信心。

世纪末的网络狂想曲：商业模式论的滥用以及相关著作

到了 20 世纪末，人们都认为“速度就是生命”“有新观点、有新模式就能赚钱”（也称作积极的误解），很多人把“商业模式”简单地理解为“企业计划”，于是大家都在拼命地撰写“计划书”。

在当时，所谓的创业人士只要把一份名为“商业模式”的企划书拿给投资方，再用网络术语一忽悠，就可以拿下百万美元的投资了。

创业者（很多是大学没念完的人和一些怪咖）、投资人、学者，大家都沉醉在“商业模式”一词当中。

20 世纪 90 年代后期，许多关于商业模式创新的优秀观点也出现在了世人面前。

其中包括：

《网络资本主义的企业战略》（*Blown to Bits*，菲利普·埃文斯，1995）明确了网络的本质。

《合作竞争》（*Co-opetition*，拜瑞·内勒巴夫等，1996）基于游戏理论，阐述了合作和竞争的作用。

《发现利润区》（*The Profit Zone*，亚德里安·斯莱沃斯基，1997）在商业模式（而非市场份额）中寻找企业成功的原因。

《开放体系战略》（国领二郎，1999）提出企业应构建为对外开放的形态。

这些著作，即便在今日，依然有着重要的指导作用。

2000 年，在“IT 产业”的强劲推动下，纳斯达克指数突破了 5000 点，较

Blown to Bits: How the New Economics of Information Transforms Strategy（1995）
Philip Evans, Thomas S. Wurster

Co-Opetition（1996）
Adam M. Brandenburger, Barry J. Nalebuff

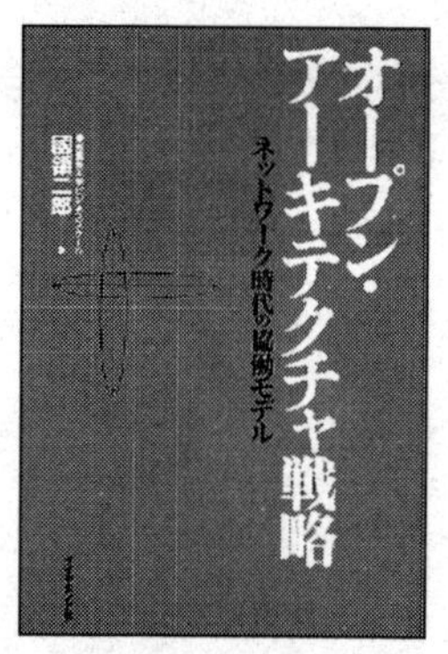

《开放体系战略：互联网时代的协作模式》(1999)
国领二郎

The Profit Zone : How Strategic Business Design Will Lead You to Tomorrow's Profits (1997)
Adrian J. Slywotzky , David J. Morrison

4 年前翻了 5 倍。与此同时，关于商业模式的著作、论文也与日激增，年度发表数量将近 500 部（篇）。

从 1991 年开始，商业模式论在短短的 9 年间，从无名之辈一跃成为时代的宠儿。

但这波狂潮，随着 2001 年网络泡沫的崩溃也戛然而止了。

“9 · 11”恐怖袭击事件之后，全球经济一蹶不振，甚至有人认为商业模式论也终于走向了时代的终点。

商业模式革新的时代(2002—)

商业模式——持续竞争的优势之源

然而商业模式论没有消亡。为了拯救泡沫崩溃和恐怖袭击后经济低迷的状态,“革新”和“持续竞争优势”可谓是不可或缺的两大法宝。而商业模式论恰好可以帮助人们分析这两大问题。

究竟如何保持企业的持续竞争优势呢?

其中的秘诀,在于准确的定位呢,还是强大的实力呢,抑或是各种要素的统一体(商业模式)呢?

1994 年风靡一时的战略大师加里·哈默尔,在他《为未来而竞争》(*Competing for the Future*)一书中曾断言:“这是革命的时代!”“创新的商业模式才是竞争优势的源泉!”这倒是与迈克尔·哈默(Michael Hammer,1948—2008)[1]的观点——“打破原有的一切”颇为相似。

不过的确如此吗?对一个企业和它的经营者来说,彻底改变是何等困难!哈默宣称的革命性的企业再造到头来也只不过是一个概念,最后连这个概念也无人理睬了。[2]

2000—2004 年期间,密歇根大学的学者阿兰·奥佛尔(Allan Afuah)提出了“商业模式直接关系利益”这一观点。商业模式本身就是定位论和能力论的融合,是发挥经营战略力量的概念体系。

---

[1] 他的经典著作《再造企业》(*Reengineering the Corporation*,1993)销售量超过 300 万册。

[2] CSC 是一家提供企业再造服务的商务咨询公司,它曾创造了 10 年营业额翻 20 倍的业界奇迹。1999 年破产清算。

阿兰·奥佛尔

商业模式论学者，著作有*Internet Business Models and Strategies*（与Christopher Tucci合著，2000）、*Innovation management：strategies, implementation and profits*（2003，畅销书）。

世界上著名的工具制造商喜利得公司，为了在发达国家市场守护住重要的客户资源，在商业模式上做了大胆变革——由制造业转向服务业。

顾客选择“Fleet Management Service”这项服务时，首先需要根据使用的工具种类和数量支付相应的费用。虽然这项费用比购买还高，但其中既包含了修理、替换的服务费，还包括了失盗补偿等保险费。

为了推行这项服务，喜利得公司专门构建起了一套工具管理体系和客户信息网络。因为营销方法和营销对象的同时转变（以前只要向使用者解释工具的功能和价格即可，现在需要向使用方的高层解释该服务包含的综合价值），业务人员也曾困惑不已。

喜利得公司的 Fleet Management Service

	通常		Fleet Management Service
顾客	现场的使用人员	→	公司高层
提供的价值	工具性能、信誉、快捷服务	→	各种性能、周密服务（交换、修理、调换工具种类、失盗补偿）
收益模式	工具费用	→	标准定价（略高）
竞争力	工具性能	→	专业的工具管理体系 快捷的客户信息网络 面向对方高层的营销能力

不过正因如此，才保证了公司长期的竞争优势。因为只有那些难以成功、规模庞大的新型商业模式才不容易被效仿。

一个企业，如果既不改变产业结构、利益组成，也不改变企业构造的话，就绝对不会取得成功。埃森哲对全球 70 家重点公司所做的调查（2001）以及 IBM 对 765 家公司所做的调查都充分验证了这一观点。

特别是 IBM 通过调查得出，在企业构造上，积极同企业外部保持合作关系的企业往往会取得较高的业绩。这正是商业模式论的热门大作《开放式创新》中阐述的真谛。

商业模式——革新的载体

2002 年，哈佛商学院的学者亨利·伽斯柏（Henry Chesbrough，1956— ）和理查德·罗森布鲁姆（Richard S. Rosenbloom）对 35 家从施乐帕克研究中心（Palo Alto Research Center）衍生出来的技术型投资公司[1]做了一份调查，得到如下结论：

“单靠技术无法培育革新”；

“为了实现革新，对商业模式进行适当的调查和研究是必不可少的”。

亨利·伽斯柏

加州大学伯克利分校教授，开放式创新研究中心主任，“开放式创新之父”。著书有《开放式创新》（2003）等。

[1] 3Com、Adobe、Documentum 等。

例如，家喻户晓的 Adobe 公司。它的成功就绝不是靠一个好产品能够取得的。

通过激光打印技术，完美呈现打印效果，这原本是 Adobe 公司的核心技术。[1] 但是 Adobe 公司并没有单纯出售这项技术。PDF 部门采用了一种新的商业模式（Two-Side Platform），它们对阅读器的使用者实行免费，但对文本编辑器的使用者实行收费。

由于 PDF 被安全锁定后无法修改，用在商务往来中的 PDF 文本逐渐取代了纸质文本的地位。

如今 PDF 部门，年销售额已达到了 1500 亿日元，利润更是高达 500 亿日元，名副其实成为 Adobe 公司的支柱型产业。

尽管 R&D 成本不断增加，技术寿命不断缩短，短期化的收益依然是技术型投资公司不变的目标。但如果一个企业选择了错误的商业模式或者发现错误却未能及时修改，那么它一定会被淘汰出局。

Adobe PDF 的双向平台模式

	平台 1	平台 2
顾客	普通用户（阅读方）	内容制作（编辑方）
价值提供	方便阅读 （Adobe Reader）	优质的编辑性能 （Adobe Acrobat）
盈利模式	免费	收费
竞争力	浏览和打印的美观度 / 平台转换（PostScript 语言） 难以修改，可以作为电子凭证（安全性技术） 通过公开发布扩大市场，通过申请专利保持竞争力	

[1] 为苹果公司（乔布斯）开发的打印机驱动程序（PostScript 语言）。

总而言之，商业创新只有找到了合适的载体，它才能够实现。这就是“商业模式是革新的载体”（Vehicle for Innovation）这一观点。

商业模式——革新的源泉

关于商业模式和革新的关系问题，学术界还存在一个有力的观点，即“Sourse of Innovation”，商业模式的改变就是革新的源泉。

按照哈佛商学院的克莱顿·克里斯坦森（Clayton M.Christensen，1952— ）的观点，苹果公司并不是因为 iPod 才发明了便携式音频播放器，也并非在技术层面做了什么创新。它只不过改变了原有的商业模式就实现了创新。

iPhone 也是一样，智能机也并非是苹果公司的首创。但苹果公司却通过创意，通过统一平台，让许多应用在此生根发芽，也牢牢地将其中的部分利润捏在了自己的手里。

任天堂是全球统一平台的开创者，它通过游戏软件实现盈利。为此，任天堂宁愿以低于成本的价格大力推广产品硬件（以及 OS）。

不过，微软却采取了不卖硬件、只卖系统的销售战略。为了增加操作系统的魅力，微软选择免费附赠浏览器（IE）和音乐播放器，但对办公软件（Microsoft Office）实行收费，通过这一系列举措，微软公司的财富与日俱增。

目前，苹果公司主要的收入依然来源于毛利超过 50% 的硬件部分。然而它宣称的高附加值、高价格战略正在被谷歌的安卓智能软件、三星的 Galaxy 系列

克莱顿·克里斯坦森

哈佛商学院教授。曾就职于 BCG。40 岁时任教于哈佛商学院，其间博士论文被评为“最佳学术论文奖”。1997 年发表《创新者的窘境》后，成为了倡导创新理论的核心人物。

产品以及中国企业低廉的标准型手机[1]无情地侵蚀着。

苹果公司以 iPhone 为核心的超高盈利模式，是不是也要走到时代尽头了呢？其实这么说并非无凭无据，2001 年以后“免费 + 收费”模式和“开放式创新”这两种商业模式的出现恐怕预示了这种模式的结束。

两种商业模式中，前者改变了盈利方式，后者改变了核心能力。关于这个问题，我们在第 5 章再做详细探讨。那么，从第 2 章开始就让我们一同看看历史上究竟出现过哪些新型商业模式，它们各自又都经历了怎样的发展过程吧。

历史上，给零售业带来重大变革的急先锋是：日本的三井越后屋。

[1] 根据高通给出的组装明细（把这些零件组装在一起就可以使用）制造出来的智能机。

第 2 章

近代商业模式的创生期

（1673—1969）

三井高利
（1622—1694）

弗雷德·特曼
（1900—1982）

吴服店的再造者三井高利和硅谷的创立者特曼

三井高利（以下简称为“三”）：我呀，遭哥哥们嫉妒，被迫回到家乡（松坂）的24年间，一直在想：怎么才能在江户经营好吴服店呢？我把儿子还有身边聪明好学的人送到江户以及进货地的京都（西阵），让他们学习经商的同时，也让自己了解外面的情报。唉！往日不堪回首。不过正好因为我远在乡野，才意识到了当前的吴服店还有哪些不尽人意的地方。比如：布为什么非要整匹卖？剪开来卖就不行吗？让穷人也得买得起嘛！如果有成衣出售，对急需的客人来说，算是帮了大忙了吧？还有，为什么非要赊卖呢？一手交钱一手交货，头回上门的客人不就直接能买了吗？为什么非要把黄金从江户运到京都换成白银再进货呢？我们开家“汇兑店”，不就省掉这些麻烦了吗？我敢想就敢尝试，经常把同行吓得目瞪口呆。

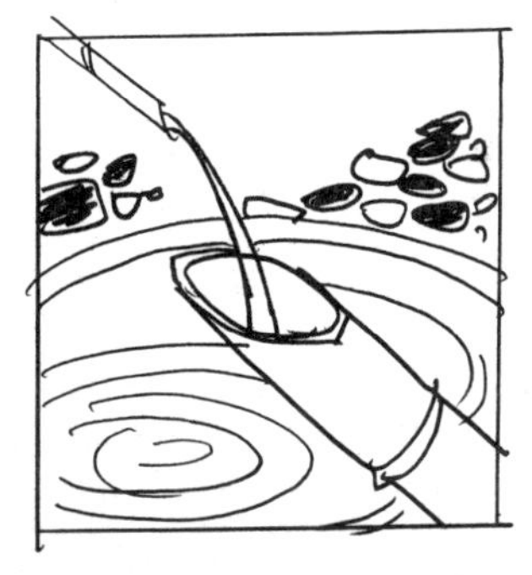

特曼（以下简称为“特”）：彼此彼此啊，我毕业于美国东海岸的麻省理工学院，后来到了哈佛大学任教，从那时起我才知道了西海岸缺少的是什么。

三：哦？缺少什么啊？

特：产学官结合！谁能想到大学这座象牙塔，一旦和产业界、政界结合，竟会爆发出强大的产业促进力呢？我回到斯坦福大学，创建研究园区的时候，最先想到的就是这个问题。因此我们不仅为创业人士提供便宜的场地，同时也承接了面向公司的培训和试验，最大程度上促进了产学官的合作。

三： 特曼教授您创建的研究园区为硅谷的诞生奠定了基础，我对此也有所耳闻。那您认为突破一个企业或者一个集团的原有框架，不断创新的秘诀是什么呢？

特： 这也许在斯坦福大学的发展中能找到答案吧。斯坦福大学是由铁路大王利兰·斯坦福和妻子共同创立的私立大学。利兰·斯坦福（Leland Stanford，1824—1893）在淘金时期通过华工生意积累了巨额财富，并且在37岁时成为加利福尼亚州的州长。可是事业上顺风顺水的他在欧洲旅行期间竟痛失爱子，他们唯一的儿子15岁就因病离开了人世。

三： 哎呀，让人痛心啊。

特： 他劝慰伤心欲绝的妻子道："今后我们把加利福尼亚的孩子们都当成我们的孩子吧。"[1] 斯坦福大学的正式名称"Leland Stanford Junior University"，其实正是他们爱子的名字。利兰为斯坦福大学留下了两大遗产，一个是33平方千米的校园，[2] 还有一个是"Die Luft der Freiheit weht"（自由之风永远吹拂）的校训。斯坦福研究园区的成功和硅谷的成功，可以说是产学官合作的结果，不过单凭这个，还无法与东海岸的华盛顿、麻省理工学院、哈佛等名校匹敌。

三： 您是说自由才是成功的秘诀，对吧？

特： 所言极是。如果说美国东海岸的波士顿是开拓精神的起点，那么加利福尼亚就可以说是开拓精神的终点，即便现在，这里依然是世界各国创业人士心中的

[1] "The Children of California Shall be Our Children."（加利福尼亚的孩子就是我们的孩子。）斯坦福大学成立之初，是免收任何学费的。

[2] 原本是利兰饲养赛马的牧场。虽然禁止出售，但特曼教授却通过"长期租借"的形式，巧妙地利用起了这片土地。

圣地。[1]这些开拓人士有一个共同点，那就是出大手笔、得大成功。虽然创业的路上有千难万险，但一个失败了，就挑战下一个嘛 。不管到什么时候，我们心中都有梦想。

三：这股“自由之风”了不得啊！老朽也曾在生前告诫孩子们“要任人唯贤”“要走出日本，同国外做生意”，但想得还不够深远。也不知道我三井家的后人，在21世纪的今天怎么样了？明天我就回去看看。

[1] 有调查显示，在大企业中，外国员工的比例超过了一半。

借新型吴服店和公款汇兑店二者之力将三井越后屋推向繁荣

51 岁的三井高利，打造的“现金交易、实价销售”型越后屋

在日本的商业模式史上，最大最持久的商业模式变革始于江户前期的 1673 年，就在这一年诞生了日本首家越后屋（即三越百货的前身）。

三井家有 4 男 4 女，三井高利（1622—1694）排行老末。由于才华横溢，受大哥的嫉妒，被迫回到老家松坂，照顾年迈的长辈。但是他并没有就此消沉，而是把儿子和聪明好学的年轻人送到江户，让他们学习知识，积累经验。

24 年后，大哥去世，高利重出江湖，立即将多年的思考付诸实践。他在江户的中心地段开了一家门面宽约 2.7 米的小店铺。51 岁的高利，运筹帷幄，在松坂指挥大儿子高平（21 岁）。

在老牌吴服店林立的商业街上，作为后起之秀的越后屋，奋起改革，大力宣传“现金交易、实价销售”。

• 通常的年节结账（平时赊销，每年收款两三次）→当场现金交易

三井高利

三井家族的家祖。因受大哥嫉妒，28 岁时被迫回到松坂老家，大哥去世后，已经年过半百的高利在江户设立了吴服店，并在松坂对大儿子高平进行远程指导。其后又从事汇兑业务，将幕府也纳入顾客之中，为三井家的繁荣奠定了基础。

- 通常的虚价销售（为了应对买家砍价，事先抬高价格）→价格固定，谢绝讲价

不管哪一项，在当时看来都打破了人们的常识。越后屋通过现金交易的方式，缓解了资金周转的困难，降低了款项无法回收的风险。不仅商家，顾客也从中受益颇多。

之前，衣服的价格都是因人而异，眼生的客人就高，老主顾就低。就是在这样一个一物多价的时代，越后屋却坚持创新，以统一低价销售，绝不因人而异。

打破业界禁忌，实行“店内销售”“布匹零售”“成衣销售”

高利继续颠覆着业界常识。

在当时，商店通常是到富贵人家进行上门销售，或者是接到订单后送货上门。可高利一改常规，采取了店内销售的模式。由于这种模式降低了营销成本，自然也就能够调低商品价格。此外，为了方便顾客，高利又想到了“布匹零售”和“成衣销售”。

在此之前，吴服店的布通常都是按匹（日本单位为反，每反通常宽 36 厘米，长 12 米）来出售的。因此“布匹零售”可以说是一种禁忌。然而，高利偏要打

三井越后屋的创新

破这种禁忌，一尺也卖，一寸也卖！

不出高利所料，这种销售方式受到了老百姓（富裕的中间层）以及歌舞伎和女性的热烈追捧。

其后，越后屋又创造性地推出了半成品销售。面向急需的顾客，当天就可以交货，在当时这绝对可以说是划时代的销售方式了。因此，越后屋把个体户的裁缝也引入店内，大家按部位分工缝制，实现了当天交货的可能。

此外由于店员每人只负责一种布料，[1]客人有任何问题，他们都能够对答如流。可以说大家都成了专业的导购员。

借用公款降低了进货成本

“日入斗金”的越后屋发展十分迅速，却遭到了同行的怨恨。不过想想也是，越后屋如此无视常规、打破禁忌，不招人怨恨才怪。因此接二连三地发生了多起店员挨打、被泼粪、被挖墙脚，被同行孤立，放火等恶性事件。

1682 年，两家店不幸被放火烧毁，无奈之下，高利把店铺搬到了骏河町。

吴服和幕府的资金流动方式

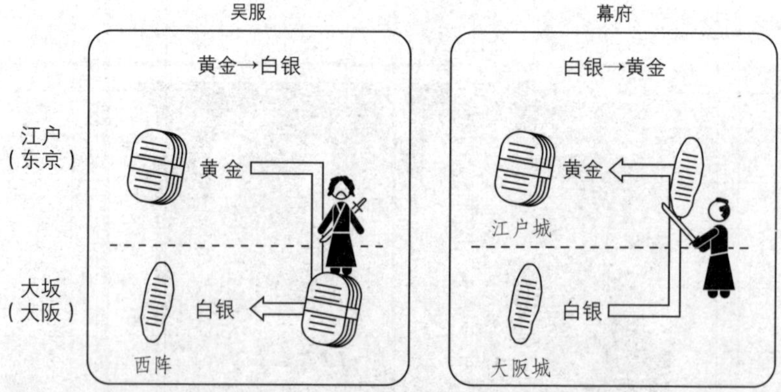

[1] 金襕、羽二重、纱绫、红、麻袴、毛织等（均为日本的布匹品种）。

第二年，扩大店铺的同时又开始了货币兑换的生意。1686 年在服装批发地的京都开办了“汇兑”店，就这样江户大阪间的汇兑业务由此展开。

当时，江户普遍使用黄金进行结算，大阪却使用白银进行结算，这其中就存在着诸多不便。比如，江户的吴服店从京都的西阵进货时，不仅要承担金银的兑换费用，还得承受汇率浮动的风险。

与此同时，江户幕府和梵蒂冈一样，对公款（公粮）的运输问题更是一筹莫展。他们需要把从大阪收缴来的贡米和其他物品兑换成白银，再花费数日把白银搬运到江户。

高利主动请缨，向幕府提交了“公款汇兑”的提案，幕府欣然接受。三井汇兑店从幕府位于大阪的御用金库中领取白银货币，2—5 个月后再以金币的形式交还给幕府。

其实三井汇兑店并没有直接获利。然而巨额资金数月间的无息使用，同时利用从大阪领取的白银在京都进货，再利用江户吴服店赚取的黄金还给幕府这一方法，就大大降低了进货的成本，同时也消除了现金搬运的风险（请参见第 8 页示意图）。

三井的新型汇兑模式

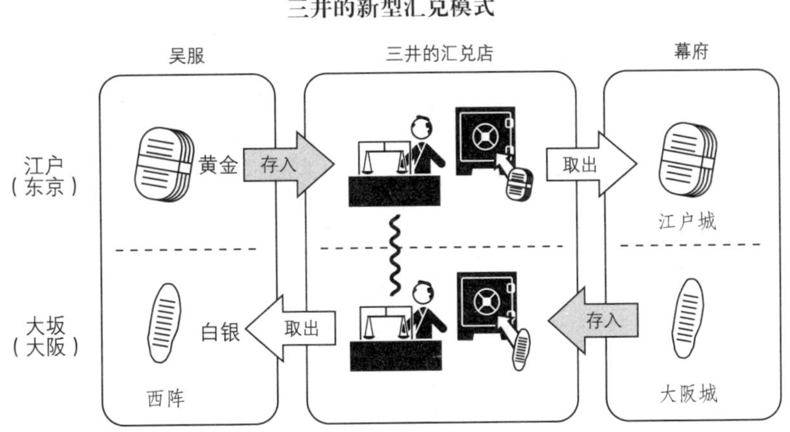

1691 年，三井家获封“大坂[1]御金藏银御为替御用”的头衔，这不仅成为了三井家的收益之源，更重要的是还起到了震慑同行的作用。

以股份形式统管集团——三井财团的诞生

人至暮年的高利，最忧心的便是三井家族的未来之路，如何将服装和汇兑这两大产业、如何将东西两地的各类企业，留给子子孙孙呢？

高利没有将财产分割给包括养子在内的 15 个子女，只是留下了一封每人应有多少资产的遗书。那么问题来了，既不是长子继承，又不是分割继承，而是全家继承，那么，这份资产究竟该如何处理？

长子高平最终给出了答案。1710 年，他设立了统管三井事业的机关“大元方”。所有的资金和资产均由“大元方”统一管理，统一为各店铺注资。各店铺以半年为单位向“大元方”上缴部分利润，而三井家族的报酬也由“大元方”统一支付。其实从形式上来看就是我们现在所说的股份公司。

三井家的新型商业模式

	吴服店	汇兑店
顾客	从富裕阶层拓展到了中间阶层	幕府也成为顾客
提供价值	现金交易，实价销售 布匹零售，半成品销售	资金运送的低成本及安全性（对幕府） 信誉和资金（对三井）
收益方式	低成本采购货物，运转资金 吴服的薄利多销	
竞争力	专人负责、早期培训	—
	利用股份制（大元方）对集团进行统一管理	

[1]“大阪”在古代多称为“大坂”，江户时代起两个字都可以使用，但是到了明治维新以后，因为设立了“大阪府”，此后固定为“阪”字。

此外，高平等人还根据父亲的遗训编撰了三井家训（家的大法）《宗竺遗训》，从三井家族要团结一致开始，详细记述了家族统领的地位、权限、领收养子、幕府御用、物心信心等约 50 项规定。例如：

“本族的晚辈，必须从学徒做起，体验工作、精通业务”；

“总店必须掌握所有店铺的财务状况”；

“必须重用贤能之人，敢于起用未来新星”；

“从商要果敢，发现问题要立即止损”；

“勿借钱给大名（领主），迫不得已时金额要少，且不要指望偿还”。

三井家族成功度过了江户时期的经济低迷，扛住了明治维新的巨大冲击，最终成为在日本举足轻重的三井财团。

不过，由三井高利开创、并持续了 300 年的繁荣，并非是单靠一个创新就能够实现的。

- 把顾客的范围由富裕阶层拓展到了中间阶层
- 简化了销售方法和价格体系，降低了成本的同时提升了价值
- 把作为个体户的裁缝引入店内
- 根据产品种类实行专人负责，提高了员工专业性的同时也实现了早期培训
- 通过接管公款的汇兑业务，降低了资金、货物的周转成本
- 创建了统一管理公司资本的股份制形式

“现金交易，实价销售”不仅是一种廉价的销售策略，而且是由三井家族的高利、高平父子二人开创的翻天覆地的大变化。正因如此，他们才能保持低廉的价格，他们的商业模式才难以被别人模仿。

而这时，同样凭借汇兑事业盛极一时的美第奇家族却已日落西山。

大型连锁商店的兴起：从 A&P、梅西百货到西尔斯公司

A&P 孕育出的连锁经营模式

2010 年 12 月，美国的老牌超市 A&P（全称为 the Great Atlantic and Pacific Tea Company，Tea 指茶叶）申请破产，作为连锁商店的鼻祖，它创造了近 150 年的繁荣，然而今天它却走到了历史的终点。1930 年 A&P 在全美的店铺数量曾一度高达 16000 家，然而昔日的巨人却最终走上了重组之路。

1859 年，乔治·吉尔曼（George Gilman，1826—1901）利用工作之余，开办了一家进口茶叶店。这间茶叶店的店面很小，员工也只有一人。在当时，茶叶的价格居高不下，于是乔治就利用大量进货的方法降低进价，再利用广告宣传实行薄利多销（通常价格的 1/3）。

南北战争（1861—1865）结束后，店内的经营品类增多了，经营大权也交给了乔治·哈特福德（George Hartford，1833—1917），从此乔治的商店真正踏上了连锁经营之路。

A&P 的店铺（纽约曼哈顿）
1936

A&P

1912 年以后，凭借“现金交易、自买自提”的“经济店”模式取得了巨大发展。商店以干货为主，尽量缩减了产品种类，同时还采取了店铺标准化、雇佣小时工等新举措，为现代连锁商店和便利店塑造了原型。

20 世纪初，连锁商店已经覆盖了全美 28 个州以及首都，店铺总数高达 198 家，员工总数也超过 1800 人，可以说是一家名副其实的食品超市（食品杂货店）。

然而，真正的革新才刚刚开始，哈特福德的儿子约翰考虑出了一种新型的销售模式，即“现金交易，自买自提”的“经济店模式”，并于 1912 年开店试行。为了降低运营成本，公司采取标准化经营，最大限度地简化了运营环节。

- 实行现金交易、自买自提，不接受赊账，不提供配送[1]
- 不实行电话应答
- 店铺统一为 600 平方英尺[2]的自选店（店内仅一名经理和一名辅助店员）
- 商品种类精简至 300 种，需经常确认销售情况

基于这种模式，商品售价有了 10% 的下调空间，由于商品品类少、销量大，商品的周转率也有了很大提升。此外，由于店铺经营的简单化、规范化，降低了对熟练工的依赖程度，进而间接地减少了雇工成本，且有利于开设新店。

其后，A&P 公司把全部资本都投入到这种新型经济店中，10 年后，店铺数量达到了 7350 家（是原来的 15 倍），15 年后，店铺数已经攀升至 15671 家（是原来的 33 倍）。[3]

A&P 公司的营业额甚至超过了全美食品行业销售总额的 14%，在当时的食品行业可以说是无人能及的巨无霸。即便把排在第 2 位到第 8 位的公司的销售额加在一起，也无法与之匹敌。

当然，采购能力的提升，必然会带来“低成本→低价格→大量销售、多店铺→进一步提升采购能力”的良性循环。此外，1908 年 T 型福特的诞生，造就了一批富裕阶层，这又无形中促进了 A&P 公司的发展。

[1] 在当时（1917 年），纽约市的食品店中 1/3 为赊销，37% 为配送。

[2] 1 平方英尺约为 0.093 平方米。

[3] 20 世纪 20 年代，后文中的 GMS 连锁店也发展起来，因此被称为“连锁店时代”。

梅西百货：一站式购物的价值

A&P 公司创办之时，法国的乐蓬马歇百货和巴黎春天百货、英国的哈罗德百货也相继登上了历史舞台。它们诞生于产业革命时期，是面向富裕阶层（资本家及其家族）的奢侈品店。而在美国也有一家类似的商店，那便是梅西百货。

梅西百货创始人罗兰・梅西（Rowland Macy，1822—1877）出身在一个以捕鲸为生的家庭，15 岁他就在捕鲸船上工作，19 岁那年梅西不甘于现状，跑到了一家印刷厂工作。21 岁时他在自己的家乡（马萨诸塞州的楠塔基特岛）开办了第一家杂货店。然而商运不济，虽然此后的 10 年他一直醉心于零售事业，却均以失败告终。于是他一改初衷，来到了因淘金大热的美国西海岸，靠投资房地产赚取了 4000 美元。于是他带着钱再次回到家乡尝试服装行业，结果又一次以失败告终。不过这次失败却让他找到了灵感。

“这回一定能行！”

1858 年，36 岁的梅西抱着必胜的信心来到了曼哈顿，在一条繁华的商业街开办了梅西服装店，即后来的梅西百货。这是一家“现金进货”“现金销售”的经济店。其实这就是 A&P“经济店”的原型。

不过梅西没有将公司定位为奢侈品店，而是面向富裕阶层和中间阶层，为他们提供低价优质商品的百货商店。因此除了服装，他还增添服饰、百货、珠宝等多种商品，其后还收购了邻近的 11 栋大楼，将卖场的面积扩大至原来的数倍。

罗兰・梅西

出身在一个靠捕鲸为生的家庭，曾在捕鲸船和印刷厂工作，21 岁首次开店失利，其后多次尝试，均以失败告终。但他从未气馁，最终凭借曼哈顿的梅西百货大获全胜。除了“统一价格”“一站式购物”等策略，他还采用了前所未有的宣传手段，成功吸引了大批中产阶级。

最终梅西百货占领了整片街区，成为世界上最大的零售商店，将一站式购物推向顶峰。

与此同时，梅西百货还陆续引入价格机制、促销机制等多种新型的营销手段。

- 一物一价，谢绝还价
- 制作标明商品价格的广告、传单，进行大量投放
- 顾客不满意时可退货
- 为招揽行人设立展示橱窗（在卓别林的《摩登时代》中首次出现，1932）
- 圣诞促销时，让工作人员扮成圣诞老人，举办化装游行（《34 街的奇迹》的舞台，1947）
- 起用女性领导

无论哪项，在当时美国的零售界都称得上是首次尝试，之后这些尝试纷纷被业界采用。（其实有几项，日本的越后屋早在 200 年前就已经尝试过。）

制作广告传单时，他早年在印刷厂的工作经验终于派上了用场。此外，在他的家乡，男人们捕鲸出海时，大小事宜都由女人处理。因此他了解工作能力其实与性别无关，而且女性更贴近顾客。因此他选择重用女性。

1888 年，梅西百货被施特劳斯兄弟收购，作为覆盖全美的连锁百货它没有停下发展的脚步，虽然一场灾难让梅西的大功臣伊西・斯特劳斯（Isidor Straus，1845—1912）和妻子埃达随“泰坦尼克”号共沉海底，但梅西百货依然乘风破浪，一路前行。

伊西・斯特劳斯

出生于德国。他经商有道，业绩斐然。1888 年取得梅西百货的经营权后，将其推上了一个新的高度，因此被人们称为“梅西功臣”。1912 年，他乘“泰坦尼克”号从法国回家，不幸遇难。当时，大家竭力劝他搭乘救生船，他却坚持让女人和孩子先上。最终同妻子埃达沉入大西洋。

西尔斯：由钟表函售商发展起来的 GMS 连锁店

20 世纪 20 年代，GMS（General Merchandise Store，综合超市）的出现标志着一种新型的商业模式在美国诞生了。它不仅具有 A&P 公司连锁经营的高效性，还具有梅西百货一站式购物的便利性。

这种商业模式的霸主就是西尔斯·罗巴克公司，前身为理查德·西尔斯（Richard W. Sears，1863—1914）1886 年创立的钟表销售公司。

起初，公司通过低价购入库存时钟，再以邮购的方式低价销售实现盈利。后钟表商阿尔瓦·罗巴克（Alvah C. Roebuck）也加入其中，因此公司的名称也改为西尔斯·罗巴克。

当时，美国依旧是农业大国，地广人稀，农户们稀稀拉拉地散居。西尔斯从中发现了商机，他向农户们提供商品目录，进行函售。

500 多页的商品目录，被当时的人们视为“购物宝典”，尤其是那些周边没有大型零售店的居民，对这种销售模式更是喜爱有加。

但是，到了 20 世纪 20 年代，随着城市化的发展、汽车的普及、高速公路的完善，人们去超市购物日趋方便，因此函售的发展也遇到了瓶颈。西尔斯的决策层坚信汽车时代已经到来，于是毅然放弃原有销售模式，将店铺转移到郊外，建造配备大型停车场的大型店铺。

店内商品齐全，不仅有服装鞋帽、食品、日用品、家电等，还可以办理汽车

西尔斯·罗巴克公司

西尔斯与罗巴克靠销售时钟起家。他们向农户提供商品目录，再进行邮购从而获取差价。但到了 20 世纪 20 年代，由于城市化的冲击，公司毅然将重心转移到了郊外，建立了配有停车场的大型商店。以往店铺内不曾销售的男性用品和 DIY 商品也都成为当时的抢手货。

保险。[1] 从 1925 年开店试运营起，仅仅 3 年时间，店铺数量就达到了 192 家，这既推进了连锁化经营，又降低了进货成本。GMS（General Merchandising Store）由此诞生了。

1929 年底，一场恐慌席卷了整个世界，然而这场恐慌却意外地促进了西尔斯的发展。

当时由于制造商和流通企业的投诉，州政府为了保护企业，颁布了一系列法律，允许企业统制商品价格。

然而，西尔斯等 GMS 却反其道而行，它们将压力转嫁给了制造企业，推行低价自有品牌战略，[2] 吸引了广大消费者的目光。

世界恐慌结束后，西尔斯的店铺数量已经超过了 600 家。“二战”结束后西尔斯最终以巨大的优势击败了多年的竞争对手杰西・潘尼（J.C.Penney）。

“价格破坏者”金库伦，看大型商店显神威

1930 年，美国首家大型超市“金库伦”在纽约市皇后区诞生了。它利用车库作为卖场，凭借规模和低价迅速吸引了众多消费者。

金库伦

迈克尔・库伦曾供职于A&P、克罗格公司，46 岁时创办金库伦。他利用车库开设的首家商店被人们称作为“世界头号的价格破坏者”。不幸的是，6 年后库伦离世，不过金库伦商店在他妻子家人的努力下取得了进一步的发展。

[1] 西尔斯公司于 1931 年开始进军汽车保险行业。目前该业务已独立经营，更名为好事达（Aallstate）保险公司（已上市）。

[2] 据加尔布雷思说，西尔斯曾让固特异公司为其提供较市价低三到四成的自有品牌（PB）产品。

金库伦的创始人迈克尔·库伦（Michael J. Cullen，1884—1936）18 岁时就进入了 A&P 公司，此后一直从事食品杂货工作，这为他积累了宝贵的经验。库伦 46 岁时，已经成为克罗格公司（现在是美国第三大零售连锁企业）的营业总部长。他想到超级市场这一概念后，立即向老板做了一份详尽的提案。

关于提案的内容，简单来说就是通过低价销售、配备大型停车场、自选自提、现金结算等一系列举措，使营业额扩大至现在的 10 倍。然而老板并没有采纳他的提案，无奈之下，库伦离开了公司，踏上了自己的创业之旅。

其实在当时秉持相似理念的商店有很多，不同的只是商店规模。金库伦首家店铺的卖场面积就达到了 560 平方米，相当于数十个小型店铺。

这个金刚一般、货架高耸、世界上最大的“价格破坏者”[1]取得成功[2]后，克罗格、西夫韦、A&P 也相继扩大店面规模，以保持自己的市场地位。

第二次世界大战以后，城市的周边地区也取得了巨大发展，在此基础上发展起来的购物中心迅速席卷了北美洲。集数百家店铺于一身的购物中心，不仅提供了一站式购物的便利性，同时也大大增添了人们的购物乐趣。

20 世纪前叶，梅西的百货店模式为人们展示了一站式购物的价值，A&P 公司的小型连锁店模式向人们彰显了低成本经济型的冲击力。

兼具两者的西尔斯 GMS（综合超市）模式，更是得到了众多中产阶级的支持，稳稳地坐上了全美零售业的头把交椅。而金库伦展现出来的大型店铺集客能力，在稍后的购物中心也会有所体现。

与此同时，下一个商业霸主也已经在美国的中西部乡村悄悄地成长起来。它便是沃尔玛。

[1] 宣传单上的广告语。

[2] 金库伦商店成立 6 年后，迈克尔·库伦就不幸离世了，在他妻子和家人的不懈努力下，商店取得了进一步发展。

福特的“纵向一体化模式”和通用的“分散经营模式”

近代制造业的典范——福特

亨利·福特（Henri Ford，1863—1947）出身于美国密歇根州的一个农民家庭，他不仅造就了一批富裕阶层，还为近代制造业创立了一种新的商业模式。

1896 年，亨利 · 福特开始接触汽车制造业。早在 1885 年，德国的戴姆勒—奔驰公司就已经推出了使用内燃机的汽车。只不过在当时，汽车的售价超过 3000 美元，而一般家庭的年收入仅有 750 美元，所以汽车还只是富人阶级的玩具。

1903 年，经历了诸多波折的福特，终于在不惑之年成立了福特汽车公司，正式开始了汽车的研发工作。从 A 型车，到 A、C、F 越野车，再到 K 型高级轿车等，他经历了无数次失败，最终 N 型车凭借其小巧的外观和低廉的价格取得了成功。福特为了提高车辆的生产效率，在此基础上又开发出了 T 型车，并于 1908 年公开发售。

这款车的价格仅为 950 美元，而且车身牢固，价格低廉。此外，车价年年下调，到了 1925 年已经降至了 260 美元。到最后，车价仅为家庭年收入（2000 美元）的 1/8，T 型车真正走入了寻常百姓家，成为人们的代步工具。

T 型福特

至少当时在美国，正是因为有了这种既便宜又快速的交通工具，才有了住在郊外、开车上班的“富裕阶层”。

福特的生产体系和专卖店网络

福特公司不仅改变了以往的生产体系，还引入了一种新的销售模式。

福特的生产体系，与弗雷德里克·泰勒（Frederick Taylor，1856—1915）提出的“科学性管理法”一致，即通过对“工作时间和动作”的研究来确定操作标准和动作规范，在此基础上引入了精细化分工和流水化作业。

过去一个熟练工人完成的工作，被分解成了几十个、几百个简单动作后，依靠传送带依次完成。其中配件的生产线均须和后道的组装线保持同步。通过对零部件实行的简单化、规格化生产以及专门设备的研发和使用，有效地消除了产品品质上的差别，从而构建起标准化、高效率的大型生产体系。

福特的销售服务也并非随意交给经销商，而是以特许经营的方式在全美迅速展开自己的专卖店。作为一家专卖店，不是将汽车卖掉或者修好就万事大吉了，而是要时时刻刻注意自己的品牌形象。可以说福特专卖店的发展正是美国汽车普及的一大标志。一家福特专卖店的建成，就意味着周边“车生活”的开始。

福特在全美各地都设立了配件中心，这样就大大提高了维修的效率，加上福特汽车本身就质量过硬，因此极大地获得了消费者的青睐。

福特的生产体系

- 分析操作时间及分步动作
- 对操作实行标准化、手册化
- 彻底的分工（分解成一个个简单操作）
- 流水作业（保证产线上的同步）

福特的纵向一体化模式——胭脂河工厂

T 型福特的销售形势大好，可是持续的增产却最终导致了原材料和零部件的供不应求。于是亨利·福特心生一念："干脆全部都自己生产，问题不就解决了吗？" 正是基于这种理念，庞大的胭脂河工厂诞生了。

厂区内，（钢板、玻璃板等原材料的）冶金工厂、玻璃工厂、橡胶工厂一应俱全。从铁矿石入厂到整车完成只需要 28 个小时，从而彻底实现了同步化生产和流水线作业。

不仅生产环节如此，福特的上游企业和下游企业也统统被整合其中。

1916 年，一条直通胭脂河的人工运河出现在了厂区内，有了它，搬运船就可以直接驶入工厂内部了。

另外，福特公司还收购了煤田、铁矿、石英（玻璃的原料）等矿山，购买了森林，开办了废料回收工厂，[1] 并在厂内建设了 3 座发电站，[2] 充分保证了厂区内的电力供应。此外，由于车间的单层设计，又省下了传送带和传动轴的购置费用。

福特竭尽全力将许多机能都统合到了公司之中，实现了纵向一体化的商业模式。

胭脂河工厂

沿胭脂河而建，内有运河、铁路。并建有冶金工厂、玻璃工厂和发电站。据说"从铁矿石到汽车成品仅需2天"。为彻底的纵向一体化模式。

[1] 将废弃物加以利用。用今天的话来说就是在谋求"零排放"。

[2] 亨利·福特在成立公司之前，曾就职于爱迪生电力照明公司，因此和爱迪生成为挚友。胭脂河工厂的发电站就采用了爱迪生希望普及的直流发电方式。

但是这种模式过于针对T型车，在车型转换方面较为麻烦。例如，从T型车更换到A型车就足足花费了一年时间。

这便给通用（和克莱斯勒）留下了可乘之机。

通用的多品牌化战略和创新型竞争力

艾尔弗雷德·斯隆(Alfred Sloan，1875—1966)，是美国通用汽车公司（General Motors）的传奇式人物。最初斯隆只不过是一个汽车零部件公司的小经理而已，但1923年他却坐上了通用公司的头把交椅。不过当时通用的产值仅为福特的1/4。

他注意到消费者特别是富裕阶层，似乎厌倦了千篇一律的福特T型车，汽车对消费者来说已经不再是生活必需品，而是时尚的象征了。于是他大力推行汽车的多品牌化战略和时尚性战略。

所谓时尚性，即年年出新。通用每一年都会推出新车型，随即大量投放广告，让消费者感觉自己的车已经过时了，其实这是一种“计划性淘汰”的营销策略。

为了达到这一效果，通用在汽车的研发生产、广告宣传、销售方式以及公司

福特和通用的商业模式比较（20世纪30年代）

	福特	通用
顾客	中产阶级	中产阶级与富人阶层
价值提供	品质上乘、车身牢固 单一品牌、单一模式	多品牌多模式 时尚性（每年更换车型）
收益方式	低成本、低价格	成本、价格分不同层次 金融收入
竞争力	纵向一体化模式	事业部制下的分散经营模式
	通过分工作业实现的规模生产	（同左）

的组织结构上都做出了相应变革。

在研发上，公司增设了设计部门，聘请专门的设计师为汽车进行外观设计。

在生产上，与福特的机器、零部件专车专用不同，通用采用了多车型通用的机器和零部件，这样就为多种车型的生产和变换提供了方便。

在销售上，通用采用了“二手车折旧补贴”和“分期付款”的方法（福特认为这种做法让消费者背上了债务，所以拒绝采用），减轻了消费者购车的负担。

在广告宣传上，通用每年推出新车时都会举办活动。甚至到了 20 世纪 50 年代，美国人见面打招呼的内容都已经变成“你的车是哪年产的”了。

事业部制下的分散经营模式

随着企业规模的不断扩大，统一管理五大品牌下的多种车型成为通用公司的一大难题。后来通用公司参考杜邦化学的成功经验，推行事业部制，成功地解决了这一管理难题。正是这一制度的出现，通用有了巨大的改变。

杜邦化学公司是通用公司的投资方，同时也为通用公司带来了事业部制，斯隆按照事业部制的管理方法让公司的各大品牌进行独立运营，同时也找到了管理下属公司的方法，即财务管理和市场调查。

在财务方面，公司拟定了销售报告的标准和以 ROI（投资收益率）为中心

车型变换带来的时尚化

斯隆意识到汽车逐渐成为人们的嗜好品后，便开始大力推行多样化和时尚化战略。因此，公司每年都会变换车型让消费者感觉前一年的款式已经过时。20 世纪 50 年代，毫无实用性的尾翼就是当时的象征。

的企业评价标准。在市场调查方面，通用公司首次在全美进行了按月按地区的销量调查（之前通用完全不知道本公司在某地某月所占的销售份额），同时使面向消费者的问卷调查常态化。

这样就可以用数据来说话，去评价各部门领导，从而合理分配资源和报酬。

通用公司正是利用事业部制的优势才率先从全球低迷的经济态势中走了出来，一举成为各大企业竞相学习的典范。其后的30年间，通用公司在美国汽车市场的占有率一直高居50%，成为世界上最强的汽车制造商。

通过推陈出新和广告投放，让消费者感到自己的商品已经过时，这种营销方法被称为“计划性淘汰”。这种灵感来自时尚界，却被巧妙地运用到了汽车行业。

一句“你有什么，就证明了你是什么”，让斯隆的理念深入人心，同时也为公司寻求新的价值提供了不竭的动力。

80年后，这句话似乎又因一家公司应验了，这家公司就是大名鼎鼎的苹果公司，关于具体内容我们后文再叙。

吉列的大发明：新型盈利模式之“刀片 + 刀架”模式

“刀片 + 刀架”模式，不仅是创意上的突破，更是技术上的成功

前文中我们简单叙述了几个商业模式的创新实例，不过这些例子大都是对“顾客和价值提供”以及“竞争力”进行的变革，而不是对“盈利方式”进行的变革。

进入 20 世纪，金·吉列（King Camp Gillette，1855—1932）发明了一种新型剃须刀并为其申请了专利，1903 年该款产品正式投产。从此商界又多了一种新型的盈利模式。

金·吉列出身于发明世家，虽然身为一名推销员，但他不忘在工作之余搞些小发明，为此还取得了多项专利。

在皇冠柯克西尔公司（Crown Cork & Seal[1]）从事营销工作期间，吉列负责的产品为一次性耗材（用一次就扔掉）。

金·吉列

由于一场从天而降的大火，年仅 16 岁的金·吉列不得不外出工作。他对“一次性产品”备感兴趣，40 岁时就想出了“可替换刀头的剃须刀”这一方案，不过由于当时没有理想的薄钢片，6 年后这一方案才得以实现。

[1] 现为 Crown Holdings 公司。1981 年，William Painter 发明皇冠盖后便申请了专利，第二年成为专门生产皇冠盖的公司，之后售给了可口可乐公司。

他想："正是因为商品的一次性，客户才会再次购买吧！"

他的老板 William Painter 正是皇冠盖的发明人，他鼓励吉列说："你最好发明个一次性耗材，这样就不愁客源了。"

一句话点醒了梦中人，从那天起，吉列无时无刻不想着这类发明。

1895 年的一天，吉列因公出差，在酒店磨剃须刀的时候，忽然灵光闪现，"刀片为什么要这么厚？为什么老得磨？如果刀片是一张薄钢片，没多少成本，用一次扔掉不就好了吗？"

在当时，剃须刀钝了就得磨，[1] 所以刀片通常很厚，因为太薄就没法磨了。

想到这里，吉列兴奋不已。然而，这一想法成为现实竟足足花了 6 年时间。因为当时的技术还无法将钢铁轧制成理想的薄片。无奈之下，他只好向麻省理工学院的研究人员寻求帮助，经历了漫长的等待之后他们终于研制出了理想的薄钢刀片。

可是，煞费苦心研制出来的可换刀片式 T 型剃须刀，第一年只卖出了 51 个刀架和 168 枚刀片。但是吉列并没有因此放弃，而是通过报纸和杂志加大宣传力

剃须刀的商业模式变化

	过去		吉列的"刀片 + 刀架"模式
顾客	一般男性	→	（同左）+ 军需用品
价值提供	持久耐用	→	无须研磨 价格低廉的替换刀片
盈利模式	整体出售	→	刀架定价低 靠刀片盈利 靠专利维护市场
竞争力	坚韧的刀片	→	薄刀片的制造技术 专利能力

[1] 磨刀皮。用来磨刀刃，上面涂有极细的研磨材料。

度。在他的不懈努力下，第二年吉列终于售出了 9 万个刀架和 12 万枚刀片。到了 1918 年，刀架的销售数量已高达 100 万个，而刀片的销售数量更加惊人，达到了刀架的 12 倍，即 1.2 亿枚。吉列的“刀片 + 刀架”模式终于取得了成功。

第一次世界大战期间，吉列的剃须刀被指定为美国士兵的军需用品，从那时起，可换刀片式 T 型剃须刀正式成为美国男人的必备之品。

专利加速了革新的脚步

随着吉列公司业绩的提升，各种以次充好的仿品都在强烈地冲击着市场，关于专利的纷争已是硝烟四起。

吉列一边在专利权上苦苦斗争，一边收购对方企业，企图息事宁人。与此同时，吉列在加大“双重刀片”研发力度的同时，也加快了专利的申请速度。他坚信，这是保持竞争力的唯一途径。

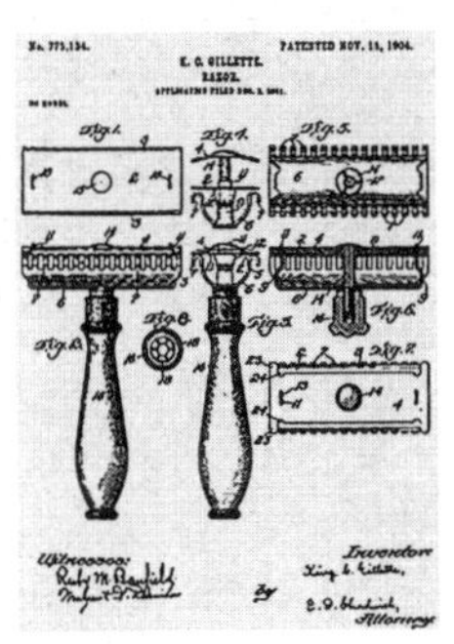

吉列取得的专利

1901 年申请，1904 年获批。刀片更换简单。销售初期，几乎无人购买。但第二年（1904）却成功售出了 9 万个刀架和 12 万枚刀片。

专利制度诞生于 17 世纪的英国。根据英国议会制定的《专卖条例》（Statute of Monopoly），发明人对新发明和新模式拥有不超过 14 年的专享权。之前，这项权利常常是按照国王的意愿被赋予的，现在终于有了制度上的保障。于是大家纷纷投资创新，最终导致了产业革命的爆发。

1796 年瓦特发明了蒸汽机，1771 年阿克莱特发明了水力纺纱机。可以说正是有了专利制度的保护，人们才愿意去投资，才推动了科研的成功、才实现了技术向产业的转移。总而言之，专利制度加速了革新的步伐。

和吉列同一时期的托马斯·爱迪生（Thomas Alva Edison，1847—1931），也用行动支持着这一观点。他不仅拥有各种发明、多项专利，还积极创办公司（后文中的 GE 等），为世人送去了光明。

1877 年留声机进入实用化，1879 年白炽灯成为商品。爱迪生正是通过他发明的输电体系和电器设备，让千家万户过上了电气化生活，从而名垂青史。

不过他在研究发电问题时过于专注直流方式，因此也遭受了重大挫折，甚至牵连了他的好友亨利·福特。

采用“刀片 + 刀架”模式的商品以及由此衍生出来的新模式

关于“刀片 + 刀架”模式的特点，简单来说就是以低廉的价格出售主体产品，再通过耗材和服务获取长期收益（或更高收益）。这种模式一出现，就被许多商品所采用了。例如：

- 喷墨打印机 / 激光打印机 + 墨水 / 墨粉（HP）
- 手机智能机 + 通话数据费

3 万日元

70 日元 / 个
（共有 16 种咖啡胶囊）

奈斯派索的“刀片 + 刀架”模式

凭借利润较高的咖啡胶囊实现盈利
年销售额高达 4000 亿日元，占市场 50% 的份额

- 快速成像相机 + 专用胶片（柯达）
- 电动牙刷 + 可替换刷头（博朗）
- 家用游戏机 + 游戏软件（任天堂）
- 咖啡机 + 咖啡壶（雀巢）
- 电梯 + 维修服务
- 汽车 + 车检检修服务（特约经销店）

与此同时，“刀片 + 刀架”模式又衍生出了一种新的商业模式，这种模式刚好与“刀片 + 刀架”模式相反，即以高价出售商品，但后续服务价格低廉，因此该模式也被称为“逆刀片 + 刀架”模式。其实过去的商品销售大都如此（商品价格昂贵，但后续服务免费），苹果的 iPod、iPhone、iPad 和 iTunes 等软件的组合就属于这种模式。

吉列成为富豪后，一心想要建一座世外桃源，但屡次受挫。此后，全球经济跌入了低谷，加上权力及专利的斗争，吉列遭受了巨大的损失。1932 年，在失意与彷徨中吉列离开了这个世界。

不过，吉列公司并没有随之倒下，新一任掌门人一边加大技术研发，一边加快专利申请，从而保持了公司良好的发展态势。原来的可换式刀片现在已经变成了可替换式刀头，而刀片也由早期的双层刀片变成了后来的 3 层刀片，进而变成了现在的 5 层刀片外加背部精修刀……虽然有些人认为“锋速 5+1”的刀片数就是个噱头，但完全没有影响它的热卖程度，这种在专利制度保护下的高收益模式如今依然屹立不倒。

“刀片 + 刀架”模式是金·吉列的创意和刀片制造技术的共同产物，同时，它凭借技术研发和专利制度保持了公司的竞争力，因此可以说吉列公司也是“专利”模式的先驱者。

2005 年，吉列的营业额已经超过了 1 万亿日元，利润率高达 25%。

佩利在哥伦比亚广播公司发明“广告模式”

烟草公司的富二代构建起来的广播网络

就在当时，美国又出现了一种新的盈利模式，这种模式被称为“广告模式”。

烟草公司的富二代威廉·佩利（William S. Paley，1901—1990）通过这种商业模式，让人们清晰地看到了广告对于商品销售的巨大推动力，同时也让人们认识到了单靠广告费用就完全可以维持媒体公司的运营（广播 / 电视台）。

消费者无须消费，也不必购买商品，就可以欣赏到自己喜爱的节目。这绝不是天方夜谭。

威廉·佩利毕业于宾夕法尼亚大学的沃顿商学院，毕业后曾在父亲创办的烟草公司中担任副总，在广告宣传上曾大获成功。正是那时，他注意到了广播的宣传效果。

巧的是，1927 年佩利的父亲收购了一家位于费城的小广播公司（CBS，哥伦比亚广播公司）。就是这家陷入经营困境的小广播公司，彻底改变了佩利的人生。从此，他不再关注烟草生意，而是全身心地投入到媒体行业当中。

威廉·佩利

大型烟草公司的继承人，利用广播宣传取得成功后便对此产生了浓厚的兴趣，于是将全部精力都投入到广播事业当中。他通过大众化的节目和简洁化的广告让小小的哥伦比亚广播公司迅速成为全国性的广播网。

佩利很快便认清了广播发展的关键所在：一是广播节目的质量；二是广告主。

不过在当时，多数广播电台都各自为政，节目大都来自大的广播电台，这和当地报纸[1]别无二样。因此，知名品牌的商家对此根本不屑一顾。

佩利找到了症结所在，于是他找到其他广播电台，对他们说："我们免费提供节目，但对于有赞助的节目，必须按时插播广告。"

众多地方性广播电台欣然接受这一条件，此后加盟单位越来越多。起初的1928 年才仅有 16 家电台加盟，但到了 1937 年，加盟的电台总数已经达到了 114 家。就这样，佩利在全国范围内编织了一张巨大的广播网。CBS 也靠这张大网打捞到了巨额的广告收益。

大众化的节目和简洁化的广告吸引了众多赞助商

"I' m dreaming of a white Christmas，Just like the ones I used to know." 这是歌曲 *White Christmas* 中的首句歌词，演唱者为平·克劳斯贝（Bing Crosby，1903—1977）。正是佩利的哥伦比亚广播公司让克劳斯贝红极一时，也让这首歌传遍了大街小巷。

平·克劳斯贝

针对广播创立了"低吟唱法"。凭借广播家喻户晓，是美国最早的巨星之一。后因歌曲 *White Christmas* 红极一时，在影视界也颇有建树。

---

[1] 与日本不同，在美国几乎没有全国性的报纸。唯一一个全国性的报纸名为《今日美国》（USA Today），于 1982 年创刊。

克劳斯贝发现通常的唱法其实并不适合在广播中播放，于是他低声哼唱，由此开创了“低吟唱法”[1]。

1931 年哥伦比亚电台播出的《平 · 克劳斯贝秀》节目备受好评，为此也成功吸引到大量赞助商。从那时起，饮料、肥皂、药品、啤酒(1933 年“禁酒法案”被废止)，以及汽车公司都陆续成为“广播秀”“音乐秀”节目的赞助商。

对通用、可口可乐、百威、宝洁这样的大品牌来说，CBS 可以说是最好的宣传阵地了。

此外，佩利将新闻节目也打造成了获得赞助的商品。在当时，所有电台的新闻节目都来自 AP 通信公司，大家千篇一律，毫无新意。

佩利便利用与 AP 通信公司交恶之机，于 1930 年组建了自己的报道团队，并一举成功。第二次世界大战期间，全球都仿佛没了生机，人们对娱乐和新闻如饥似渴。1935 年，德军对伦敦轰炸的实况转播[2]更让 CBS 名声鹊起。

通过这件事，佩利清楚地看到了老百姓的需求，于是他果断把 CBS 定位为“娱乐和新闻的阵地”，这也体现了他与生俱来的洞察力。

此外，他还敏锐地察觉到了广告主的需求。于是在 20 世纪 40 年代，他一改往常，把广告的单位长度由 30 分钟、60 分钟缩减至 5—15 分钟、20 分钟。正是这个小小的改变，吸引了更多的赞助商加盟。进入电视时代以后，广告更是以 30 秒、10 秒为单位长度进行收费。

这种插播广告的方式进一步巩固了 CBS 的盈利之源，并最终使其成为美国三大商业广播电视公司之一。为了发挥广告的最大效力，CBS 还采用了“计划性淘汰”的方法，关于这一方法，大家可以参考前面讲到的通用。

佩利求贤若渴，因为他知道，只有人才才是提高节目质量的关键。

[1] croon 即低吟、哼唱之意。

[2] 由时任 CBS 伦敦分公司的台长爱德华 · 默罗报道。他不畏枪林弹雨，冒死报道。据说他的精神给许多市民和军人都带来了勇气。

可惜的是，他并没有将这一理念贯彻到底。他无视公司规则，长期居于会长之位，未能及时让贤于人，以至于在他的晚年时期 CBS 最终迷失了前进的方向。

CBS 通过吸引听众和地方电台来增加广告收入

	CBS		
顾客	听众	广告主 （大品牌企业）	地方电台
价值提供	娱乐和新闻	高收听率 通过覆盖全国的电台网络 播放广告 简短低价的广告	独立制作节目 免费提供
盈利模式	大品牌企业的广告收入 （赞助费 + 插播广告费）		
竞争力	发觉才能 独立报道	提案营销	投资实力
	网络覆盖能力		

"计量收费"模式让施乐成为服务型企业

施乐的生死关头，威尔逊孤注一掷

施乐公司创建于1906年，创建之初公司名称为海洛伊德公司。20世纪40年代，施乐公司在经营之路上愈发艰难了。在当时，施乐公司也拥有若干条相片纸的产线，但是和柯达公司比起来，还相去甚远。尤其是第二次世界大战以后，施乐公司可怜的市场份额，也受到了来自富士等新兴企业的威胁。

为了摆脱经营困境，时任总裁的乔·威尔逊（Joseph C.Wilson，1909—1971）给技术部长下了一道军令状，让他务必找到一条新的产业道路。之所以要寻找新的道路，其实目的并不是要和柯达在化工领域继续竞争下去，而是要另辟蹊径，凭借新技术夺回市场。

在技术部长的不懈努力下，施乐公司终于找到了一项新技术——"电子图像复制技术"。这项技术由切斯特·卡尔逊（Chester F.Carlson，1906—1968）发明，

乔·威尔逊

从哈佛商学院毕业后，便进入了施乐公司（当时的主要产品为相片纸）。37岁时担任公司总裁。

由于公司产品在市场中所占的份额不高，深感危机的威尔逊决定开辟新业务。通过他的不懈努力，公司成功将PPC推向了市场，并将公司名称改为"Xerox"。

由巴特尔研究院参与改进。[1]威尔逊看过这项技术后，当即决定与巴特尔研究院签订合作意向合同并投入巨资加大研发力度。

在双方的共同努力下，1949 年研发出的“A 型”终于成功运用在了胶版印刷机上，借此良机，威尔逊一改公司方针，大量招兵买马，调整营销组织，设立客服中心，构建起了一套针对大客户的直销服务体系。

与此同时，他还大胆突破了常规销售理念，变销售为租赁。虽然租赁方式不能使资金快速回笼，资金周转上要承受较大的压力。但正因如此，施乐才能够长期盈利，也在客观上吓退了竞争对手。

“计量收费”模式让施乐成为服务型企业

1959 年，一场决定输赢的比赛正式开始了。施乐公司开发的 914 复印机（PPC）[2]，因为可以使用普通纸，成为当时最负盛名的复印机企业。

914 复印机操作简便，体型小巧（不过还无法放在桌子上），而且不易褪色（当时，市面上多数为湿式复印机，容易褪色）。但是，这种复印机却存在一个大问题，那便是价格昂贵。

通常湿式复印机的厂家都采用了吉列“刀片 + 刀架”的营销模式。它们压低复印机的价格（约为 300 美元），再通过专用的复印纸来实现盈利。

而 914 复印机刚好相反，机器本身很贵，要花费几千美元。但复印时只需使用价格低廉的普通纸，从长远角度来看，还是划算的。但是这种复印机却始终未能打开销路。就连长期的合作伙伴 IBM 也觉得这种复印机太过昂贵。

基于此，施乐公司构思出了一套新型的租赁方案，即“计量收费”模式。简单来说，复印机每月的基本租赁费为 95 美元，每月复印的页数低于 2000 张时不

[1] 卡尔逊也曾尝试将此项技术卖给 IBM、柯达等公司，但这些公司均以技术不成熟、市场不明确等理由将其拒绝。

[2] 以最大的复印尺寸命名。9 英寸 ×14 英寸基本相当于小的 B4 尺寸（10 英寸 ×14 英寸）。

收取额外费用，超过 2000 张时每张收取 4 美分。如果一个用户每月的复印张数刚好为 2000 张时（即每天 60—70 张），每张的复印成本仅为 4.75 美分，如果每月达到 10000 张的话，每张复印成本仅为 4.15 美分，而这个价格足以和湿式复印机抗衡了。

从此，施乐公司不再是一个复印机的销售企业，而是摇身一变成为提供复印服务的服务性企业。

施乐的干法复印 vs 传统的湿法复印

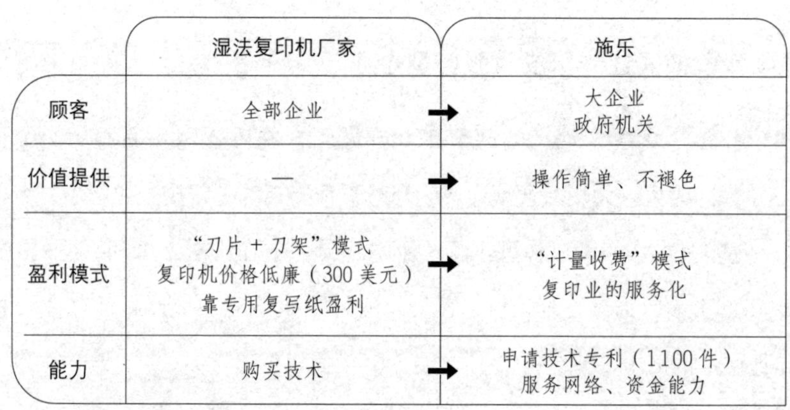

	湿法复印机厂家		施乐
顾客	全部企业	➡	大企业 政府机关
价值提供	—	➡	操作简单、不褪色
盈利模式	“刀片 + 刀架”模式 复印机价格低廉（300 美元） 靠专用复写纸盈利	➡	“计量收费”模式 复印业的服务化
能力	购买技术	➡	申请技术专利（1100 件） 服务网络、资金能力

IBM、柯达均失利，施乐占领全部市场

施乐公司将大企业和政府机关锁定为自己的主要顾客，这一准确定位，让施乐公司获得了高额的利润。IBM 和柯达见状也跃跃欲试，希望从中分得一杯羹，但它们却均以失败告终。

其中有几点原因。第一，它们无法打破施乐公司成百上千件的专利权。第二，它们很难效仿施乐公司的高品质服务。第三，“计量收费”模式下的资金压力让它们苦不堪言。

1963 年施乐公司研发的 813 小型台式复印机以及后来的彩色复印机一经面

世都备受好评，于是公司加快了创新步伐，于 1969 年又成功研制出了激光打印机。可以说，正是由于施乐公司在“顾客和价值提供”“盈利方式”“竞争力”上做出的一系列改变，才保证了公司的持久竞争能力。

就这样，施乐公司通过“计量收费”模式占领了 PPC 市场的全部份额，一时间竟无人能及。

直到 1970 年，佳能 NP1100 的出现……

硅谷之父——斯坦福大学的特曼教授

弗雷德·特曼最大的心愿就是给学生提供最好的工作场所

第二次世界大战结束以后（20 世纪 50—60 年代），半导体、IT 企业和硅谷也拉开了时代序幕。

1939 年在加利福尼亚州帕罗奥图市的一间车库中，惠普公司（Hewlett-Packard，以下简称为 HP）诞生了。继 HP 之后，DEC（1957）、CDC（1957）、DG（1967）等电脑厂商也陆续诞生。与此同时，仙童半导体公司、美国国家半导体公司、英特尔公司等半导体企业也纷纷踏上了征程，此外，稍后成立的苹果公司也在此期间取得了长足发展。1985 年这些公司几乎同时登上了世界 500 强的榜单。说到这些公司，人们都会不约而同地想到一所大学，它就是斯坦福大学。[1]

弗雷德·特曼（Frederick Terman，1900—1982）原本任教于美国东海岸的麻省理工学院，回家（斯坦福）探亲时不幸感染了肺结核，病好后他便留在了当

弗雷德·特曼

硅谷之父。25 岁时任教于斯坦福大学，32 岁时出版《无线电原理》。战后，被提升为工学系主任，着手创建斯坦福工业园。

[1] 电子领域的相关企业之所以能获得较大的发展，其实和第二次世界大战前后的军需有着密切的关系。关于硅谷的发展和军需的关系，史蒂夫·布兰克在他的著作 *Secret History* 中有详细论述。

地的斯坦福大学。正是这次机缘巧合，不仅让斯坦福大学取得了巨大发展，特曼本人也成为举世闻名的“硅谷之父”。

特曼教授坚信大学应该是实际运用的中心，而不是只搞学术的象牙塔，因此他不仅聘请名师，加强研究生教育，还在硅谷申请了 4000 公顷土地，用于高科技企业的引进，用实际行动推动了斯坦福工业园区的诞生。

在他的不懈努力下，不仅 NASA 和 GE 等企业的研究机构入驻园中，他的两个得意门生惠利特和普克德创立的 HP 公司也搬迁至此。特曼教授还动用私人关系，从贝尔实验室挖来了大名鼎鼎的“晶体管之父”肖克利博士（W.Shockley），从而创建了“肖克利半导体实验室”，这才有了后来的仙童半导体公司。

诞生于美国西海岸的“多产多死”模式和产业孵化集群

HP 公司、肖克利半导体实验室、仙童半导体公司既是最佳的工作场所，也是改革创新的孵化器。英特尔就是从仙童半导体公司发展而来的，苹果的创始人之一斯蒂夫·沃兹尼亚克也曾是 HP 的一名员工。

特曼教授为了把硅谷打造成世界半导体和 IT 产业的中心，可谓投注了毕生心血。

为了让企业和大学打破原有的束缚，营造产业集群效应，他把拥有奇思妙想的人和创业家、投资人召集到一起，让他们碰撞、交流。这里每年有数百家企业在纳斯达克上市，不过九成的企业短短几年就夭折了。

而在日本，每年新增企业仅有 40 家，但 8 成企业能够存活。如果说日本是一种“少产少死”模式的话，硅谷便是典型的“多产多死”模式。

据调查显示，100 万个创意中，仅有 1000 个能进入复审环节，而真正获得投资的创意仅剩 60 个，最后公开上市的企业更是少之又少，仅为 6 家。可以说许多创业者早期就惨遭淘汰了。

然而在硅谷，失败只是迈向成功的一步，一个不行就挑战下一个。

特曼教授常常告诫他的学生（包括惠利特和普克德）："你们给我记住了！撼动这个世界的绝不是通古博今的学者，而是那些无知无畏的人！"

硅谷的发展之路并非一帆风顺，但这种精神让它跨越了重重阻碍。如今的硅谷，已是聚集了7000多家企业、世界最大的IT产业集聚区。

硅谷的"多产多死"模式

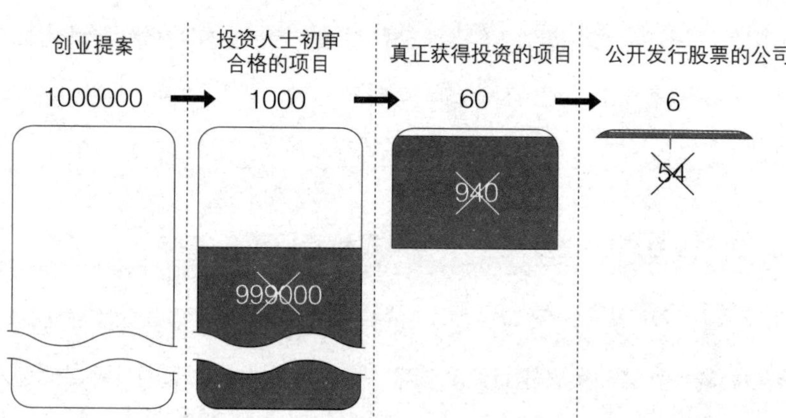

第3章

近代商业模式的变革期

（1970—1990）

铃木敏文
（1932— ）

入交昭一郎
（1940— ）

摇钱树的栽种人入交昭一郎和 7-11 的再造者铃木敏文

入交（以下简称为"入"）：铃木先生，听说您赴美取经，可是吃了不少苦头哇。

铃木（以下简称为"铃"）：别提了，真是苦不堪言。1973 年加盟协议签订后我便起身赴美，学习他们的经营之道。结果资料全是英文不说，为我们讲解的经理也只会照本宣科，仔细一打听，原来他上个礼拜才刚刚入职，真让人无语啊。此外，他们要求我们卖汉堡、热狗等快餐，可是当时在日本，就算麦当劳也只有几十家嘛[1]，他们说的东西能卖得掉才怪呢！所以我在学习期间就一直思考，在日本该如何经营呢。

入：哈哈，所以您就想到了饭团和便当？不过话说回来，该学的东西您可一样不少都给学回来了呀。

铃：哈哈，的确如此。他们在管理多家店铺的理念和体系上的确有过人之处。比如通过物流中心统一进货、通过公司总部代办事务、派人定期或不定期巡回指导等，都值得我们学习。对了，入交先生您去了美国，有何感受？

入：1976 年我参观了福特工厂，它的生产规模以及设备着实让我吃了一惊。20 世纪 60 年代本田的摩托车已经闻名于世，70 年代汽车也打入了美国市场。不

[1]截至 2014 年 3 月，日本国内麦当劳的店铺总数约为 3500 家，摩斯汉堡的店铺总数约为 1500 家。

过从产量上看，本田和福特、通用还相差甚远。

铃：同种商品，产量差这么多可不好办了吧。不过，你们还是选择了在美国投资建厂，说实话你们有胜算吗？

入：有，绝对有。福特大是大，不过老了。我不是说它的设备老，而是说它的生产理念已经跟不上时代了。纵向一体化的生产模式看似很有效率，但实际上却很难满足市场的需求和环境的变化。

铃：不过，利用本田的理念和方法，能在美国收获成功，真是令人钦佩啊！1991 年我们公司也对 7-11 的总公司进行了收购重组[1]，所以我知道其中的艰难。

入：是啊，不过通过这件事我们却认清了自己。为了让 HAM 的美国员工明白本田的理念和方法，就必须得把我们以前说不清道不明的东西变成文字，再翻译成英语。比如“team work”这个词，美国人理解的意思就和日本人完全不同。为了这个“本田文化”，每周五晚我们都和当地的经理边吃比萨，边探讨，这一习惯整整持续了一年。

铃：嗯，这可是一笔宝贵的财富啊。除此之外，您还在美国学到了哪些啊？

入：那恐怕就是电脑、游戏了吧。它和摩托车、汽车可不同，大多数厂家采用的都是水平分工模式。我担任 HAM 总裁的四年间（1984—1988 年），IBM 的 PC 产业迅速开拓了市场，但转

[1] 采用授权经销模式的南方公司由于经营不善，2005 年被 7-11 公司完全收购，正式成为了 7-11 旗下的一家子公司。

眼间又因配件、软件厂商和克隆机的出现受到了巨大冲击。而在电子行业，任天堂创建了一个全球性的游戏平台，让硬件商们赚了个盆满钵满。这一切都让我脑洞大开。

铃：我终于明白您为什么后来进入游戏机行业了。不过，我可是满心期待您成为通用总裁的，哈哈哈……

佳能通过改变技术、顾客、流通、服务，向施乐发起挑战！

多元化道路上屡战屡败的相机制造商—— 佳能

20 世纪 70 年代，以施乐为首的美国老牌企业纷纷遭受了来自日本企业的巨大冲击。其中，最先冲击美国市场的日本企业既不是本田，也并非丰田，而是相机制造企业佳能。

施乐公司原本是一家小型的相片纸企业，为了摆脱柯达的魔掌，终于通过新型复印机开辟了一片属于自己的天地。与此同时，佳能也蒙受着柯达等胶卷企业的讥讽，它们称佳能为“吃胶卷的机器”，卖得再多，也只不过是在帮自己的忙。

美国市场过度竞争，日本市场业已饱和。在这种情况下，作为相机主力制造商的佳能公司，最终选择了多元化发展道路。

然而，这条道路并非坦途。1959 年佳能推出了同步阅读器（有发声功能），结果偌大的工厂中库存产品堆积如山，百余名技术人员刚进公司就没了用武之地。

1964 年，佳能又推出了一款计算器（Canola），却因低价竞争和质量问题再一次以失败告终，这次佳能的损失达到了 30 亿日元。

与王者施乐的正面交锋

面对接二连三的失败，时任企划部长的贺来龙三郎（1926—2001，1977—1989 年任社长）依然主张多元化发展道路。同时，技术部的山路敬三（1927—2003，1989—1993 年任社长）赴美考察后，施乐 914（1959 年发售）的发展历程给他留下了深刻的印象，于是他建议公司进军复印行业。

为了参与复印行业的市场竞争，佳能公司组建了产品研发科，聘任了经

贺来龙三郎

推进了复印机的多元化经营，加快了数码相机的发展步伐。

1977 年起担任公司总裁，在任的 12 年间，公司的营业额从当初的 1945 亿日元攀升至 13509 亿日元。他提出了企业“共生”的理念。

验丰富的田中宏（1932— ），于是在取得 RCA 的授权后立即推出了“佳能 FAX1000”EF 式复印机。但由于产品缺乏市场竞争力，从 1966 年起，短短的几年时间赤字就达到了 10 亿日元。别说施乐，就连理光都把佳能甩在了身后。

无奈之下，贺来、山路等人决定一不做二不休，从正面向施乐发起攻击。换句话说，他们决定研发一种和施乐一样使用普通纸的复印机，当然技术截然不同。不过施乐拥有 1100 项专利，想要一一突破，谈何容易。世上无难事，只要肯登攀，抱着这种信念，专利部门的丸岛仪一（1934— ）也参与攻关，他和技术人员们一起分析施乐的专利，把握其中的技术内容和权力范围，然后再制定出更好的方案。

20 人的研发团队夜以继日、废寝忘食，在他们的努力下，一款基于全新技术的 NP 复印机终于诞生了。其中，田中宏所长的功绩不应被忘记，可以说，没有他永不放弃的精神就没有 NP 复印机的诞生。

此后，佳能公司在欧美各国申请专利，正式打响了施乐攻坚战。功夫不负苦心人，1970 年 NP-1100 型复印机终于呈现在世人面前。

突破产品技术，改变商业模式的小型复印机

虽然 NP-1100 型复印机并未实现盈利，但在此基础上改进的 NP-L7 却成为热门商品，保证了公司的收益。

不过，由于佳能的销售网络和服务体系还远不及施乐、理光[1]，所以它的产品优势难以发挥。在普通纸复印机的生产厂家中，富士施乐的销售额为1400亿日元，理光为1300亿日元，而佳能仅为400亿日元。

1982年，佳能成功研制出了超小型PPC、小型复印机PC-10（24.8万日元）和PC-20（29.8万日元）。此后，佳能一飞冲天。佳能一改施乐和NP-1100的商业模式，在“顾客和价值提供”“盈利方式”以及“竞争力”方面都做了相应变革。

因为产品价格高，强大的销售网络才发挥了功用。因为产品经常出故障，完善的服务体系才备受青睐。如果降低产品的价格，减少产品的故障频率，销售网络和服务体系不就没那么重要了吗？中小企业、事务所、个人不就敢买产品了吗？

于是佳能迅速出台了一套方案，将硒鼓由维修部件改为方便更换的一次性耗材。

由于品质标准的改变，佳能的信誉一下子提高了十余倍。为了达到预期价格，佳能还一改往常按成本计算售价的方式，而是跟家电企业学习，用卖价反算

全新模式下的佳能PC-10/20

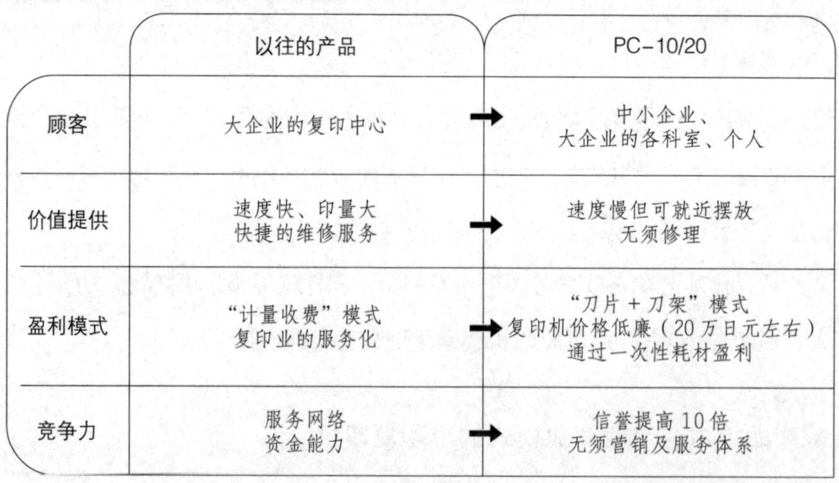

[1] 1979年，理光的业务人员有7600人，而佳能仅有3100人。

成本。至于营销网络，佳能的产品不仅拥有自己的专卖店，还利用电器用品店、文具店、照相器材店等进行销售。

虽然复印机的定价偏低，但通过墨盒等耗材足以保证公司的收益。佳能把最主要的部件做成了可替换的耗材，可以说是把“刀片 + 刀架”模式运用到了极致。

就这样，小型复印机凭借其外观小巧、价格低廉、无须维修等优势，成为了月销 3 万台的热门产品，年销售额达到了 700 亿日元。从那时起，这种复印机在办公场所随处可见（各科室、楼层均有配备），彻底改写了一家公司一台复印机的历史。

佳能，由失败和理想而生的竞争力

3 年前，小型复印机虽尚未面世，但田中宏所长就已经为公司的研发指明了道路。他摒弃以往的高速复印机，将三大领域作为公司的发展方向。这三大领域便是：个人复印机、数码复印机和彩色复印机。正是因为佳能经历过失败，也取得过成功（AE-1），公司的实力才有了巨大提升，公司的梦想才得以实现。

复印机，正如电子相片，它需要光学、电子、机械和化学等多领域技术作为支撑。而佳能本身是相机厂商，光学和机械是它的强项。至于电子技术，研发同步阅读器时引进的百余名技术人员也正好有了用武之地。在他们的共同努力下，佳能开发出了世界上第一台自动曝光单反相机 AE-1（1976），从此佳能成功跻身于全球照相机和复印机行业前列。

不过，对施乐来说，20 世纪 70 年代却是痛苦的 10 年。1970 年佳能率先进入美国市场，随后理光和美能达也参与其中。1975 年应美国联邦贸易委员会的要求施乐公司被迫签订了一份协议，协议中规定施乐有义务向需要静电印刷技术的企业开放专利使用权。结果施乐公司的市场占有率急转直下，1982 年一度跌至 13%。曾经独霸一方的施乐，一下子就像泄了气的皮球。

可叹！史上最强的商业模式，仅独领风骚十余年。

本田凭 CVCC 发动机之功，丰田借“精益生产”“金字塔”之力赶超通用、福特

本田凭借 CVCC 勇挑三大汽车公司

1959 年，本田凭借摩托车成功打入美国市场，虽然在此期间也遭遇过不少波折，但他收获了期望之外的成功。于是本田乘胜追击，1963 年进军汽车行业，1970 年开始发售。

不过，福特 T 型车（1908）面世以来的 60 年间，福特、通用、克莱斯勒等汽车品牌早已深入人心，同时 4S 店也通过完善的服务获得了良好的口碑。因此在当时，以思域为主的日本小型车几乎毫无销路。此外，本田车的质量也不过硬，所以在美国人的心目中它顶多算是廉价的二流货。

就在此时，天降良机。1970 年美国议会通过了一项环境保护法案——《马斯基法案》[1]，法案要求在美的汽车企业 5 年之内必须将汽车尾气中的有害物质减少至当时的 1/10。美国三大汽车公司均表示无法接受。不过，本田宗一郎（1906—

本田宗一郎

高等小学校毕业后，便在一家汽车修理厂当学徒。6 年后，经总部同意开设首家分店。31 岁起担任东海精机的社长，在此期间严重意识到自己的学识不足，于是以旁听生的身份在静冈大学进修。1946 年，在他 40 岁的时候，创办了本田技研公司。

[1] 由于美国汽车厂商的极力反对，该法案于 1974 年宣布废除。

本田的 CVCC

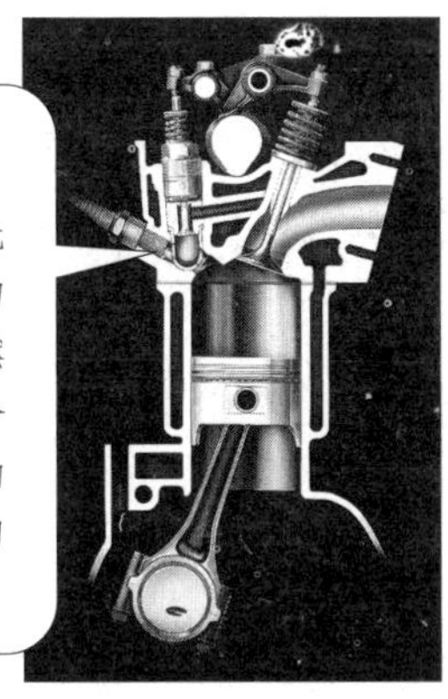

CVCC 的副燃烧室

燃烧冲程时，副燃烧室先行点火，引燃浓度较大的油气混合物，接着再引燃主燃室内稀薄的油气混合物。通过这种方式，让油气混合物在发动机缸体内进行更完全的燃烧。

1991）却牢牢地抓住了这次机遇。

由久米是志（1932— ，1983—1993 年任社长）等人组成的领导团队和入交昭一郎（1940— ）等人组成的技术团队通过不懈努力，攻克了层层难关，终于研制出了 CVCC 发动机（复合过流调速燃烧），率先达到了《马斯基法案》的环保要求。与此同时，第一次石油危机爆发了。

本田车因耗油量低、排放少，备受美国大众的喜爱。就这样，本田车活了下来。

福特已老！80 年代，还看 HAM

作为日本汽车行业的一员，本田率先在美国投资建厂。1977 年，本田投资 65 亿日元在俄亥俄州兴建了一家摩托车厂。5 年后的 1982 年，汽车也正式投入生产。当时，本田的决定遭到了所有人的质疑，在美国生产出来的汽车在品质上

入交昭一郎

毕业于东京大学工学系，主攻引擎方向。1963 年进入本田公司后便从事赛车的引擎设计工作。1966 年，被任命为本田 F1 赛车的总设计师。年仅 39 岁就成为了公司股东，并成功创立 HAM。1994 年辞职，其后曾担任世嘉总裁。

会不会有问题呢？

当时，HAM（Honda of America Manufacturing）的负责人入交昭一郎，不称呼工人为“Worker”，而是“Associate”，同时结合当地的风俗习惯对本田公司的哲学理念进行了改编，成功打造了HAM的“Honda Way”。在他的一系列举措下，产品品质和生产效率终于有了巨大的提升。

1976年，本田公司仿佛看到了胜算。就在这一年，因为要和福特洽谈合作事宜，便派人前去福特工厂参观。这期间，本田的公司高层着实被福特的规模吓了一跳，不过他们也看到了福特生产理念和生产方式的老化。

因为在当时，本田已经采用了机器人为金属模具进行焊接、更换，这种生产方式不强求规模数量，大大提高了产能。

“在美国，本田也一定能行！”

随后，本田雅阁于HAM正式投产，1986年又增设了第2条生产线，年产量超过了30万辆。本田通过改进生产技术打破了规模生产和经验曲线等传统观念，正式向美国的三大汽车公司发起了挑战。

丰田的精益生产——库存是万恶之源

与此同时，国内的汽车霸主丰田也找到了一种不依赖规模生产便可提高产能的经营方式。1978年，大野耐一先生出版了一本名为《丰田生产方式》的经营图书，其中的副标题“超越规模的生产”就完美地阐释了其中的核心理念。

《丰田生产方式》
大野耐一（1978）

丰田生产方式，涵盖了“看板方式”“准时制”（Just In Time，JIT）、“标准作业”“七大浪费”“自动化”“防误化”（FP）、“可视化”等多种理念，在此我无法一一解释，但其中的两大理念可以说彻底打破了欧美制造企业的常识。一是“库存是万恶之源”的理念，二是“充分发挥人的能动性”理念。无论哪个理念，都与福特和通用关于生产以及分工的理念截然相反。

以往，库存一直被人们认为是备不时之需、保证生产销售顺利进行的“润滑油”“缓冲剂”。福特为了保证各道工序同步进行，便在各道工序间备了大量库存。

但大野却执意打破常规、消灭库存。库存不足，可能会导致流水线暂停，甚至导致生产和销售无法跟进。不过换个角度，正是由于没了库存这个缓冲剂，我们才能看到问题、发现浪费。因此最大限度地减少库存，就可以提升品质、降低成本了。这种不做无用功的生产方式正是所谓的“精益生产”。

丰田公司还主张发挥人的能动性。因此不对生产线做过细分工，让每个工人都掌握若干项操作内容，这样员工就可以相互帮忙，从而促进了产品的标准化和稳定化。

此外，公司在寻求改善时，主要听取一线工人的意见。然而在欧美企业，这是让工人做技术人员的事情，后果将不堪设想。因为员工会以越权或是提高了劳动强度为由，将一纸诉讼递交法院。

相互协作的“金字塔”模式

丰田与供应商之间的采购模式更为奇特。它既不是福特的纵向一体化模式，也不是通用的自由竞争模式，而是介于两者之间的中间模式。丰田和供应商在资金上有着千丝万缕的关系，同时零部件供应商又层层转包、向下分级、逐级增多，最终形成了“金字塔”形结构。因此这种采购模式被称为“金字塔”模式。

如果把所有的供应采购环节都归拢到企业内部，企业就失去了灵活性。福特的胭脂河工厂就是典型的例子。但如果让供应商自由竞争，短时间内来看，的确降低了采购成本，但无法与供应商形成稳定的合作关系，最终也会导致库存和品质问题。

正是丰田的这种采购模式，零部件企业才愿意参与丰田的研发。[1]也正是这种采购模式，丰田对零部件企业的生产和配送环节也敢于直言不讳。

可以说，“金字塔”模式既保证了灵活性，又降低了采购成本、提升了产品品质。此外，这个由几千家企业构建的金字塔，是很难被同行模仿的。

丰田和本田等汽车企业正是通过“金字塔”模式，才增强了竞争力，将日本的汽车行业推向了世界舞台。

1986—1990 年，本田的高端品牌“讴歌”连续 5 年被美国用户评为满意度最高的汽车品牌。

通用公司，曾经占据了汽车市场的半壁江山，然而随着小型车的成功，市场份额不断下滑，虽然后期投入巨资（35 亿美元）推出了新的汽车品牌（土星），但最终还是没能扭转败局。

丰田的“金字塔”模式的威力

	福特	丰田	通用
采购模式	纵向一体化模式	“金字塔”模式	水平分工模式
和供应商的关系	内部化	协作性	敌对性
优势	可控性	灵活性、有创意	成本压力低、追求规模
劣势	缺乏灵活性	不景气时负担重	速度和研发投入不足

[1] 欧美企业通常采用“命令方式”，即将要求下达给零部件厂商。而日本企业大多采用“确认方式”，即先听取零部件厂商的汇报（占六成，而美国采用这种方式的企业仅占二成、欧洲仅占四成）。

沃尔玛和 7-11 物流至上的“区域集中模式”

1962 年，都市诞生的折扣店

时间回到 1962 年，这一年的 3 月 1 日，首家折扣店在美国诞生了。与 A&P、伍尔沃斯等中小商店不同，它的经营品类数以万计，靠薄利多销实现盈利。

这家折扣店名为 Kmart，它原本是一家大型的日用品连锁企业，旗下拥有数百家中小型店铺。时任总裁的哈里·坎宁安（Harry Cunningham，1907—1992）不顾其他股东的反对，执意向折扣店转型。

同年，Kmart 发展至 18 家（4 年后发展至 162 家），力压稍后出现的塔吉特公司（较 Kmart 晚两个月），成为业界翘楚。

但是，由于折扣店经营品类繁多，滞销品常常堆积如山。因此，只有在人口稠密的商业区，只有成为人来人往的一站式商场，只有以低价进行销售才能解决上述问题。因为，如果客流量增大 10 倍，原来只能卖掉 1/10 的商品就有可能全部卖掉。

于是 Kmart 选择在大都市郊外建店，20 世纪 80 年代初，它终于成为继西尔斯之后美国第二大连锁零售企业。

哈里·坎宁安

当时，美国只有百货店、GMS 和经济型连锁店，而他却坚信大型折扣店的时代即将到来。1962 年 3 月，第一家 Kmart 正式开业，他不顾其他股东的反对，大力推行这一模式。而这种模式正是山姆·沃尔顿创办沃尔玛的原型。

沃尔玛，用物流网络征服小型商圈

在 Kmart 和塔吉特之后，1962 年美国又出现了一家连锁折扣店，这家店就是由山姆·沃尔顿（Sam Walton，1918—1992）创办的沃尔玛。当时 44 岁的沃尔顿和兄弟们共同经营了 16 家店铺，这些店铺无一例外，都位于不到 6000 人的小镇。

以中小城镇为战略据点的沃尔玛发展极为缓慢，到了 1979 年，店铺总数才达到 275 家，仅为 Kmart 的 1/6。

20 世纪 80 年代以后，Kmart 的发展逐渐趋缓，而沃尔玛却异军突起，取得了骄人的业绩。当时，沃尔玛的营业增长率超过了 40%（Kmart 同期为 14%），远高于同行业的平均水平。

到了 1990 年，沃尔玛的营业额终于赶上了 Kmart。之后它凭借“价格更低、品类更全”的理念最终打败了 Kmart 这个宿敌。

在该行业中，进货成本约占营业额的七成，沃尔玛因何能比大自己数倍的 Kmart 价格还低、品类还全呢？

其实答案就在于沃尔玛的物流体系。正是因为这一体系使许多店铺联系在了一起，共同支撑起了沃尔玛的飞跃式发展。

1970 年沃尔玛设立了首家物流中心，到了 1986 年，物流中心已增至 8 家，占地面积共计 80 万平方米。一个物流中心可以覆盖半径约 240—480 千米的地区

山姆·沃尔顿

1954 年和弟弟开办零售店，1962 年 7 月在阿肯色州罗杰斯城（人口不足 6000 人）创办了第一家沃尔玛折扣店。他每天去 Kmart 参观，因此还被警卫人员抓到过。1985—1988 年期间成为世界首富。

（约含 100—175 家店铺）。物流中心只要接到订单，不管货多货少，48 小时内基本可以送到。

因此，店内的备货量只需维持两天，这样就避免了货架上同一产品堆积如山的现象。此外沃尔玛虽在乡下，单个店铺的销售额低，但是商品的周转快，最大限度地避免了仓库退货和废弃处理。

曾经大家都以为折扣店只有在大中城市才能存活，然而沃尔玛稍加改变，就让这种商业模式在中小城镇找到了立足点。这种改变，不仅减少了竞争对手，也拉动了周边地区的人口增长。

而且，沃尔玛的店铺和物流一旦完备，就会在当地形成统治地位。竞争对手再想进入，就要承担极大的风险，正因如此，沃尔玛成功地保持了自己在行业内的竞争力。

2000 年，沃尔玛的市场份额超过了 70%，而 Kmart 却在 2002 年不堪重负、宣布破产。Kmart 破产后，与同样苦于经营的西尔斯合并，试图摸索出一条新的生存之路。

沃尔玛中小城市圈的廉价商店

	Kmart	沃尔玛
顾客	大都市的消费者	中小城市的消费者
价值提供	特卖 物美价廉、品类齐全	长期低价（EDLP） 物美价廉、品类齐全
盈利模式	（以大型商店为前提） 提高进货配送效率	（通过中小规模店铺的网点覆盖） 提高进货规模和商品周转率 节约经费
竞争力	整体的进货规模	物流中心 （低成本操作）

铃木敏文，让 7-11 脱胎换骨

1927 年，得克萨斯州的一个沙漠小镇上，全球最早的便利店诞生了。起初这家小店以冷饮为主，为了生计小店全年无休，每天的营业时间也长达 16 小时，为了进一步提高销售业绩，老板又引进了生活用品。恐怕没人会想到，这家小店就是南方公司的前身。

20 世纪 60 年代，连锁店日渐兴起，百货店、超市、GMS 也纷纷扩张。与此同时，便利店也在全美迅速发展起来。总部主导型的加盟体系（特许经营[1]）可谓是便利店发展的原动力。在这种模式下进货和运营都由总部统一管理，这样既保证了规模效应，也点燃了加盟热情，活化了运营资本，为店铺的快速铺张奠定了基础。

1970 年，日本的便利店也取得了初步发展。1974 年伊藤洋华堂的铃木敏文（1932—　）将 7-11 引进日本，此后日本国内的便利店正式扬帆起航。

当时，正值日本颁布《大店法》（大规模零售店法）之时，伊藤洋华堂这样的大型商店该如何同小型零售店共存呢？铃木认为不应该单纯地保护这些小型店铺，而应当加强它们的竞争力，促使这些小型店铺向便利店转型升级。

几经周折，铃木敏文终于取得了 7-11 在日本的经营权，不过美国南方公司提供的经营方案和手册并不符合日本的实际情况，这让铃木充满了疑惑与憾意。

铃木敏文

铃木敏文最初的梦想是成为一名记者，并拥有自己的电台。进入洋华堂公司后，他不顾高层的反对，决心创立便利店。当时团队仅有 15 名成员，大都是通过广告招聘来的职场新人。7-11 取得成功后，和总部合二为一，由铃木敏文担任 CEO。

[1] 特许经营模式始于 1870 年，由胜家缝纫机公司首次运用。20 世纪前 10 年，福特的特约经销商模式宣布了这一模式的广泛运用。

因此在南方公司学习期间，他时刻提醒自己不要只学形式，而要弄懂真谛，从而使 7-11 脱胎换骨，适合日本当地。

就这样，铃木敏文开始了他艰难的探索之旅。

便利店，即系统化的零售业

比如，按照美国南方公司的经营手册，应该销售“汉堡等快餐食品”，铃木就把它理解为应该销售“肉包、豆沙包、寿司、饭团等食品”。另外，由于南方公司从一开始就无须支援当地的零售店，所以旗下店铺多为授权的直营店（约为 60%）。此外，南方公司基本采用自动下单的被动订货模式，可是铃木却要求加盟商主动下单订货，从而提高了订货的精准程度。

不过，这些改变全部属于细节问题，并非原则性问题。而通过物流中心实行统一进货、通过总部代办事务、总部派人定期或不定期巡回指导等原则性问题，铃木敏文将其全部运用其中。

从面包、点心、饭团、冰激凌到化妆品、纸巾、杂志、烟酒等，便利店的经营品种虽未超过 3000 种，但已相当齐全，甚至可以与 GMS 相媲美。

不过，因为经营品种多，制造商和批发商的数量就少不了（100 家）。如果各个厂家直接送货给店铺，光是收货恐怕就得收到天黑，这样就无法天天送货，店内也就不得不堆放大量相同商品了。

可是，如果把各类产品统一送到物流中心，再按每家店铺的需求，混装配送，问题便迎刃而解了。这样也就实现了多次（比如 1 日 3 次）按需配送的可能。

铃木为了简化销售统计、库存数量、票据处理等相关工作，与 NEC（日本电气股份有限公司）、野村综合研究所（NRI）通力合作，于 1982 年成功开发出了 POS（销售管理）、EOS（库存管理）等系统软件。此外，为了让人们一目了然，还采用了分色标记，这在日本还是首创。

每个巡回督导最多负责 8 个店铺，这些人都接受过系统学习和严格训练，能

新式便利店 7–11

	对消费者	对授权店
顾客	周边消费者	**原来的烟酒店等**
价值提供	品类齐全 **低价便捷**	物流中心实行统一进货 公司总部代办事务 定期或不定期巡回指导
盈利模式	通过定价销售以及 **菜品**提高利润率， **减少库存造成的损失**	店铺的部分利润
竞争力	**单品管理**、经营指导能力、考察学习和经营手册 通过区域集中开店提高物流效率、提升广告效果 **新商品开发能力**	

（粗字体为 7–11 对以往做出的改变）

有效地对各个店铺进行监督指导。

不过，这种经营方式有一个大前提，即区域性店铺集中。如果方圆几十里没有几十家店铺的话，无论是物流、菜品生产，还是经营指导、广告宣传，从成本角度来讲就没有太大意义了。

新型 7–11，凭借单品管理飞上世界舞台

此后，7–11 在日本取得了飞速发展，可老东家南方公司却因为经营不善宣布破产（1991）。其中有两点原因，一是过分追求低价，二是库存管理失败。

当时在美国，折扣店遍地开花，可是南方公司却不知转型，偏要“迎难而上”。与此同时，由于自动下单模式的弊端业已显现，滞销商品堆积如山，因此南方公司不得不削减商品种类，因而失去了大量客源。

铃木认为便利店的宗旨就是“随时便捷、满足所需”。比如有顾客来买肉包，如果店内没有，大多数人都会扫兴而归，很少会有人拿豆沙包来将就。

因此，既不滞销，又不断货，才能让客人满意，让店铺盈利。铃木找到了解决问题的金钥匙，它便是“单品管理”[1]。

7-11 的母公司伊藤洋华堂早在 1965 年就开始积极构建单品管理体系（当时还没有 POS 系统）。按照单品管理的要求，店铺每天都会挑选一些品种，进行盘点（包括销售数量和剩余库存），并核对数量，计算毛利。

如果销售数量出现异常，要立即查明原因，是因为产品断货，还是其他原因？如果是因为产品断货，是补货不及时，还是仓库也没货？

这种实实在在的调查方法，被人们称作“SASIMI 调查”，而 7-11 把这种调查方法的范围拓展至全部品种。

1982 年以后，伊藤洋华堂一直秉承着“把握基本，灵活应对”的经营原则，以最快的反应把握趋势的变化，以最快速度剔除滞销的商品，灵活地应对消费理念和市场环境的变化。就这样，7-11 和伊藤洋华堂共同构建起了善于应对市场变化的新型商业模式。

不过，为了实现这种商业模式，不仅需要完善的信息体系，更离不开加盟商、店面督导人员的热情和努力。而 7-11 恰好充分调动了这些因素，因此它的平均销售额比同行业高出 20%，店铺总数也居日本之首。

1991 年，日本 7-11 成功收购了美国南方公司，以前的老东家如今却成为日本 7-11 的旗下一员（2014 年店铺总数约为 53000 家）。收购初期，铃木做的第一件事便是让南方公司的高层学习“单品管理体系”，因为他认为这才是便利店的经营原则。

[1] 从事服装面料的 Shimamura 公司，先于 7-11 公司在 1981 年就利用 POS 系统引入了单品管理体系。

IBM的水平分工模式，为新兴公司的诞生撒下火种

最强的商业机器IBM，成功征服主机市场

20世纪60年代，可兼容计算机在美国迅速普及。其中特曼教授创建的硅谷正是此项技术产生和发展的原动力。

位于美国东海岸的IBM成为最大的赢家。当时十余家企业群雄割据，IBM通过投入巨资（R&D）成功研发出了“System/360”（1964），该产品一经问世便力压群雄，甚至将GE等多家公司逼到了破产边缘。到了70年代，IBM的市场份额一度高达70%。

当时，大型通用计算机（主机）厂家均集硬件、软件和服务于一体，每个公司提供的硬件、程序语言以及操作系统都不尽相同。可以说是彻彻底底的纵向一体化模式。

如果改用其他厂家的主机，就不得不放弃原有的软件。另外，比起生产厂家，消费者更加注重朋友们选择的主机。因为使用了不同的主机，恐怕和他们的交流都会成为问题。所以让企业用户选择的话，他们当然会选择令人放心、

IBM System/360

是一款覆盖了多种用途的兼容机。它和以往的机型不同，既可向上兼容，又可向下兼容。此外，System/360可按需求逐步扩充，原有的软件仍可使用。由于以上的诸多优势，吸引了大批顾客。不过用于研发的数额也达到了50亿美元（按当前的物价水平，约合3万亿日元）。

规模庞大的 IBM。

人们曾一度认为，在主机市场 IBM 就像是一道牢不可摧的铜墙铁壁。

苹果开拓 PC 市场，IBM 紧随其后

1972 年，英特尔公司推出了 8008 微处理器，由此拉开了个人电脑的时代序幕。1976 年，由斯蒂夫·沃兹尼亚克（Stephen Gary Wozniak，1950— ）负责设计，史蒂夫·乔布斯（Steve Jobs，1955—2011）负责销售的 Apple Ⅰ 一经上市便获得了广大消费者的一致好评。

于是，第二年苹果公司成立，同年秋由沃兹尼亚克独立研发的 Apple Ⅱ 正式推出，当时的售价为 1298 美元。可以说 Apple Ⅱ 是人类历史上第一台真正意义的个人电脑。

1978 年，苹果公司采用了价格较低的软盘驱动（Disk Ⅱ，价格为 595 美元），1979 年又推出了一款名为 VisiCalc[1] 的办公软件，从而彻底打破了行业内的游戏规则。这款软件不仅深受苹果迷的支持，苦于处理数据的中小企业主和会计师事务所也对之喜爱不已。

Apple Ⅱ
OS 为自主研发的 Apple DOS。
软盘和 VisiCalc 备受追捧。

为此，苹果电脑的销售量逐年增多，到了 1982 年，销售数量已达到 30 万台。苹果不仅创造了高额利润，市场份额也迅速攀升至 30%。

IBM 当然不会眼睁睁地看着这块肥肉被苹果独吞，于是在 1980 年 7 月

[1] 在美国，因为许多人要进行纳税申报，所以普通人对该款产品也有一定的需求。不过，SuperCalc（1980）、微软的 Multiplan（1982）以及 Excel、Lotus1-2-3（1983）等更具市场竞争力的产品很快便出现了。

IBM PC5150

CPU 来自英特尔。
OS 来自微软。

给研发团队下了一道命令，要求他们在一年之内务必让 PC 面世。可是当时的研发团队仅有 12 名成员。

最初，研发团队想使用自行研发的 810 处理器和操作系统，但由于时间问题，无奈之下，他们采用了性能稍逊的英特尔 8088 处理器和已经过时的微软 MS-DOS 操作系统。

此外，为了从外部采购其他配件，IBM 还进行公开招标，鼓励相关配件和兼容软件的开发。经过一年的不懈努力，研发团队[1]终于成功推出了 IBM PC 5150。

这款计算机备受企业青睐，1983 年，IBM 在美国 PC 市场的占有率已达到了 42%。不过 IBM 并没有因此盈利，反倒是英特尔和微软等供应商以及康柏等电脑组装企业受益颇多。

IBM，自身不盈利的商业模式

IBM 公开绝大部分技术资料之后，康柏等电脑厂商也迅速生产出了价格低廉的兼容机。特别是 1984 年 IBM 推出了“IBM PC/AT（16bit）[2]”，基于此莲花

[1] 研发团队中许多成员都死于 1985 年的一场空难。此后，IBM 以及许多公司，都对本公司同时乘坐一架飞机的人数做出了限制。

[2] 所谓“bit”就是指微处理器一次能处理的数据大小。例如，英特尔 8088 为 8bit，而 IBM PC/AT 使用的 80286 为 16bit。8bit 即二进制的位数长度为 8 位，相当于十进制的 0—255。

公司也推出了“Lotus1-2-3”，此后兼容机（AT 兼容机[1]）便迅速流行于美国市场。因此，个人电脑的销量就从 1982 年的 300 万台（45 亿美元）猛增至 1984 年的 670 万台（128 亿美元）。

正是 IBM 制定的“PC/AT”标准，个人电脑才走向了标准化，产品生产才实现了水平分工。

让我们来简单回顾一下个人电脑的发展情况。

OS[2]：继 MS-DOS 之后微软的 Windows（1985）成为标准。而 IBM、微软共同开发的 OS/2（1987）并未普及。

CPU：摩托罗拉、AMD 曾向英特尔发起猛烈的进攻，最终落败。英特尔取得了绝对性的胜利（市场份额为 90%）。

GPU[3]：IBM 等企业也生产过此类产品，目前 AMD·ATI 、NVIDIA 为主力生产厂家。

DRAM[4]：起初日美韩三国企业争夺市场，目前三星占有绝对优势（市场份额为 40%）。

硬盘：起初日美韩三国企业争夺市场，目前美国的 2 家企业占据了 90% 的市场份额，其中西部数据占 45%，希捷占 40%。

主板：3 家台湾企业占据了 70% 的市场份额。其中 ASUS 居首，为 40%。

对电脑厂商来说，既不用生产零部件，也不用生产主板，只要做好企划、销售、调研工作似乎就万事大吉了，因此许多企业都参与其中。20 世纪 80 年代前期，3 家最大的电脑厂商曾占据了 70% 的市场份额，可到了 1990 年，它们的市场份额却锐减至 32%。

[1] 有些电脑厂家甚至不说“AT 兼容”，而说成“Lotus 1-2-3 兼容”。

[2] 操作系统（英文为 Operating System），简称 OS。

[3] 即图形处理器（英文为 Graphic Processing Unit），简称 GPU。是一款针对图像运算、视觉显示的微处理器。

[4] 动态随机存储器（英文为 Dynamic Random Access Memory），简称 DRAM。

反倒是那些实力雄厚的零部件厂商，它们牢牢地掌握了市场的主动权，从这个庞大的 PC 市场中既取得了收益，也获得了成长。

目前，电脑行业已经趋于小型化、网络化，一旦出现一个新机能，就会形成一个水平分工阶层，就会有一大批新兴企业前来竞争。

PC 的构造和 IBM 引发的水平分工

	IBM / AT 兼容机	Apple Mac
OS	**微软 DOS**	苹果自行研发
CPU	**英特尔 8080 系列**	自行研发或共同开发
GPU	**IBM → AMD/NVIDIA**	共同开发
主板	**台湾制造商**	自行研发
内存	**三星等**	**三星等**
HDD	**西部数据等**	**西部数据等**

（粗字体为水平分工）

如果没有 IBM，就不会有今天的电脑市场，只可惜 IBM 却未能从中受益，当初的铜墙铁壁如今却成了残垣断壁（2004 年被联想收购）。

任天堂借红白机打造的“平台模式”

花牌老店任天堂，进军游戏市场

任天堂（1889）以生产花牌起家。1949 年，创始人突然辞世，他的曾孙山内溥（1927—2013）临危受命接任了社长一职。上任之初，他为了解决劳动争议，足足花费了 6 年时间。6 年间，他夜以继日、废寝忘食，险些搞垮了身体。

山内溥一改往常，将扑克牌由原来的赌博用品转变成儿童玩具，为此取得了巨大成功。

- 将迪士尼的卡通形象印在扑克牌上，为扑克牌附上游戏规则
- 投资建厂，生产塑料扑克牌

任天堂以此为契机，转型成一家玩具制造商。山内还大胆提拔时任设备维修员的横井军平（1941—1997）。正是横井的创意，世界上才有了超级怪手（1966）、超级棒球（1968）、“超级潜望镜”（1970）等热销玩具。

山内溥

任天堂创始人的曾孙。因祖父突然辞世，22 岁便接任社长一职。上任期间，他饱受争议，但凭借开发的热门产品威信大增。他提倡的多元化经营道路并不顺利，公司曾一度走到破产边缘。此后，因成功推出了掌上游戏机使公司起死回生。1992 年成为美国职业棒球联盟西雅图水手队的股东。在他的引介下，铃木一郎也加入该队。

但就公司而言，山内除玩具市场以外还尝试了多元化经营（计算器、儿童车、旅馆、飞碟射击场等），不过大都以失败告终。1973 年，公司走到了破产边缘。

1972 年，雅达利公司开发了首款街机 Pong，在美国掀起了一股游戏热潮，因此，大量公司投身游戏产业。当时，三菱电机为游戏公司开发了一款集成电路，可未能获得对方的首肯，于是三菱公司向任天堂打探，是否有意进军游戏产业。山内给出了肯定的回答。

1977 年，“电视游戏 6”成功发售后，任天堂的 IT 技术也日臻完善，这为其后的掌上游戏机“Game&Watch”（1980）和《大金刚》街机游戏打下了良好的基础。

就这样，任天堂清偿了多元化经营时遗留的负债，同时也化解了破产危机。

1983 年，“红白机”登上历史舞台

1976 年，仙童半导体公司自行开发了一款 8 位处理器，在此基础上又成功推出了家庭版游戏机。关于这款游戏机，只需更换 ROM[1]游戏卡就可以运行多款游戏。不过，仅限于自己公司开发的游戏。

1977 年，雅达利公司成功推出了 VCS[2]新型游戏机（Atari2600），并允许第三方企业从事游戏软件的开发及销售。因此，1980 年该款游戏机的销量出现了井喷式增长。其中两款源自街机的游戏《太空侵略者》（Space Invaders，1980 年由大东公司出品）和《吃豆人》（Pac-Man，1981 年由南梦宫公司出品）迅速席卷了游戏界。据说《太空侵略者》的发行量高达 100 万张，《吃豆人》更是高达 700 万张。不过，由于需求量的猛增，市场上出现了大量粗制滥造的仿品。[3]受

[1] Read-Only Memory 是一种只能读取数据的存储器。可以存取数据的存储器则被称为 RAM（Random Access Memory）。

[2] Video Computer System。

[3] 由于雅达利的 VCS 游戏机未对盗版软件设限，最终盗版软件充斥了整个游戏市场。

此冲击，1983 年游戏市场彻底崩盘，史称“雅达利危机”。

同年 7 月，任天堂公开发售了红白机，从此正式退出街机事业。任天堂把掌上游戏机赚来的钱都砸在了红白机事业上，胜败就在此一搏。

通过“雅达利危机”，山内清晰地认识到必须要抓大放小，一些无聊的软件就随它去吧。任天堂不仅重视游戏机的硬件，更重视游戏软件的品质。

• 为了推广游戏机，机器本身的定价较低。VCS 的后续机型为 24800 日元，而红白机的售价几乎等于成本，仅为 14800 日元

• 游戏机普及之前靠公司自行开发的游戏拉动。例如原本为街机游戏的《大金刚》《马里奥兄弟》[1]

• 游戏软件定价稍高，为 5800 日元，通过版权来实现盈利

• 对第三方软件实行准许制度，起初只允许哈德森 (HUDSON)、南梦宫、杰力可（JALECO）、卡普空、大东等大型游戏公司参与开发

• 游戏卡必须委托任天堂生产，起订量为 10000 张，每张 2000 日币，需提前支付。这样就避免了过度生产

红白机公开发售后，仅一年半的时间就销售了 200 万台。1985 年推出的《马里奥兄弟》和 1986 年推出的《勇者斗恶龙》等都成为当时的热门游戏。1989 年任天堂的销售额达到了 2900 亿日元，5 年间利润翻了四番。

1985 年，任天堂正式进军北美市场，为了适应当地，将英文名定为 NES（Nintendo Entertainment System）。任天堂的出现，重新燃起了美国人对家庭游戏机的热情。从 1996 年雅达利宣布退出到 2001 年 XBOX（微软）问世，5 年间由任天堂带领的日本游戏企业在北美市场独霸一方。

最终，红白机在全世界共计销售了 6300 万台（海外占 70%），它的成功还为后来 16 位处理器的超级红白机打下了坚实的基础。

---

[1] 由横井军平开发，宫本茂设计。后来宫本又设计了多款作品，从而撑起了任天堂的发展之路。

共生共存的“红白机”平台模式

任天堂借助红白机创立的商业模式，在两方面取得了跨时代的意义。

从盈利模式角度来讲，任天堂通过低价销售战略，先让游戏机进入千家万户，再通过游戏软件实现盈利。这正是典型的“刀片 + 刀架”模式。但与吉列（HP/ 佳能）不同，任天堂并未通过知识产权独占“刀片”部分，而是灵活地运用第三方来开发游戏。不过为了管控好第三方，任天堂会严格审查对方资质和游戏内容，这类似于苹果的“半封闭模式”。

从竞争力角度来讲，任天堂既拥有软件的开发能力，也拥有硬件的开发能力。因此在打开硬件市场时，就可以利用软件进行拉动。而 VCS 却没有这种能力，所以也难以聚拢那些有实力的软件企业。因为面对一个前途未卜的硬件，没人愿意担着风险去开发软件。

另外，对于硬件的核心部分，任天堂既不自行开发（纵向一体），也不招标采购（水平分工），而是采取了类似丰田的“共同开发体制”。比如任天堂和理

任天堂的红白机“平台模式”

	对消费者	对游戏软件公司
顾客	小学男生	大型软件制造商
价值提供	廉价的游戏机 好玩的游戏	游戏机的普及
盈利模式	将游戏机以低价销售后，通过游戏软件及委托加工实现盈利， 采用了“刀片 + 刀架”模式 硬件的核心部分和其他公司共同研发，分散风险	
竞争力	凭借公司的软件开发能力，确保游戏好玩，从而推动硬件的普及 严格审查，避免低级软件流入市场 通过大量采购配件降低成本	

光共同开发的定制芯片[1]，如果使用这种芯片的游戏机销售数量不超过100万台，成本就会过高。不过正是其中所蕴含的风险巨大，才难以被效仿，才促使硬件走向了高性能化。

这与 IBM PC 极为不同，IBM PC 也制定了规格标准，却未能从中获利。而任天堂却可以和协作企业安心投资、共享利益，从而确立了一种共生共存的平台模式。由于这种模式优势明显，11 年间竟打遍天下无敌手。直到 1994 年，索尼 Play Station（PS）的出现。

[1] 以 Apple Ⅱ上搭载的 MOS 6502 为核心。

“B2B 电子商务平台”的先驱——AUCNET 公司开创的二手车视频交易平台

电子商务平台实现的拓展与互联

AUCNET 公司，原本是一家实力雄厚的二手车经销商，1985 年在全球首开先河，创立了“二手车视频交易平台”，然而这一切绝非偶然。

创始人藤崎真孝一直认为当时的二手车市场存在着诸多问题。比如现场拍卖既有方便的一面，也有不便的一面。

首先，消费者为了买车就得去拍卖市场，路上浪费了大把时间。其次，即便来到市场，也无法彻底了解展车的情况，品质问题依然令人担忧。另外，全国 130 家二手车拍卖市场分散各地，每处展出的车辆相对较少。此外，最让二手车行郁闷的是，想要卖车，得先把车拉到市场，如果没卖掉还得再拉回去，来回一折腾就得搭上几万日元。当然，不想折腾也可以，那就得将车便宜卖掉！

正是基于上述原因，藤崎想到了视频拍卖。其实早在 1982 年，集团就已经设立了专门从事网络销售开发的部门。此外，1979 年 NEC 公司推出的 PC-8001 风靡全国，日本的网络环境也有了较大改善。

藤崎真孝

藤崎出售爱车时，有很多人来电咨询，受此启发他开办了一家二手车行。在经营上他不落俗套，尝试过各种销售方法。如“维坛展示”“图片广告”“车套广告”“零首付购车”“18 项翻新”等等。现任社长是小他 10 岁的弟弟清孝。

AUCNET 公司创立的“二手车视频交易平台”，利用互联网，仅需 0.2 秒即可实现竞拍信号的传递。为此买卖双方，无论身居何地，都可以买车卖车了。这一过程无须挪动汽车，正式成交后再运给买方即可。因此，单是节省下来的运费就足以支付交易平台的会费了。

不过，其中还存在着两个问题，一是平台的加盟商数量（二手车行），二是如何向买方提供品质报告。

制定品质检验标准，训练专业检测人员

藤崎凭借多年的经验，认为平台的加盟商至少应达到 1000 家。然而他的创新行为却被误解为“打乱了行业秩序”，遭到了汽车拍卖市场和行业组织的竭力反对。因此，起步阶段加盟商的数量仅达到 560 家。

1987 年，传统汽车拍卖行业的“大佬”投资创办了“JAANET”，1988 年，另一家车行联盟也成立了“VAN8000TVAA”。这两家公司在成立时间上虽晚于 AUCNET，但在技术上却相对领先，为此三家公司的加盟商争夺大战如火如荼地上演了。

AUCNET 公司的视频交易平台虽然起步不利，但刚刚推出一年后，加盟商就超过了 1000 家，取得了可喜的成绩，这要归功于 AUCNET 的不断改良和藤崎的不懈努力。1988 年初，公司有幸和行业内最大的组织——日本二手车销售联合会（简称中贩联）建立了合作关系，当年 AUCNET 公司的加盟商就猛增至 1900 家。

第二年，AUCNET 公司趁热打铁，借助卫星通信系统打造了更具实感、即时高效的交易平台，从此令其他公司望尘莫及。

“交易平台”面临的另一个问题就是如何向买方提供品质报告。

二手车，可以说一个车一个样，那如何才能将车况准确地传达给买方呢？这在当时成为棘手问题。后来，以藤崎的弟弟清孝（现任社长）为首的决策团队通

过不懈努力终于找到了解决办法，那便是制定一套 AUCNET 公司内部的测评标准，竞拍之前由训练有素的检测人员按照这套标准对车况进行专业测评。

1996 年，该检测团队从 AUCNET 公司独立出来，成立了一家专业检验服务公司。此后通过与丰田、本田、日产、马自达等日本著名汽车制造企业展开合作，使公司的内部测评标准一跃成为行业标准。

对许多中小型二手车行来说，这种“B2B 电子商务平台”无疑让它们受益颇多。因为它们不必担心二手车的销路了，买主一多，好东西就不愁卖不上好价钱。

电子商务平台实现了商户间的拓展与互联，尤其在当今的网络时代，人们已经见识了它的威力。然而谁能想到，它的鼻祖竟是日本 AUCNET 公司创立的“二手车视频交易平台”呢，而撑起这一平台的正是它的品质检验标准和专业检测人员。

AUCNET 公司创立的“B2B 电子商务平台”

	对卖方	对买方
顾客	二手车的收购方 新车的特约经销商	二手车的销售方
价值提供	无须开到现场 买方众多 结算安心、手续放心	无须去现场看车 提供测评报告 结算安心、手续放心
盈利模式	平台会费、展示费、成交佣金	
竞争力	0.2 秒即可实现竞拍信号的传输 借助卫星通信系统打造实感、高效的交易平台 独创的测评标准和专业的检测人员	

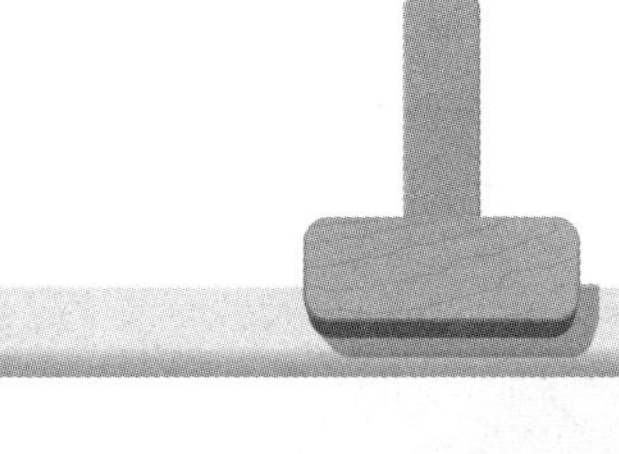

第 4 章

20 世纪末，速度与 IT 产业引领的创造期

（1991—2001）

迈克尔·戴尔（1965— ）　　杰夫·贝佐斯（1964— ）

创业天才戴尔和偏执狂人贝佐斯

戴尔（以下简称为"戴"）（自言自语）：12 岁时，我通过销售邮票和棒球卡赚取了 2000 美元。高中时，我找到了一份卖报纸的差事。我想方设法弄到了新婚夫妻和乔迁户的信息，再向他们免费赠阅两周的报纸，结果很快打开了销路，我赚了 1.8 万美元。[1]不过，一生中最让我难忘的还是 14 岁那年，那一年我终于拥有了一台属于自己的苹果电脑。[2]我就知道，它将改变世界！进入大学后，我常在寝室里为别人进行电脑升级，这一兼职让我月入 8 万美元，我有什么理由不继续做下去呢。1984 年，我告诉家人要退学时，家人都面露难色。父亲是当地小有名气的牙科医生，母亲从事股票投资工作。我想，我当时的选择，一定是遗传了母亲的某些特质。

贝佐斯（以下简称为"贝"）（自言自语）：小时候我擅长修理风车，还会为家畜预防接种。因此一到暑假我就会去牧场给祖父母帮忙，到了晚上大伙儿闲来无事，就靠电视打发时光。我好奇心比较强，高中接触电脑以后，就对它产生了极大兴趣。因此在普林斯顿大学就读期间我选择了计算机和电气专业。不过工作以后，我的兴趣却转向了金融行业，因此大部分时间都在和金钱、数字打交道。当时我的工作稳定、收入可观，不

[1] 戴尔用这笔钱购买了一辆宝马（当时虽未取得驾照）。

[2] 当时的价格约为 1300 美元，现在至少值 5000 美元。

过一组数据让我再也坐不住了。根据这组数据，互联网的使用人数较上一年增加了23倍，这就是商机啊！领导竭力反对，但我的妻子麦肯齐却支持我的想法。当时我31岁，刚刚完婚。美国西海岸的仓库是不错的创业圣地，1994年春天，我向父母借了汽车和启动资金，便起身向美国西海岸挺进。时间就是金钱，速度决定一切。

戴（自言自语）：的确，速度就是一切！不过不能凡事都急于求成啊。想当初，我卖电脑的时候，因为价格便宜，大公司每次都会订购一两百台。我的“直销模式”并非将产品直接卖给顾客这么简单，而是接到客户的订单后再进行生产，只不过从零部件采购到交货的周期必须要短。如果周期长了，不仅采购成本会有所增加还要面临库存的风险。可以说，正是最快的速度才保证了高品质和低价格。对于这项事业，速度就是一切！

贝（自言自语）：最初我只顾埋头向前。开公司、雇员工、增加商品。速度、速度、还是速度！ 不过没多久我就明白了。在电子商务领域里，物流才是关键。因为无论客服中心多完善，无论顾客数量多庞大，如果不能及时准确地将商品送到客户的手中，得到的只会是抱怨，最后一定会输给实体店。因此我在物流方面投入了巨资。虽然投资人士和分析人士都认为此举不妥，我还是坚持了自己的意见。我特别感激KPCB公司[1]（Kleiner Perkins Caufield & Byers）约翰·杜尔先生（John Doerr，1951— ）的一路支持。亚马逊之所以能长期盈利，完善的物流网络功不可没。伟大的梦如果没有强大的实力来支撑，一切都是零。

[1] 和红杉齐名的投资公司。杜尔在IT产业投资方面也有较深的造诣。

戴（自言自语）：可以说我们公司的竞争力就是以最短的时间、最低的成本生产出高性能的电脑。2001 年我们终于打败了老对手康柏公司，坐上了全球电脑厂商的头把交椅。不过我听说惠普要收购康柏，这两家公司的综合实力可不容小觑啊，企业用户会不会向它们倾斜呢？快速这把利器还是否好用？假如有更强大的武器，那又会是什么呢？

贝（自言自语）：埃文斯是正确的。1995 年他在《网络资本主义的企业战略》一书中曾说过，过去人们一直认为深度（信息能到哪里）和广度（信息有多丰富）此消彼长，不过现在看来却并非如此。B2B、B2C 以及 C2C 模式的出现就充分说明了这一点。我们在营造物流网络的同时，也在努力为各种模式搭建平台，这让许多小微企业和个人看到了曙光。我坚信，在不久的将来亚马逊也一定会成为社会上独一无二的基础设施。

按需生产与零库存：戴尔让世人看到了“直销”魔力

大学两年月入八万，戴尔退学专心创业

20世纪90年代，水平分工发展到了一个新的高度，电脑制造商的地位有所下降，利润也开始下滑，不过戴尔公司却是一枝独秀，在成功的道路上阔步前行。

1988年戴尔公司在纳斯达克成功上市后，又于1992年挺进世界500强。2000年，网络泡沫崩溃前期，戴尔公司在美国市场上的份额已高达15%，从公司创立起，短短的16年间，营业额就攀升至320亿美元，纯利润更是高达23亿美元。

创始人迈克尔·戴尔（Michael S. Dell，1965— ）和比尔·盖茨、史蒂夫·乔布斯一样，都属于“大学肄业分子”。

他在得克萨斯大学就读的第一年，就开始利用IBM主机进行升级销售。他从中发现了商机，在19岁那年选择退学，走向了创业生涯。其实在公司成立之前，他的月销售额就超过了8万美元，所以公司成立后的第二个月，就赚取了18万美元。

当时，如果挑战技术标准恐怕为时已晚，而经销网络也十分完善。不过，虽

迈克尔·戴尔

15岁时就将买来的Apple Ⅱ进行了“肢解”。从那以后，他买来电脑，为其升级，再卖给别人，从中赚取零花钱。后如父母所愿进入大学学习，但由于生意异常火爆，他选择了退学创业。公司成立后的第二个月营业额就达到了18万美元。目前他再一次收购戴尔，进行重建。

然康柏在零售领域极其强大，但戴尔仍有可能在市场和流通领域上取得突破。

基于此，戴尔采取了按订单进行生产（BTO，Build To Order）的直销模式，将顾客锁定为大型企业和团体用户。从某种意义上来讲，这与他学生时代的工作极为相似。[1] 正是这种模式，使他拥有了击败对手的优势。

那么，这个“戴尔模式”究竟是一种怎样的商业模式呢？它又凭借什么保持了 20 年的竞争优势呢？尤其是在当时日趋成熟的电脑市场。

“对于这项事业，速度就是一切！”

戴尔常说：“Speed is everything in this business.”（对于这项事业，速度就是一切。）其实戴尔公司并无特别之处，只是在速度上具有绝对优势。不过，正是这超一流的速度，让戴尔公司拥有了不可思议的魔力。

- 生产出货速度：仅有可维持 7 天的库存成品，通常接到订单 36 小时后即可生产、出货。而康柏公司有可维持 65 天的库存成品，其中公司内有可维持 30 天的库存成品，经销商处有可维持 35 天的库存成品
- 资金到账速度：用信用卡支付的话 24 小时即可到账。康柏公司则要 16 天才能到账

速度就是一切！戴尔的“直销模式”

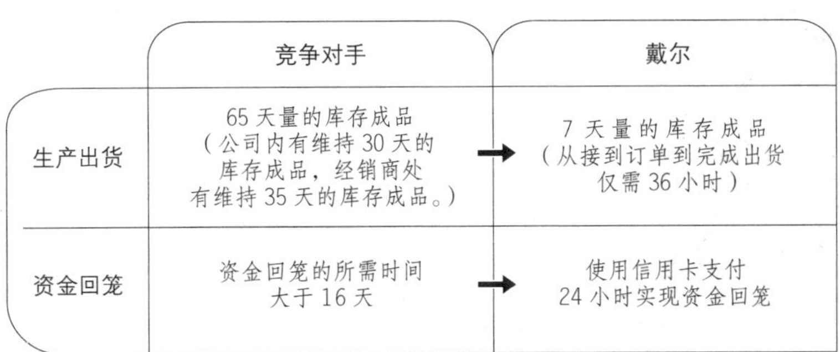

	竞争对手		戴尔
生产出货	65 天量的库存成品（公司内有维持 30 天的库存成品，经销商处有维持 35 天的库存成品。）	→	7 天量的库存成品（从接到订单到完成出货仅需 36 小时）
资金回笼	资金回笼的所需时间大于 16 天	→	使用信用卡支付 24 小时实现资金回笼

[1] 当初，埃克森和美孚等大企业会一次性向戴尔订购 50—100 台电脑。

在 PC 行业，成品的库存时间是一个大问题。

因为电脑性能日新月异，每年至少要推出 3 款新品。因此，无论什么产品两三个月就会因新品的出现宣布过时。而康柏和 IBM 的库存时间长达两个月，它们的问题显而易见。即便是薄利多销，但如果有一个礼拜的库存产品卖不掉，前期的利润将全部归零。

另外，成品的库存时间对零部件的采购成本也有着巨大的影响。假设某一顾客同一时间向戴尔和康柏购买同种电脑，那么康柏就必须比戴尔提前两个月将电脑制造出来。

电脑的零部件主要为半导体产品，这类产品的价格每周都会下降 1%，两个月差不多就下降了 10%。由此，戴尔公司的零部件成本就比其他公司低了 10%。而电脑的制造成本中七成来自零部件，因此戴尔公司就有了下调价格的余地（7%）。

戴尔公司，不靠规模，而靠速度，不仅降低了成本，还增强了竞争力。它的做法充分体现了波士顿咨询公司乔治·斯托克所提倡的“Time-Based Competition”（时基竞争理论，1988）。

Competing Against Time: How Time-Based Competition is Reshaping Global Markets（1990）
George Stalk Jr., Thomas M. Hout

戴尔的商业模式因何难以被模仿?

戴尔公司把顾客锁定为大型企业的做法十分明智。如此一来，公司就不必在广告宣传和品牌经营上投入过多的精力。只要能保证交货的速度、低廉的价格，就能在电脑市场上获得一席之地。

大型企业在采购电脑时，看重的并不是卖方的服务态度，而是过硬的产品品质。当然，售后服务必不可少。戴尔公司将这项工作委托给了施乐公司和 UPS 快递公司。戴尔并不提供维修服务，而是以换代修。这样就节省了一笔营销体系的建设费用。

但竞争对手却恰好相反。比如 IBM 公司在进行销售时，业务员的人脉关系和策划能力就尤为重要。再比如康柏公司，因为顾客中包含了许多中小企业，为了扩大影响力，就必须建立起完善的销售服务体系。

此外，戴尔还投资创办了客服中心，拥有上千名员工，员工们均采用邮件、聊天软件等现代化手段进行在线答疑，一下子将效率提高了数倍。

戴尔公司为了进一步加快生产速度，希望订单下发后 15 分钟就可以收到零部件，于是许多大型供应商纷纷在戴尔的厂区周围设立仓库。

戴尔公司通过锁定客户，明确价值，将本公司同外部企业的能力牢牢地组合在了一起。然而竞争对手却无法从它们原有的营销体系中挣脱出来，因为营销体系对它们来说至关重要。

1990 年前后，随着零部件厂商和软件厂商集约化进程的加快，[1] PC 市场一片混乱，许多企业最终因无利可图选择了退出。

20 世纪 90 年代，PC 市场因互联网的普及，总贸易额由 609 亿美元迅速提升至 1700 多亿美元。对电脑厂商来说，这是一个弱肉强食、大浪淘沙的时代。

不过，这些企业万万没有想到，刚从网络泡沫中挣脱出来，却又陷入了一场

[1] 1990 年推出的 Windows 3.0，因操作的简便性迅速席卷了 OS 市场，1991 年市场份额超过 85%。

更大的灾难——PC 市场的急剧萎缩。

时间已经走过了 2010 年，再来看今天的赢家，既不是戴尔，也不是惠普（2001 年收购康柏），更不是宏碁（台湾），而是当年开创了 PC 市场的苹果公司。不过促使 PC 市场走向萎缩的也是这个苹果公司。就在 2010 年，市场上又出现了一种新产品——iPad 平板电脑。

由 GAP、贝纳通开创，由 WORLD、ZARA、优衣库发展的“SPA 模式”

GAP、贝纳通，将纵向一体化模式引入服装行业

在水平分工模式里，服装行业远比汽车行业和PC行业更为分散，更具风险。而 GAP 和贝纳通却打破常规，通过纵向一体化模式在服装行业里站稳了脚跟。

之所以说服装行业更具风险，主要是因为它的速度不对称。即在服装行业内，内部价值链的变化始终赶不上外部流行趋势的变化。

服装行业的价值链最长，各个环节又比较分散。染料厂只负责染料，纺织厂只负责纺纱印染，织布厂只负责织布，服装厂只负责企划设计，缝制厂只负责裁剪缝纫，只有全部环节结束之后商品才能进入各个店面。

而这一过程，通常要花费两年时间，即便从企划到销售恐怕也不止一年。而流行元素瞬息万变，服装企业自然难以跟上它的脚步。因此，时尚商品就成为品类多、数量少的奢侈品。

1969 年，犹太裔美国人唐纳德·费希尔（Donald Fisher，1928—2009）和妻

费希尔夫妇

1969 年，费希尔夫妇每人出资 21000 美元正式踏上了创业之旅，而这笔钱原本是为孩子们准备的教育资金。如今，妻子杜丽斯·费希尔也是一名收藏家，据说她的 1100 件藏品价值超过了 10 亿美元，可以与她持有的股份相匹敌。

子杜丽斯·费希尔（Doris Fisher，1932— ）把目光转向了青少年。当时，还没有人关注这一消费群体。为了吸引这些年轻人，费希尔夫妇将牛仔裤和唱片进行捆绑式销售。这种销售方式大获成功，1974 年店铺总数超过了 25 家。从那时起费希尔夫妇开始筹划自己的服装品牌 GAP。1986 年，GAP 公司将这种商业模式称为 SPA 模式（Speciality Retailer of Private Label Apparel），即自主品牌专业零售商经营模式。

GAP 公司采用了委外加工的生产方式，由店铺自行设计、下单，这样店内的商品即便有些过时也可以全部售出。更关键的是，由于公司的店面众多，导致单个商品的订货总数较大，于是 GAP 可以直接从亚洲工厂进行采购，从而大大降低了成本。另外 GAP 公司在供货管理上也下了一番苦功，建立起了完善的管理制度。例如，必须将商品的库存时间控制在 49 天以内，这样就比竞争对手缩短了一半时间；每两个月必须推出新款；等等。通过以上一系列措施，GAP 公司在行业中取得了绝对性的优势。

GAP 公司以低廉的价格为广大消费者提供了时尚的服饰，获得了生意场上的成功。可以说这也是纵向一体化模式应用上的成功。1987 年，GAP 的店铺总数超过了 600 家，营业额突破了 10 亿元。

与此同时，意大利的贝纳通公司，凭借独特的色彩艺术和后染技术，[1] 联合当地众多小型服装企业，同 GAP 一样通过品牌经营模式快速席卷了整个欧洲，甚至在美国也备受当地消费者的喜爱。

可以说，20 世纪 80 到 90 年代，是 GAP 和贝纳通的时代。不过，它们采用的依然是“设计—大规模订单—销售”的生产模式，因此也被人们称为“推动型 SPA 模式”。

[1] 对缝制后的针织品进行染色，可以保证产品不变形，且不用事先确定色彩方案。

市场反应灵敏，WORLD 做到极致

与此相对，20 世纪 90 年代前期，WORLD 公司通过自主服装品牌 OZOC 确立了另一种 SPA 模式——“拉动型 SPA 模式”，即产品售出后立即组织再生产的商业模式。1993 年 WORLD 公司成功推出了 OZOC，1995 年又陆续推出了 Untitled、INDIVI、INDEX 等多个服装品牌，从而成功摆脱了网络泡沫后经济低迷的态势。此后，服装的零售业务逐渐成为 WORLD 公司的支柱性产业，2003 年，批发业务的销售额已锐减至营业总额的 20%。

当初，批发业[1]如日中天，可 TAKEO KIKUCHI（1984）和 DOLCE 等男装品牌的创始人寺井秀藏（1949— ）却认为其中浪费严重、存在风险，为此他深感不安。

一天，他不经意间读到了一篇关于铃木敏文的文章，文章中写道：铃木曾在接受采访时说，7-11 虽利润较高，但比起看得见的利润，看不见的浪费更大。如果连 7-11 都存在浪费的话，那么自己的公司就可想而知了。于是他进行了一番调查，结果让他大为震惊，由于行业习惯，公司的批发业中潜藏着巨大的浪费和风险。

公司的生产计划通常是半年前就定好了，如果生产出来的产品符合当季的流

寺井秀藏

虽创立了 TAKEO KIKUCHI 和 DOLCE 两大男装品牌，但对批发行业深感危机。升任至经营企划部部长后，他亲自做了一份关于拉动型 SPA 模式的提案，但未被公司采纳。不过他还是从即将解散的部门中召集了一批年轻人，成功创立 OZOC 和 Untitled 两大品牌。2005 年，他通过 MBO（管理层收购）完成退市。

[1] 由 WORLD 进行企划、销售。

行趋势，很难进行返单。如果不符合当季的流行趋势又会造成大量的库存，进而导致企业亏损。另外，销售工作通常交由店铺来做，而公司自己却做起了“甩手掌柜”。

1991年，寺井被任命为经营企划部的总部长，从那时起他大力主张拉动型SPA模式的构想（称为“SPARCS构想”）。为了实现“7天满足客户需求”这一目标，公司采取了以下方案：一是推行“多品类、少量化”生产体系，充分依靠国内工厂，实现4日内交货；二是每周确认商品计划，及时进行调整。

一切以店面的销售情况为基准。商品的销售一般集中在周六、周日，如果从下单到收货只需4天（星期一下单→星期五收货），就可以跟上销售节奏了。另外，关于商品的设计、店面的宣传等，工作人员每周都会聚在一起进行讨论，这样就可以尽早发现问题，及时进行改正。

不过，他“伟大”的“SPARCS构想”并未得到其他人的响应。当时，公司中大部分人还都沉浸在泡沫经济带来的喜悦之中，人们认为他的构想才是不切实际的泡沫。恰好公司旗下的一个品牌因为长期亏损，决定撤销。

寺井找到了这些面临失业的年轻人，问他们愿不愿意同自己创立一个新的品牌。

WORLD公司的“拉动型SPA模式”——“SPARCS构想”

	以往		OZOC
顾客	女士	→	年轻女性（20—40岁）
价值提供	大杂烩 3.2万—4.2万日元 按季销售	→	法式休闲 2.4万—3.2万日元 按周策划
盈利模式	听天由命	→	快速捕捉流行元素 库存天数22天
竞争力	人海战术 靠半年前的发布会下单生产 销售场所不固定	→	信息化体系 每周下单，4天交货 百货商场二楼

答案当然是肯定的。于是，寺井让他们给出方案，最终他留下了一个方案和支持该方案的 20 名员工。这 20 名员工个个年轻气盛，干劲十足。

品牌创立的第一年，由于加工工厂没能满足按周交货的要求，同时又没有上一年业绩作为比较，对于这项业务公司上下无人看好。不过寺井和员工们并没有因此放弃，而是在 1994 年正式推出了 OZOC，这项业务不仅扛住了 1995 年阪神大地震后经济下行的压力，还在 1996 年实现了盈利。该品牌服饰的库存天数仅为 22 天，比 GAP 还少了一半，最大程度上减轻了库存压力。

正是基于这一彻头彻尾的变革，OZOC 才取得了前所未有的成功。

于是，寺井趁热打铁，又推出了另一品牌——Untitled。他希望借此实现“SPARCS”的第二步伟大构想，其中就包括把供应商打造成“WP2”的大胆尝试。

看快速时尚品牌 ZARA 如何深耕顾客市场

INDITEX 公司（主营的品牌为 ZARA），是西班牙的世界级时装零售巨头。2000 年店铺总数超过了 1000 家，其中海外分店超过了店铺总数的 1/3，销售额达到了营业总额的一半。虽然它的营业额仅为 GAP 的 1/5（26 亿欧元），但涨势却极为强劲，年增长率高达 30%，利润率也远高于 GAP，大有同瑞典的 H&M 一道赶超 GAP 之势。

但 INDITEX 和 H&M 并没有同 GAP 进行正面交锋，而是通过锁定不同的消费人群，培育不同的竞争力从侧面发起了进攻。

1975 年，INDITEX 公司的创始人阿曼西奥·奥尔特加（Amancio Ortega，1936—　）为了给退货商品找到一条出路，在西班牙全境开设了若干家针对女性的服装零售店。

奥尔特加的公司原本就是一个集缝制、物流和销售于一体的小企业，慢慢地自然就走上了自主品牌的经营之路。然而，奥尔特加却打破了 GAP 对 SPA 模式的认知，他不进行预测就大量订货。

阿曼西奥·奥尔特加

13岁，为了贴补家用，在当地一家服装店打工。27岁，独自开店，主营内衣和家居服饰。39岁，创立ZARA，现拥有公司59%的股份，资产超过5万亿日元。

ZARA不预测流行趋势，也不制造舆论引领时尚，而是通过不断地推出新产品，寻找消费者的真正需求。为了与潮流同步，某产品推出一周后，如果销量不佳便立即下架、停产。

不过，即便销路良好，上架时间也不会超过4周。这样顾客会常来光临，同时也会有一种“再不买就下架了”的危机感。

因此，ZARA的顾客年平均来店次数高达17次，而其他品牌仅为4次。这样ZARA就不必通过开发新客源、扩大顾客群来提高营业额了。

提高新品投放速度，追逐服饰流行步伐

对于流行，不去预测，而是紧随其后。这样的做法，不仅保证了销售额的稳定，也不必经常打折甩货，自然提高了利润。然而，GAP却做不到这一点，因为仅仅从策划到商品上架，GAP就至少需要9个月时间。

与此相比，ZARA却仅需两个礼拜，[1]比GAP快了20倍!

- 构图、设计：1个月→4天（约为1/8）
- 打样：3个月→4个小时（约为1/500）

ZARA的生产方式与贝纳通大体相同，它充分利用了当地的工厂资源，这也

[1]如果是改进工艺，仅需两周，最短一周。如果是开发新品，也只需4到5周。原有商品的返单只需要24到48小时。

ZARA 的新商品开发速度

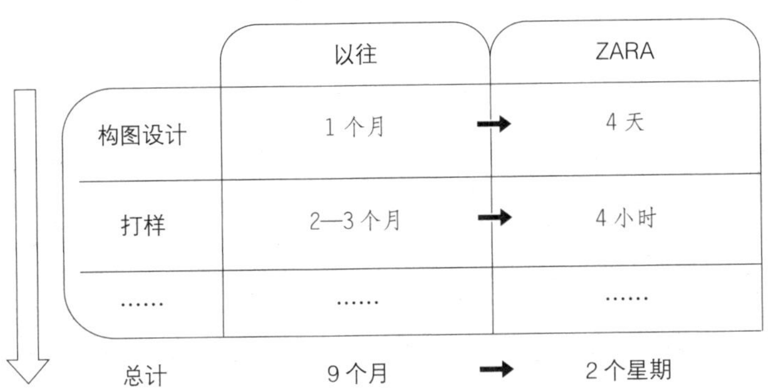

成了其他公司难以效仿的原因之一。

正是这种快速时尚型 SPA 模式的诞生，才促使流行服饰走上了低价化、多品类的经营之路。

21 世纪以后，INDITEX 公司取得了迅猛发展，2009 年终于超过 GAP 坐上了自主品牌零售业的头把交椅（2013 年营业额高达 2.1 万亿日元）。

跟随流行脚步，不断推陈出新。这种摸着石头过河的经营模式却成就了世界级的服装企业。然而 INDITEX 公司，身旁有悍将“H&M”，身后有追兵“Forever21”，想要保住自己的霸主地位，恐怕也绝非易事。

靠材质一较高低，优衣库的“超级纵向一体化 SPA”模式

当 INDITEX、H&M、GAP 称霸世界之时，日本国内也出现了一家自主品牌服装公司。它便是迅销公司旗下经营的品牌优衣库。

优衣库既没有采取快速反应战略，也没有推行快速时尚路线，而是充分发挥原材料的优势和强大的研发能力，在各地开设了大型的基础类服饰商店。

通过和产业上游的纺织公司进行合作研发，1988 年优衣库推出了摇粒绒产品，2006 年推出了 HEATTECH 保暖系列产品，2008 年和 2009 年又先后推出了

BRATOP 和轻羽绒系列产品。无论哪款产品的出现，都在当时引发了一波消费热潮。

特别是 2006 年，优衣库和日本东丽公司达成了战略合作协议，双方将通过一体化合作，共同推进产品的开发与研究，合作初期双方就对 73 个项目展开了深入探讨。据推算，今后 5 年间双方的交易额将累计达到 4000 亿日元。

优衣库不仅注重服装的时尚性，也极力宣传着简单自然的穿衣理念。虽然海外事业曾一度受挫，但这并未阻止优衣库进军海外的步伐。如今，优衣库的海外销售额达到了 1.3 万亿日元，约为总销售额的 30%（2014 年 8 月的估算值）。

迅销公司的创始人柳井正为自己设下了新的目标：到 2020 年，公司在全球范围内的总营业额为 5 万亿日元。他深知，想要在全球的服装行业有一席之地，这还只是最最基本的条件。

从雅虎的门户网站到谷歌的检索广告

无心博士论文，雅虎意外诞生

杨致远（Jerry Chih-Yuan Yang，1968— ），雅虎的联合创始人之一，他常说自己的成功纯属偶然。

1994 年，杨致远与同在斯坦福大学从事研究工作的大卫・费罗（David Filo，1966— ）一起创办了雅虎，当时杨致远选择读博只是迫于就业的压力。[1] 那时互联网刚刚兴起，两人对此产生了浓厚的兴趣，他们收集了许多自己感兴趣的网站，[2] 为了查找方便，还特地开发了搜索引擎。

1994 年他们推出了一项服务，并将其命名为“杰瑞全球咨讯网指南”（Jerrys Guide to the World Wide Web）。其中网站的数据存放在杨致远的电脑内，绰号为“Akebono”；而搜索引擎则存放在费罗的电脑里，绰号为“Konishiki”。此后，他们将数据和引擎移动到了大学的服务器内，并改名为“Yahoo！”，结果点击

杨致远

生于台湾，10 岁赴美。在斯坦福大学攻读电气工程学博士期间，他和学长费罗共同创办了一家人气主页，这便是雅虎的前身。他曾极力反对微软的收购。由于业绩不断下滑，2012 年他选择退出雅虎。2013 年，雅虎在玛丽莎・梅耶尔的领导下，股价大幅度回升。

[1] 10 岁时全家从台湾地区迁至美国，研究生毕业后，尚不想就业，于是攻读博士。

[2] 1993 年，互联网上的网站总数仅有 623 家，但到了 1994 年，激增至 10022 家，1996 年更是翻了 10 倍，达到了 10 万家。

量大增，大学的网络不堪重负。

无奈之下，两人决定成立公司。他们觉得“这是天意，是在为全人类谋福利”，因为不久的将来，全世界的人才都会聚集到互联网，而如何找到他们想要的信息就显得尤为重要了。

这一方案引起了许多风投公司的兴趣。最终杨致远和大卫·费罗选择了红杉资本，并成功获得了1000万美元的投资。1995年Yahoo公司成立，在红杉资本的帮助下，他们还聘请到了一位管理界的英才。

红杉资本、路透社、孙正义，助雅虎驶入发展快车道

雅虎公司的成立，虽说是无心插柳，可此后的一年间却经历了一场拼体力、拼速度的市场争夺战。

1994至1995年，短短的一年间Excite、Infoseek、Lycos、AltaVisa等搜索网站纷纷崛起。尽管网络这个商圈无比巨大，但对同种业务来说，不是你死、就是我亡。由于网络效应通常是强者必胜，因此想战胜对手，就必须提高客户的访问量。

公司成立的前10个月，营业收入仅为150万美元，支出却高达214万美元，损失达到了64万美元。虽然红杉资本增投了200万美元，资金周转还是很快又捉襟见肘了。

就在此时，天降神兵。路透社决定与雅虎联手，推广最新的新闻资讯，结果雅虎的访问量大增，为此也吸引了80家公司前来投放广告，彻底让公司扭亏为盈。

与此同时，日本软银的总裁孙正义（1957— ）也找到了杨致远，他提出了成立日本雅虎的设想，并愿意出资购买雅虎5%的股份。

在此之前，孙正义先后以800亿日元的价格收购了Comdex电脑展，以2300亿日元的价格取得了Ziff-Davis出版公司的经营权。当时，Ziff-Davis出版公司

的总裁认为雅虎前途无量，闻此孙正义立即决定与井上雅博进军雅虎市场。不过，当时的雅虎，员工还不足 6 人。

雅虎——门户网站的大赢家

第二年 4 月，雅虎首次公开募股之前，孙正义决定投资 100 亿日元购买雅虎 29% 的股权。起初雅虎公司面露难色，但孙正义表示 Comdex 和 Ziff-Davis 两家企业日后也一定会全面支持雅虎，最终达成了投资协议。

雅虎利用这部分资金，进一步统合邮件和理财服务，最终在门户网站的激烈竞争中脱颖而出。

• 对大量网站进行人工编排、分类整理，在网站内部实行目录式搜索

• 无偿提供邮件、聊天、游戏、购物导航、日历、理财等服务，在标新立异的基础上，提高用户的访问量，延长用户的访问时间（浏览量）

• 通过投放横幅广告获取收益

雅虎作为一家门户网站，因其庞大的访问量，赢得了世人的赞誉。1999 年底，雅虎公司的市值曾一度高达 1090 亿美元（按当时汇率折算，约合 11 万亿日元）。2001 年由于网络泡沫的崩溃，虽然市值锐减至原来的 1/20，不过总算保

雅虎的门户网站模式

	对用户	对广告主
顾客	一般用户	B2C 企业
价值提供	分类列表和目录搜索 免费提供各种服务	非电视人群的宣传效果
盈利模式	可以链接到其他页面的横幅广告 （分为保证投放期限，保证页面浏览量，保证点击量，保证投放效果等多种类型）	
竞争力	人工编排、分类列表 广告营销能力，开发、购买能力	

住了它在门户网站中的领导地位。

不过，令人可笑的是，互联网的迅猛增长却削弱了雅虎作为门户网站的价值，更有意思的是，雅虎的劲敌谷歌，同样出自斯坦福大学的两名学生之手。

横幅广告的没落与关键字广告的崛起

以雅虎为首的互联网企业，在横幅广告上下足了功夫，为此也研究出了许多不同类型，如保证投放期限、保证页面浏览量、保证点击量[1]、保证投放效果（即未达到规定的资料索取量或商品购买量前，广告不会中止）等各种类型。其中保证点击量类型和保证投放效果类型是佩利的广告模式难以比拟的，这种广告模式新颖独特，深受广告主的欢迎。

雅虎和同行们恐怕也未曾想到，一时间巨大的广告收入就涌向了互联网产业。2000 年，美国在网络上投入的广告费用就超过了 80 亿美元（超过全体费用的 3%）。

然而，这种广告的效果却与日俱减，这主要是缘于信息泛滥。20 世纪 90 年代初，网站的数量还数以万计，可几年后却猛增至几十亿。依靠人工编排的目录式搜索引擎已无力将各类网站都收纳其中。而 Infoseek 这样的智能搜索引擎虽悄然兴起，但由于搜索的精确度差，在当时还未能广泛应用。

正是创建于 1998 年的谷歌让智能搜索的精确度得到大幅度提升。谷歌凭借两项新技术[2]后发制人，它的搜索服务一经推出就以绝对的优势获得了用户的一致好评。2002 年，谷歌成为美国最大的搜索引擎，大大提升了人们的搜索能力。

同时，一种与之对应的广告模式也应运而生，那便是“文字链接型网络广告”，亦称为“关键字广告”。当你使用搜索引擎检索某些关键字时，相应的广告

[1] 1998 年，由美国数字广告代理商 ValueClick 公司率先应用。

[2] 两项新技术分别为：①通过聚类技术降低了分散处理的成本；②通过 PageRank 算法提高了检索的命中率。

就会显示在搜索结果旁边。而搜索结果的显示位置取决于这些关键语句的竞价排名。因此想让自己公司的搜索结果靠前，就必须支付相应的费用，词汇越热门价格就越高。

1996 年斯科特·巴尼斯特（Scott Banister，1975— ）率先提出了这一理念，而后又卖给了 Idealab 的创始人比尔·格罗斯（Bill Gross，1958— ）。1998 年格罗斯成立了一家新公司（其后的 Overture），并亲自验证了这一理念。这次实践为众多搜索网站送去了福音，人们开始意识到只有这么做才能让搜索服务实现盈利。此外，对许多无力承担横幅广告高额费用（因为占据了页面位置）的中小企业来说，这无疑是帮它们找到了一条成功之路。

谷歌集中全部资源，寻求商业模式变革

然而，雅虎和微软（门户网站为 MSN）却没有积极地引入这种搜索模式。大概它们觉得自己的门户网站家喻户晓、访问量大，加上横幅广告已经让它们赚了个盆满钵满吧。

因此，微软虽然于 1998 年就以 2.7 亿美元的价格收购了 LinkExchange，可 2000 年才推出相应的搜索服务[1]。雅虎也同样姗姗来迟，2001 年才采用 Overture 的技术，引入了关键字广告模式。

而谷歌却见缝插针，1999 年还被世人称为“惊人的搜索引擎”，虽然当时谷歌的收入几乎为零，却成功吸引了 30 亿日元的投资。后来由于谷歌未能与 Overture 以及 LinkExchange 达成收购协议，2000 年 10 月才自行研发了 AdWords 模式（即付费网络推广模式）。

[1] 结果 MSN 几个月后就停止了关键字广告。

谷歌的关键字广告模式

	对用户	对广告主
顾客	一般用户	B2B / B2C 企业
价值提供	大范围检索 （无偿提供各种服务）	对此感兴趣的特定人群
盈利模式	搜索链接型网络广告	
竞争力	高精确度的智能搜索 关键字广告的专利（为 Overture 所有）	

雅虎的“三大失误”：

① 2000 年 6 月—2004 年 2 月雅虎的搜索引擎为谷歌所用，雅虎还在后面推动了谷歌的发展。

② 2003 年才以 16 亿美元的价格收购 Overture。

③ 2004 年才以侵权为由向谷歌 AdWords 提起了诉讼，后仅向谷歌索要 260 万股（当时市值约算为 2.6 亿美元）即达成和解。

雅虎，门户网站的创立者，曾一度凭借迅猛的发展速度荣登业界翘楚。不过，只因没能及时转向智能搜索引擎和关键字广告，竟败给了 4 年后才出现的谷歌。

2004 年，谷歌首次公开募股，2005 年市值就超过了 1000 亿美元，为雅虎的两倍。

eBay 开创的“C2C 电子商务平台”

eBay，为“小个子”提供了交易场所

谷歌 AdWords 的出现，让“小个子”（个人和小企业）也看到了曙光。即便是一桩小生意，只要有特色，就有可能利用关键字广告取得成功。同时由于特色产品涉及的关键字并非热门，因此广告费用也就相对较低。就这样，分散在世界各地的“小个子”终于有了属于自己的舞台。

早在几年前，一家名为 eBay（当初为 Auction Web）的线上拍卖网站在美国西海岸诞生了，它的出现将贸易双方同时拓展至个人。起初，创始人皮埃尔·奥米迪亚只是为了消遣，才建了这个网站。

“如果把消费者直接联系在一起，会发生怎样的化学反应呢？”

网站建好后，虽未进行任何宣传，但用户的访问量却在短时间内猛增，短短的一个月就让奥米迪亚赚取了 1000 美元。于是他果断放弃 General Magic（苹果电脑的子公司）的工作，踏上了创业之旅。

皮埃尔·奥米迪亚

生于法国，父母都是伊朗人，6 岁迁居美国。他曾就职于苹果电脑的子公司（Claris），后与朋友共同创立了一家公司，主要从事手写电脑的研发工作。1995 年加盟互联网语音技术公司 General Magic，休假期间完成了 eBay 的雏形。令他没有想到的是，eBay 异常受欢迎，于是他决定再次创业。如今，皮埃尔依然担任着 eBay 的董事会主席一职，但他把大部分精力都投向了媒体和慈善事业。

奥米迪亚为了吸引更多的用户，特别设置了留言板功能，希望借此为消费者营造一种网络社区氛围。通过他的不懈努力，用户在 eBay 上的月平均浏览时间长达 105 分钟，而亚马逊仅为 13 分钟。

此外，对用户来说，低廉的费用就是最大的魅力。起初，每件商品的上架费仅为 10 美分，成交手续费也仅为 1%。[1]

为此，eBay 的商品数量和成交次数出现了成倍上涨，公司成立初期就实现了盈利。其实奥米迪亚的这家公司仅有两名员工——他和他的朋友，而办公场所就在家里，完全不用进行任何基础投资，因此理所当然能够快速实现盈利。这和贝佐斯创办的亚马逊截然不同，eBay 只是提供了一个交易平台，物流和结算统统由用户自行处理。

这种商业模式虽然简单，但它的发展和收益却是惊人的，可以说没有互联网就不会有这样的奇迹。1997 年的高峰期，仅 1 天 eBay 就能促成 80 万笔交易。

此后，奥米迪亚听取了风投公司 Benchmark Capital 的建议，将公司的经营交给了美国东海岸的一位女性。

她毕业于哈佛商学院，曾就职于多家大型企业：其中包括宝洁公司、著名的咨询管理公司贝恩公司、华特迪士尼公司、头号玩具制造厂商孩之宝公司（Hasbro），此外还担任过互联网花卉公司的总经理。她就是梅格·惠特曼（Meg Whitman，1956— ）。

从结算基础设施到物流基础设施

1998 年 3 月，梅格·惠特曼远赴美国西海岸，正式出任 eBay 公司 CEO。当时 eBay 的员工仅有 30 人，年营业额还不足 470 万美元。而惠特曼的到来，让这个连接个人（或小微企业）的拍卖网站实现了跨越式发展。

[1] 目前，每月的上架商品数量低于 50 则不收取该费用，超出则收取 30 美分，佣金为成交额的 10%。

上任伊始，为了推动公司上市，惠特曼煞费苦心。当时，eBay 的公开发行价仅为 18 美元，可上市当日却翻了 2.7 倍，暴涨至 47 美元。为此，eBay 的市值瞬间超过了 19 亿美元，较竞争对手高出了 5 倍。

借此良机，惠特曼加紧了相关企业的并购步伐。并购的首要目标就是类似网站，截至 2002 年，eBay 收购了 7 家网站，费用超过了 8 亿美元。

紧接着惠特曼又开始强化作为基础环节的在线支付体系。2002 年 eBay 以 2 亿美元的价格成功收购了 PayPal。而 eBay 的 4600 万（当时）用户，让 PayPal 的交易额迅速提升了 80%。通过两者的相互促进，公司又迈上了一个新的台阶。

不过，eBay 并没有停止并购之路，2005 年 eBay 又以 25 亿美元的价格收购了 Skype。然而这次收购却未给它带来任何收益，反倒使股票大跌，惠特曼也因此备受质疑。

2008 年 3 月，迫于外界压力，惠特曼宣布辞职。然而，在她任职期间，eBay 的营业收入足足上涨了 200 倍，市值高达 77 亿美元（根据 2007 年 1 至 12 月的全年统计），在欧美市场无人能及。

之后，约翰·多纳霍（John Donahoe，1960— ）接手 CEO 一职，上任后他努力提高以 Skype 为首的业务效率，大力强化移动交易体系，通过他的一系列举措，公司的效益逐渐回升。如今，eBay 年收入已达到 138 亿美元，净利润高达 36 亿美元（根据 2013 年 1 至 12 月的统计数据）。其中一半的收入，来自 PayPal 等结算业务体系。

不言而喻，支撑起这个庞大事业的正是活跃在全世界的 1.28 亿用户。eBay 为个人和小微企业创造了一个平台，从此让生意变得格外简单。

然而，世界瞬息万变。目前，eBay 的日均新增商品数量超过了 1000 万件。为了帮助买卖双方顺利完成交易，为了时刻保持自己公司的竞争力，多纳霍自上任以来，先后收购了 60 家公司，光是收购费用就达到了 140 亿美元。为了与同为电子商务平台的亚马逊公司一较高低，2011 年 eBay 又以 24 亿美元的价格收购了集供销、仓储、配送、收款于一体的世界级物流企业 GSI Commerce，借以加强公司的物流能力。

不过，eBay 最大的贡献，还要数它为社会输送的大批人才。PayPal 被 eBay 收购后，很多员工选择了辞职，但他们不只是辞职而是向新的事业发起了挑战。后来这些人还被戏称为“PayPal 黑帮”。

YouTube、LinkedIn、Yammer、IronPort、TESLA、Yelp 以及本书前文中提到的 Square、PayPal 的创始人都属于这群“黑帮人士”。他们从 PayPal 辞职，虽然放弃了许多权利（优先认股权等），却在成功创业的路上收获了更高的利益。关于其中几个商业模式，我们在下一章也会有所涉及。

雨后春笋般的“B2B 电子商务平台”与无心插柳却成荫的“B2C 电子商务平台”

90% 的电子商务均属 B2B！

1999 年，亚马逊、eBay 等面向消费者的电子商务平台日渐兴起。然而在美国，90% 的电子商务仍为企业间的各类贸易。这不仅是因为各行各业都制定了相应的数据交换标准（电子数据交换技术，即 EDI：Electronic Data Interchange），更是因为电子商务平台本身的巨大推动作用。

1993 年 Mosaic 浏览器成功发布。第二年春，名为 Commerce net 的电子商务研究机构在硅谷落户。1996 年 GE 公司正式启用了自主研发的零部件网络调配系统，并取得了良好的成绩。不过，这还只是一对多的商业模式。

随着互联网的发展，1995 年以后多对多的商业模式终于出现了。这种商业模式为许多采购企业和销售企业提供了简单方便的交易平台（B2B 电子商务平台）。2000 年初，各类电子商务平台的数量超过了 2000 家。

这些平台中不仅涵盖了汽车、化学、电子，还涉及建筑、耗材等各行各业。2000 年仅美国，电子商务的贸易额就达到了 250 亿美元。[1]买方通过竞拍可以节省成本，卖方借此平台可以扩大销路。

当时，人们普遍认为在互联网的革命中 B2B 商业模式一定是最后的赢家，股票市场对此也深信不疑。因此，在美国电子商务的顶峰时期，B2B 企业的市值均突破了千亿美元。

[1] 根据 Jupiter 的调查结果，另一种直销型 B2B 电子商务，贸易额达到了 3110 亿美元。

B2B 电子商务平台的 3 种类型

	买方企业型	独立型	卖方企业型
运营主体	买方企业群	独立企业	卖方企业群
行业	直接材料 汽车/超市	多种多样	间接材料 耗材/辅助材料
网站	Covisint	Fast Parts Chemdex e-steel Free Markets	Metal Site

电子商务平台——行业内的淘汰赛

Fast Parts（1996— ）是一家销售库存电子元件的商务平台，它允许用户匿名买卖，同时保证交易中的可信度和透明度。1994 年，网站的创始人 Gerry Haller 在硅谷的酒吧中，无意间听到了有人抱怨电子元件的库存问题，于是他抓住了机会，创办了这家 Fast Parts 电子商务平台。

Chemdex（1997— ）是一家生命科学领域的电子商务平台，主要从事试剂、酵素、生物制品以及科研设备的线上交易。顾客大多为该领域的企业和科研机构，它们的聚集也吸引了投资者的注意。2000 年 Chemdex 公司的市值超过了 40 亿美元。

Metal Site（1998— ）是一家从事钢材交易的电子商务平台。1995 年，Richard K. Riederer（某钢铁企业 CEO）和朋友吃饭时，随便说了一句“钢铁就不能在网上销售吗”？这无心之言却成了 Metal Site 的创立契机。因为钢铁制品的种类繁多，所以平台建设之初，遇到了重重困难。不过在大家的不懈努力下，最终该平台还是汇集了 60 家钢铁制造企业和 1 万家钢材采购企业。

可是到了 1999 年底，GE 呼吁所有的钢材采购企业都加入 e-steel，为此业界也掀起了一阵波澜。因为 GE 和福特的巨大影响力，加盟 e-steel 的钢铁制造企业超过了 100 家。

2000 年，化学品的行业巨头巴斯夫股份公司（德国）宣布，该公司的大部分化学原料将通过 Chem Connect（1995— ）的 World Chemical Exchange 进行采购。这个平台汇集了 4000 家公司，其中 20 家为行业内的“超级巨无霸”。

随着电子商务平台的大量涌现，同类平台的竞争愈演愈烈。最终，一个行业中能够胜出的平台仅为 1 到 2 家。毕竟同一行业内并不需要那么多商务平台。

2000 年 2 月，通用、福特、克莱斯勒把各自的采购网站整合到了一起，[1] 创建了名为 Covisint 的电子商务平台。此后，雷诺和日产也加盟其中，Covisint 大有一统江湖之势。此后，各大商务平台纷纷与大型企业联手，并于 2000 年成功打开了日本市场。

Ariba vs Commerce One，业界标准争夺战

随着电子商务平台的发展，Ariba 和 Commerce One 等软件服务公司也取得了不错的成绩。它们利用各自开发的软件为电子商务平台提供着支持与动力。

Ariba 的目标：泛行业采购标准

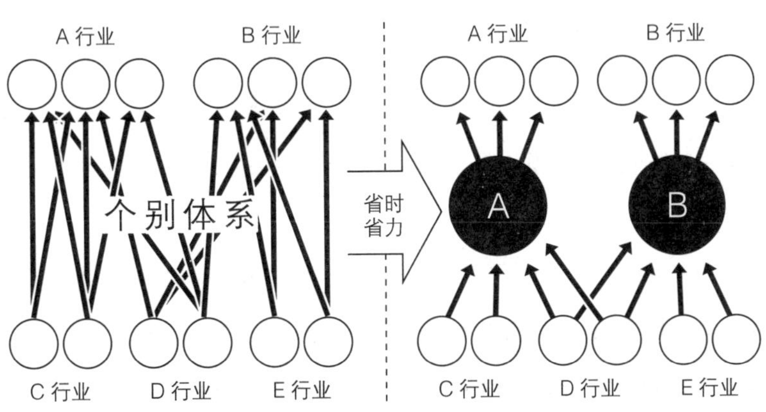

[1] 福特和通用原本都拥有自己的电子商务平台，分别叫作 Auto Exchange、Trade Exchange。

和B2C不同，在B2B世界里，每个商家的信息量和成交量都极其庞大。如果人工输入数据，既费时又费力。

为了解决这一问题，1998年，W3C正式批准了可扩展标记语言（XML）的标准定义。由于XML只使用一系列简单的标记来描述数据，它的实现将极大程度上节省时间和精力。

Ariba和Commerce One分别推出了自己的标准，希望能在业界普及。结果这两种标准一经发布，很快便为多数电商平台所采用。为此，Ariba和Commerce One也加紧了软件的销售步伐。

- 投入大量研发经费，基于XML构建起各自标准
- 广泛应用于各类电子商务平台，为业界普及奠定了基础
- 通过向企业销售软件，实现盈利

这种模式跨越了行业界别，拓宽了盈利范围，是标准的水平分工战略。两家公司上市后，Ariba的市值高达400亿美元，而Commerce One的市值也达到了213亿美元。不过，由于两家公司在研发阶段投入了大量资金，而销售额仅有几十亿美元，所以在当时，两家均为严重亏损。

泡沫瞬间破裂，B2B市值大跌

2000年3月，网络泡沫开始破裂。由于美联储（FRB）连续调高利率，仅仅1个半月，纳斯达克指数就从5048点下跌至原来的60%，虽然也曾一度反弹，但一年后还是缩水了70%。

2001年9月的“9·11”恐怖袭击事件让世人恐慌不已，10月安然公司陷入欺诈丑闻，紧接着12月又宣布破产（负债总额高达310亿美元）。2002年美国世界通信公司也因财务丑闻宣布破产（负债总额高达410亿美元），一系列冲击让世界经济一下子跌入了谷底。

其实，许多互联网企业正是依靠融资才得以周转。因此，大量企业由于股

股票市场的非理性繁荣和急速崩盘

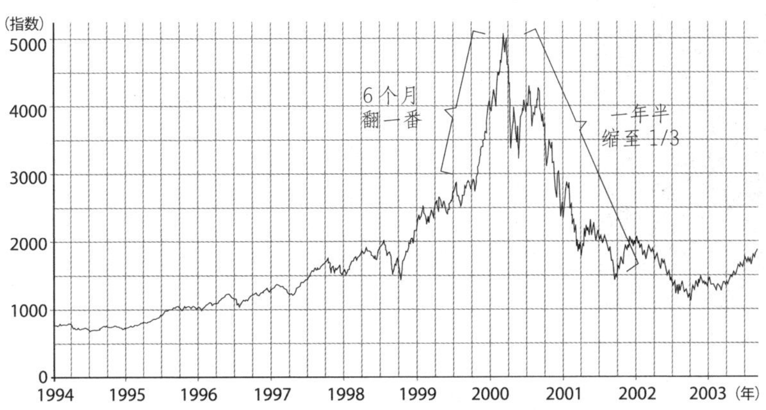

市和风投公司的撤资，在资金周转上出现了问题，最终不得不宣布破产。特别是 B2B 企业，因为来自供销实体企业的投资锐减，这些企业的股价一落千丈，市值总额跌至原来的 1/100。

安然事件更是重创了投资者和社会公众对于网络经济的信心。安然公司曾一度宣称自己是天然气、电力等能源市场上的领军企业，并率先在全球范围内建立了线上交易体系。其实，只是通过内部的虚假交易造成了一片繁荣的景象而已。这种唯利是图的卑劣交易最终导致了严重的“加利福尼亚电力危机”（电价疯涨、电量不足），这次危机不仅给美国社会造成了巨大的经济损失，也让多家电力企业陷入死亡棋局。

1996 年美联储主席艾伦·格林斯潘曾告诫人们，互联网产业的蓬勃发展与 IT 产业不同，它呈现出的是一种非理性繁荣。不过，大概是他的提醒为时过早吧，当时并未引起人们的注意。

2000 年 4 月，耶鲁大学的罗伯特·希勒教授在他名为《非理性繁荣》（*Irrational Exuberance*）的书中也指出：美国的互联网景气只不过来自投资者“见涨买入，买入见涨”的心理，总有一天必跌无疑。虽然这本书在当时荣登畅销榜，但是他的警告却为时已晚，经历了爆发式成长的 B2B 产业正如字面所言，先是直上云

Irrational Exuberance（2000）
Robert J. Shiller

霄，接着散落一地。

对多数互联网企业而言，终究还是没能逃过此劫。创立于1995年互联网起步时期的Free Markets，年交易额曾一度超过100亿美元，当时俨然成为电子商务平台中的领袖。可世事难料，2004年仅以5亿美元的价格就被Ariba收入旗下。

螳螂捕蝉，黄雀在后，到了2012年，吞并Free Markets的Ariba也被收购（收购价格为43亿美元），而收购它的正是年销售额高达162亿欧元、全球第三大独立软件供应商——德国的SAP公司。

Commerce One曾是SAP公司的劲敌，后因经营不善宣布破产。SAP公司也曾向Commerce One投入过几亿资金，企图力挽狂澜。但发现Commerce One无可救药后，便立即将其放弃。我们惊奇地发现，在B2B行业里，笑到最后的大都拥有强大的实体经济。

互联网企业相继破产，亚马逊能否屹立不倒？

随着网络泡沫的破裂，许多B2C企业也遭受了重创。虽然从整体上看，电子商务市场有所扩大，但由于难以筹措资金，没有实体经济作为支撑的互联网企业相继宣告破产，其中就包括全球最大的网络玩具公司eToys和英国的在线服装零售公司Boo.com。此外，网上音像制品公司CDNow（1994—　）和线上超市Peapod也分别被德国和荷兰的公司收购。

之后，我们听到了许多来自分析人士和营销专家的声音：

“（像亚马逊那样的）单一型互联网企业是不会长久的，只有那些拥有实体经济的互联网企业（Click & Mortar[1]）才具有强大的竞争力”，“线上零售业务不适合（像亚马逊那样的）大型公司，只适合小型市场”，“亚马逊注定失败，注定无法盈利”！

2000 年，雷曼兄弟公司的分析人士指出，“如果亚马逊不做出改变，一年内它的资金就将归零。从实体经济的角度来讲，它的财务状况还不如一个三流企业”。另外两家评级机构也讽刺道：亚马逊的股票完全是投机性的垃圾债券。不过，就在 1999 年，亚马逊的创始人杰夫 · 贝佐斯才刚刚当选为《时代》周刊的年度人物（Person of the Year）。

2001 年 10 月，亚马逊的股票跌至 5 美元，仅为高峰时期的 1/20。现在看来贝佐斯当选为《时代》年度人物，除了荣耀，又多了几分嘲笑。

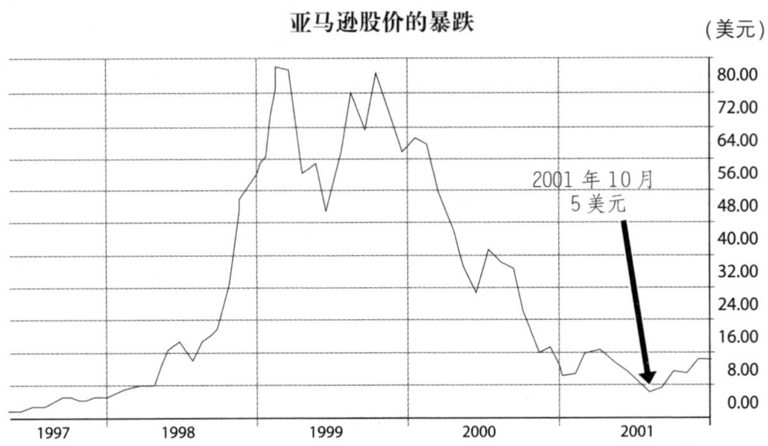

[1] 人们把传统产业称为 Brick & Mortar。这里把其中的 Brick（砖块）换成了 Click（鼠标），意味着互联网和实体产业的结合。

贝佐斯的亚马逊，用 IT 力和物流力撑起了“一站式理念”和“长尾理论”

亚马逊的急速创立与慢速发展

1994 年，亚马逊的创始人杰夫·贝佐斯（Jeffrey P. Bezos，1964— ）以惊人的速度进入了互联网行业。

那年春天，时任基金公司副总裁的贝佐斯，注意到了互联网的飞速发展，这一年互联网的使用率较上一年高出了 23 倍。“难道互联网就只能用来聊天，不能干点别的吗？”他想到了销售，于是列出了一张销售榜单，20 多个商品中书籍位列榜首。

当时，书籍已经实行了邮购，因此实体书店中即便头号企业的市场份额也未能高于 20%。贝佐斯坚信，这是一个千载难逢的好机会。

1994 年夏天，他毅然辞职，和妻子踏上了创业之旅。在搬家公司的货车由纽约驶往美国西海岸的途中，他和妻子乘飞机来到了得克萨斯州，从继父那里借

杰夫·贝佐斯

贝佐斯的少年时期是在得克萨斯州的一个牧场里度过的。大学期间，他曾由物理系转至计算机系。26 岁起从事基金工作，虽然职场上顺风顺水，他却在 30 岁时选择了辞职，创办了一家名为“Cadabra.com”的网上书店，第二年将其改名为“Amazon.com”。

来了一辆雪佛兰汽车后，[1] 便一路向西。

途经旧金山时，贝佐斯还面试了一名程序员，并当即聘用。一到西雅图，他们就租下房子，[2] 购买电脑，就这样亚马逊在一间车库中诞生了。而这时，搬家公司的货车还未到达。

正是这般神速，才使得贝佐斯胜出。在高速发展的互联网行业，特别是电子商务领域，早一天掌握技术，早一天运用其中，就多一分胜算。

1999 至 2001 年期间，美国的互联网行业愈来愈热，亚马逊却进入了慢速发展时期（相对来讲）。

物流中心，让亚马逊拥有绝对实力

2000 年以前，亚马逊的销售额连续几年实现了翻倍增长。不过，2000 年亚马逊的销售额仅比上一年增加了 68 个百分点，无形中损失了 1000 亿日元。不过，这全在贝佐斯的意料之内。

2000 年，亚马逊拥有了 8 家物流中心，其中 6 家为当年所建。每家的建设费用约为 5000 万美元。这样，物流中心的总建筑面积由原来的 3 万平方米扩大至了 50 万平方米，员工的总数也增加至 8000 人。

很多分析人士认为此举不妥。

“请停止向物流中心投资！”“我们是向互联网产业投资，可不是向物流产业投资！”“多希望亚马逊能再起飞一次！”

亚马逊的物流中心

2000 年 4 月，随着网络泡沫的破裂，亚马逊的股价持续下滑，到

[1] 贝佐斯的父母拿出养老钱（24.5 万美元）助子创业，结果两人都成了亿万富翁。

[2] 他认准了带有车库的房子。因为 HP 和苹果都是从车库中取得成功的经典案例。

2001 年 5 月已经跌至 5 美元，仅为高峰时的 1/20。

但贝佐斯并不介意。因为他坚信，网络泡沫破裂后，亚马逊的优势会更明显。

因为迄今为止，还没有哪家公司能在第二天或第三天就将物品准确无误地送到全美的消费者手中。如果“快递”对顾客来说是一种价值的话，那么亚马逊的做法本身就是一项商业变革，且尚无对手。

“长尾”效应，利润的源泉

由于亚马逊上的图书种类远比实体店更为丰富，“推荐书目”也确为精挑细选，再加上无人能及的快递服务，因此在美国受到了 3 亿消费者的无比青睐。而公司的核心竞争力正是源自贝佐斯在物流方面进行的投资。2003 年，亚马逊扭亏为赢，再次驶入了发展轨道。

2004 年美国《连线》杂志的主编克里斯·安德森（Chris Anderson，1961—　）用“长尾理论”（The Long Tail）解释了网店中品类齐全的经济价值。他指出，以亚马逊为首的大型网店，其绝大部分营业额都来自实体店难以销售的小众商品（Obscure Product），例如亚马逊上，小众商品的营业额就占到了总营业额的 57%。

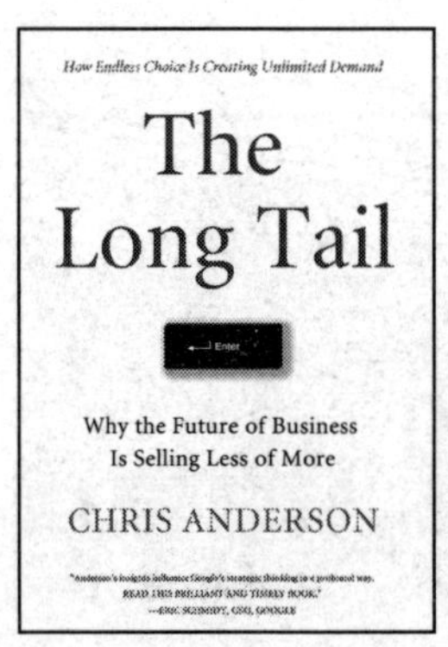

The Long Tail: Why the Future of Business Is Selling Less of More（2006）
Chris Anderson

关于 230 万种图书的销路，大致遵循以下两大规律：

【幂律分布】热门商品销量佳，冷门商品数量大；

【28：72】虽然营业额大都源自热门商品，但二八定律并不符合实际，冷门商品（长尾部分）对销售额也有巨大贡献。

最初注意到这一现象的并不是经

关于亚马逊图书销售的“长尾理论”示意图

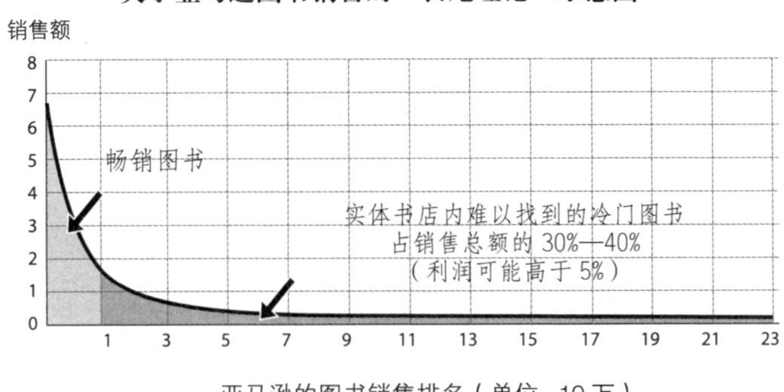

亚马逊的图书销售排名（单位：10 万）

该图表由三谷根据埃里克·布吕诺尔夫松和迈克尔·史密斯的论文《数字经济中的消费者剩余》制作而成。

营领域的学者。1999 年，来自罗马尼亚的物理学家艾伯特 – 拉斯洛·巴拉巴西（Albert–László Barabási，1967— ）发现，互联网的连接方式并非杂乱无章，而是呈幂律分布。巴拉巴西将其称为“无尺度网络”，并在社会学界引起了广泛关注。

2003 年，麻省理工学院的经济学者埃里克·布吕诺尔夫松（Erik Brynjolfsson）和他的学生等人通过对亚马逊的分析，证实了这一理论。

比起销售额，“长尾理论”的效应更能体现在产品利润上。处于“长尾”部分的冷门商品，如果放在实体店内就成了占地方的赔钱商品，但放在网店上，哪怕全美只有一件（甚至没有），再怎么无人问津都不会增加成本。由于美国没有书籍的再贩制度 (Resale Price Maintenance System，日本有此项制度)，冷门商品便可以按照原价出售，[1] 因此利润十分可观。

亚马逊的五大商业模式革新

亚马逊成立 20 年后，作为实体书店 No.1 的巴诺书店（Barnes & Noble）也退居到了二线。2013 年，亚马逊的年销售额达到了 745 亿美元。

[1] 亚马逊的图书中，热门商品几乎都打对折。

为了开拓海外市场，拓展销售品类，推进电子化图书，开展云服务，亚马逊继续在 IT 和物流方面投入大量的人力、物力。

从整体来看，亚马逊在商业模式上有五大创新。

①直销网站：通过强大的 IT 和物流能力，创建了一个集书籍、玩具、音乐、录像、家电于一体的综合性直销网站。

②商务平台：在网站的基础上，推出了电商平台，吸引了更多经销商。这部分营业额占据电子商务全部收入的 40%。[1]

③收费会员：成功推出了当日免费配送等“Amazon Prime”服务，从中获利近 10 亿美元。

④电子图书：低价普及客户端，利用电子图书进行盈利。

⑤基础服务：推出名为 Amazon Web Services（以下简称为 AWS）的云服务。

可以说这五大创新，并不是在创业过程中偶然得来的，而是贝佐斯当初就设定好的目标。

从 2012 年 7 至 9 月的统计结果上看，亚马逊时隔 9 年首次出现亏损。其实，销售额较上一年增加了 27 个百分点，但先行投资的金额却超过了增收的金额。亚马逊的股价在经历了暴跌暴涨之后，最终稳定在了 240 美元左右。不过根据 2014 年 1 月的统计数据，亚马逊的股价再次发生波动，每股超过了 350 美元。

目前，从亚马逊的销售情况上看，除书籍和音像制品以外，产品的销售额已经达到了 70%，美国本土以外的销售额也超过了 40%。亚马逊真的没有死穴吗？

最近，贝佐斯宣称他绝不会走乔布斯失败的老路！

他究竟何出此言呢？答案请见下一章的最后一节。

[1] 不过，来自平台手续费的收入仅为整体收入的 10%。

第5章

“巨无霸”的战争与“小个子”的崛起

（2002—2014）

孙正义
(1957—)
克里斯·安德森
(1961—)

"商业学者"安德森和"龙马铁粉"孙正义

安德森（以下简称为"安"）： 说到日本的创业家，我只承认三位，一位是索尼的盛田昭夫，一位是本田的本田宗一郎，还有一位嘛，大概就是您了。SoftBank 恐怕已经超过了索尼和本田吧？

孙正义（以下简称为"孙"）： 这个问题可难住我了，你说这三家要怎么比嘛！非要比的话，除非比比哪家的野心大。（笑）说实在的，无论是盛田、本田还是我，创业之初就把目光投向了世界。估计我的老朋友比尔·盖茨和拉里·埃里森[1]也是一样吧！

安： 是啊。特别是您，不通过新产品、新服务来壮大企业，而是通过企业并购和融资，在日本也算"另类"了吧！不过这十几年，真是瞬息万变！恐怕您也没想到 2001 年互联网泡沫破裂后世界会变成现在的模样吧？

孙： 唉！互联网泡沫破裂后，公司的资产瞬间蒸发了 7 亿日元，当时我就想"这下全完了"！不过 21 世纪的天空明暗交织，虽前途莫测，却又充满机遇。话说回来，你写的书可真不错。最近那本 *MAKERS*，你提到了制造业的信息化和小型创业的兴起，真是独具慧眼啊。

安： 谢谢您的夸奖，正如亨利·伽斯柏所说，向世界敞开的开放式创新，远比闷在企

[1] 甲骨文公司的创始人，以 580 亿美元的资产排名第五。比尔·盖茨以 760 亿美元的资产排名第一，孙正义以 184 亿美元的资产排名第 42 位（根据 2014 年《福布斯》发布的世界富豪榜）。

业里的封闭式创新更有效率也更具效果。尤其在当今这个时代，我们可以借助各类平台简单地找到人、财、物，甚至是互联网技术。比如物，我们可以借助3D打印机和FabLab来制作样品，通过阿里巴巴来找到生产厂家。比如财，我们可以在Kickstarter上筹集资金。比如人，我们可以通过Elance和Y Combinator找到满意的合作者。再比如互联网技术，我们可以利用亚马逊的AWS。因此，对创业者来说，这是一个梦寐以求的时代。孙总，第三次工业革命已经来了！

孙： 哈哈，你不愧是一名学者，不过光理论不实践可不行哦！

安： 哈哈，当年我们在《free》杂志上宣扬“免费＋收费”模式时，就在发行初期，尝试了“一定期限内免费下载”的做法。虽然下载次数高达几十万次，但销售量也达到了下载次数的十几倍。另外，*MAKERS*也是我开发无人机、创办企业的经验之谈。没经历过这些的人，是不会明白的。

孙： 对了，我想知道你越挫越勇的动力来自哪里？

安： 科学。我在读研期间主攻量子力学。实验和理论是科学的两个轮子，少了哪个都无法前行。而且量子力学讲究的不就是“量子跳跃”[1]吗！（笑）孙总，您呢？您的无限活力又来自何方？

孙： 应该是《坂本龙马》[2]吧。15岁那年我接触到了这本书，当时我就想：“人生只有一次，我必须努力为世界做点贡献！”一晃过了40年，直到2011年，大我2岁的乔布斯因病去世，我才深知世界留给我的时间不多了。我必须加

[1] 例如原子中的电子从一个状态到另一个状态常常是瞬间跳跃式的变化。这种现象无法用经典物理学的理论进行解释，是量子理论的基础。

[2] 司马辽太郎的作品，主人公为坂本龙马。1962年连载于《产经新闻》。虽然情节有所虚构，却树立了主人公坂本龙马在人们心目中的光辉形象。龙马31岁时死于暗杀。

倍努力，跑步前行。

安：是啊。不过孙总，我可想多活几年，（笑）我还要看看我的子女将来会怎样，看看下个 20 年世界会因互联网发生什么改变呢。更重要的是，我还要参与其中，让世界看看“小个子们”的厉害。

安德森对“免费＋收费”模式的推广与实践

让什么免费，用什么赚钱？

美国《连线》杂志的执行主编克里斯·安德森在发表了《长尾理论》之后，又出版了一本新书，名为《免费：商业的未来》（*Free: The Future of a Radical Price*）。在这本书中，安德森对免费给人带来的冲击力，以及在免费的基础上如何实现盈利等问题进行了深刻剖析。

免费模式大致可分为以下几种类型：①内部补贴型；②第三方补贴型；③“免费＋收费”型；④自愿分享型。例如：

①为了使顾客来店购物，在街边赠送纸巾。（多数商店）

①免费配送，通过销售盈利。（亚马逊）

②节目和服务免费，通过广告盈利。（日本民间电台、Google）

③阅读软件免费，编辑软件收费。（Adobe PDF）

克里斯·安德森

生于英国伦敦，5岁迁居美国。大学期间主修物理（量子力学）和科技新闻。曾任职于自然杂志社，后担任《连线》杂志的执行主编。著书包括《长尾理论》《免费：商业的未来》《创客》等。目前在3D Robotics公司担任CEO。

③买方免费，向卖方收取手续费。（信用卡、PayPal）

③游戏免费，道具收费。（GREE、LINE）

③基础服务免费，高级用户付费。（Evernote、Dropbox、Cookpad）

④用户自愿分享评价、心得，通过广告和客源输送量实现盈利。（kakaku.com）

Free: The Future of a Radical Price（2009）
Chris Anderson

其中，上述的③"免费 + 收费"模式，英文名称为 freemium，由 free 和 premium 两个英文单词缩写而成，由美国的风险投资家 Fred Wilson 最先提出，在征求了广大群众意见后确定为该词。而这个新词又因克里斯·安德森变得家喻户晓。

这个模式之所以能够成功，主要是因为电子化内容和服务的成本（准确来讲应为成本费用界限）几乎为零。

免费模式下的 4 种盈利模式

类型	内容	类型	内容
① 内部补贴型	免费赠送纸巾	③ "免费 + 收费"型（狭义）	阅读软件免费 编辑软件收费（双向平台）
	免配送费 通过销售额盈利		买方免费 向卖方收取手续费
② 第三方补贴型	节目和服务免费 通过广告盈利（广告模式）		游戏免费 道具收费
④ 自愿分享型	用户自愿分享评价和心得 通过广告和客源输送量盈利		基础服务免费 高级会员付费

安德森也曾亲自尝试过③“免费 + 收费”模式。《免费》一书完成后，他允许读者在一定时期内利用互联网免费下载。这一期间该书被下载了 30 万次，却因此聚集了人气，最终他的书成功登上热销榜。

Cookpad 颠覆的业界常识

Cookpad 是一家食谱网站，在日本，尤其是 20 至 50 岁的女性群体中几乎无人不知、无人不晓。 其中，30 多岁的女性里，有四成以上的人每周至少会浏览一次。2011 年，Facebook 从全球精选了 80 家合作伙伴，日本仅此一家。

目前网站上的菜谱总数超过了 167 万道，每月的浏览量高达 4100 万人次。目前，公司除广告及合作收入外，还有一部分收入来自 120 万名高级付费会员，他们每月需支付 302 日元，这部分收入就达到了公司营业额的 60%。

不过很少有人知道，Cookpad 的发展可谓一路坎坷。

1997 年佐野阳光创立了 Cookpad，那时他刚走出大学校门，社会上还没有 ADSL，更没有智能手机。由于私家菜谱发布网站的创意很好，网站的浏览量与日俱增，结果服务器费用水涨船高，网站几乎未能盈利。

Cookpad 的“免费 + 收费”模式

	对用户			对广告主
顾客	食谱投稿人	免费用户 总计 4100 万人次	付费用户 120 万人	餐饮相关企业
价值提供	投稿简单 评价、留言	人气食谱 易于浏览	人气食谱 便于检索	提供特定食材 提高需求效果
盈利模式	来自一部分付费会员 （约为用户数的 3%）			广告合作 横幅广告
竞争力	专门检索功能 论坛交流、使用稳定			广告营销能力

2004 年，公司引进了广告人才，使广告收入大增。后来又因人气用户发表的一篇用后感，让松下电压力锅的销量一下子提高了 26 倍。[1] 于是相关企业纷纷来此投放广告。Cookpad 终于驶上了正轨。

佐野曾尝试过付费会员模式，但惨遭失败。2008 年，他再次向这种模式发起了挑战。IT 行业的分析人士纷纷表示：“除了游戏道具，向其他服务进行收费根本就行不通！”“只有广告模式才能行得通！”不过，佐野并没有因此气馁。11 月，Cookpad 成为 DoCoMo 的官方应用，为此付费会员迅速增多。2012 年起，一小部分手机端用户逐渐成为了 Cookpad 的付费会员，目前手机端用户中已有 3% 为付费会员，人数高达 120 万，按照每月每人支付 300 日元来计算的话，Cookpad 的月收入就已经达到了 4 亿日元。

美国、西班牙、印度尼西亚……Cookpad 将目光投向了世界。[2]

“免费 + 收费”模式不等于成功，它需要时间和金钱来支撑

Evernote 的现任 CEO 菲尔・利宾曾在公司成立 4 年后说，“时间是‘免费 + 收费’模式发挥效力的前提。”

其实，Evernote 的免费用户在一个月内升级成为付费用户的概率还不到 1%。然而对连续使用两年以上的用户来说，这一比率却升至了 12%，即 9 人中有 1 人成为 Evernote 的高级付费用户（每月 5 美元，或每年 45 美元）。可以说，让 1 名免费用户成为付费用户，至少要等上两年。

此外，为顾客提供账单管理服务的 Chargify（2009— ）差点就败在“免费 + 收费”模式上。公司推出此项服务时曾规定，如果每月的账单数量少于 50 份则不计费，如果多于 50 份的话，就需支付至少 49 美元的费用。不过，服务推出

[1] 当年的销售量为 52000 台，而上一年的销售量仅为 2000 台。

[2] 2012 年，佐野将社长一职交给了穐田誉辉（kakaku.com 的社长），自己担任起公司董事一职，专心从事海外拓展和技术开发。

了一年，付费用户却少之又少，公司几乎走到了破产边缘。

公司高层毅然决定，不再采用“免费 + 收费”模式，全面停止免费服务，所有用户均需支付 65 美元的服务费。

虽然许多免费用户弃之而去，但最终还是有小部分用户成为 Chargify 的付费会员。这样一来，公司就节省了原来花在免费用户上的精力，仅凭 17 名员工就维持了公司的正常运转。就这样，公司终于在 2012 年扭亏为赢，摆脱了破产的命运。

在“免费 + 收费”模式下，为了获得付费会员，需要相当长的时间。所以采用这种模式之前就必须要有所觉悟，忍受得了入不敷出。另外，如果免费部分不吸引人，就无法发挥其“口口传，满论坛”的优势，基础会员的人数也会停滞不前。但如果免费功能过于完善，就不会有人花钱成为付费会员。

许多新兴企业曾采用过这种模式，但除了游戏行业，大部分都以失败告终。因为“免费 + 收费”模式绝不是一个简单的盈利模式。

马云的阿里巴巴集团凭借免费模式称霸中国市场

马云的免费模式曾让他身处困境……

1995 年，当时还是一名英语教师的马云（Ma，“Jack” Yun，1964— ）在美国西雅图出差时，偶然接触到了互联网，归国后，他立即投身互联网行业，并于 4 年后创立了阿里巴巴[1]。这家名为阿里巴巴的 B2B 电子商务平台，其实并没有什么出奇之处，但阿里巴巴的免费策略却吸引了大批用户，很快注册企业的数量就多达几万家，阿里巴巴也因此小有名气。不过，服务器和员工工资并不免费，所以 50 万元人民币的启动资金很快就见底儿了。

1999 年，是马云的幸运年。许多风投公司都觉得中国号称世界的工厂，B2B 电子商务平台肯定也大有发展，因此阿里巴巴成功收到了 500 万美元的投资。

此后，孙正义随之而来。2000 年和 2004 年他先后向阿里巴巴进行了 2000 万美元和 6000 万美元的投资，取得了阿里巴巴 37% 的股份。当时阿里巴巴尚未盈

马云

曾经的教书先生，如今的商业巨子。1995 年他作为翻译在美国西雅图出差时接触到互联网，通过搜索引擎只能搜出青岛啤酒，令他备受打击，决心创业，要让世界知道中国企业。

[1] 名称的由来：阿里巴巴来自全世界都家喻户晓的故事《阿里巴巴与四十大盗》，后来的淘宝网意为找到埋在互联网世界里的宝贝。

利，还处于商业模式的摸索阶段。

马云正是利用这笔资金，实现了他的最初目标，帮助国内的中小企业走出去！

他继续推行免费政策，吸引更多的企业加盟，截至2001年底，注册企业的总数已经超过了100万家，从而极大地吸引了全球买家。借此良机，阿里巴巴推出了收费会员制。

①中国供应商：站内检索时排名靠前，有助于企业开发市场（2000— ）。

②诚信通：为采购方提供注册企业的身份认证（公司是否合法存在）及企业评价。通过与信用卡公司合作完成（2002— ）。

在当时，B2B电子商务平台通常采取的是在贸易达成时收取部分佣金作为其盈利模式。而阿里巴巴还只是一个为企业牵线搭桥的中介型网站，贸易本身还无法在互联网上达成。所以阿里巴巴不得不尝试“向部分会员收费”的“免

阿里巴巴面向企业的“免费+收费”模式

	阿里巴巴		竞争对手
顾客	免费会员 6100万家	收费会员 81万家	一般企业
价值提供	供求信息 自由交易	（同左） 助力企业开发市场 企业身份认证	供求信息 支持结算
盈利模式	通过庞大的会员规模，聚集了全球买家的目光 收入来自付费会员（1.3%）的定额会费		贸易达成时的佣金
竞争力	只提供供求信息和企业介绍 企业认证通过和信用卡公司合作完成		构建体系 客户支持

费 + 付费"模式。

虽说是付费，但会费极其低廉，每年仅需几千元，因此一些企业为了吸引买家的注意成为了阿里巴巴的付费会员。2010 年，阿里巴巴的注册企业有 6180 万家，其中 1.3%（约 81 万家）为付费会员。

eBay 用彻底的免费模式，席卷整个 C2C 行业

eBay，C2C 电子商务平台（用户间竞拍网站）的缔造者，2002 年开始进军中国。当时，以 1.8 亿美元的高价收购了由两名中国人创办的易趣（eachnet）。为了不再重演进军日本时的悲剧，[1] eBay 的 CEO 梅格·惠特曼决心用金钱赢回时间。

1999 年，中国互联网的使用人数仅为 890 万人，但到了 2004 年，这一数字却达到了 9400 万，比 1999 年的 10 倍还多。而 eBay 作为行业的开拓者，用户和销售额也有所增加。2004 年，eBay 的销售额是上一年的 3 倍，高达 34 亿元人民币。

这时，阿里巴巴集团旗下的淘宝网（2003— ，名称意为寻宝的地方）也出现在中国市场。马云投资数亿元人民币，用彻头彻尾的免费模式向 eBay 发起了用户争夺战。所谓彻头彻尾就是指无论注册账户、产品发布，还是达成交易，都统统实行免费！

2005 年，阿里巴巴集团推出了名为支付宝的第三方支付平台，该支付平台也向淘宝用户实行免费。就这样，阿里巴巴把 eBay 的所有收费项目都变成了免费。

淘宝网针对中国用户的策略十分奏效。即时聊天软件，保证了买卖双方的顺利交流，离线状态交易，解决了在线时间不一致的问题。而 eBay 的收入大都来自成交时的佣金，因此淘宝的策略 eBay 一个也用不上。此后，eBay 在中国市场的占有率急速下滑，2006 年不得不宣布退出中国市场。

[1] 1999 年 eBay 进入日本市场比 Yahoo 晚了 5 个月，因此市场争夺战进行得相当惨烈。2002 年 3 月终因不敌对手宣布撤出日本市场。

这一年 eBay 收购了 Skype，希望能借此促进买卖双方的顺利交流，与淘宝一较高低。但这个错误的判断，却将惠特曼逼到了辞职的境地。

C2C 免费、B2C 收费，马云的新型盈利模式

2007 年，淘宝网在 C2C 市场上所占的份额已高达 84%，支付宝所占的份额也高达 48%，从市场份额来看几乎无人能敌，但淘宝网本身的收益却是一大问题。每每淘宝网尝试收费，就会遭到广大用户的强烈反对，所以当时仅有一些微薄的广告收入。

就在这时，又一个新兴市场出现了，它就是天猫商城（Tmall）。天猫类似于日本的乐天，采用了 B2C 模式。许多在淘宝网上发展壮大起来的卖家企业纷纷转战天猫。在当时，中国的消费者越来越看重信誉，所以越来越多的人选择上天猫购物。

2008 年，在面向消费者的电子商务中，B2C 市场的占有率仅为 7%，其后每年以 280% 的速度增长，到了 2012 年，占有率已经达到了 37%。在天猫开店需要支付手续费，成交时需要缴纳佣金。终于，淘宝（淘宝网 + 天猫）的收益发生了翻天覆地的变化。

同时，作为辅助功能的支付宝，虽然面向淘宝用户免费，但针对天猫和其他电子商务网站还是会收取 1% 左右的手续费。随着 B2C 电子商务的发展，人们进行其他支付时，也习惯使用支付宝，这进一步为淘宝创造了收益。[1]

马云，在互联网行业摸爬滚打多年之后，终于建立起了一个庞大的“免费 + 收费”模式，获得了前所未有的成功。

- 阿里巴巴：B2B 电子商务平台，没有采用成交时收取佣金的传统模式，而是采用了部分付费会员的“付费 + 免费”模式

[1] 在中国，B2C 电子商务的交易额为 5000 亿元，如果 50% 都使用支付宝进行结算的话，光手续费的收入就达到了 25 亿元人民币（2003 年推算）。

• 淘宝网、支付宝、天猫：在面向消费者的电子商务中，C2C 及结算为免费，B2C 及结算为收费，建立起了庞大的"免费 + 收费"模式

目前阿里巴巴集团的市值已高达 20 万亿日元（2014 年 5 月在纽交所申请上市）。

创始人马云在 2013 年 5 月对外宣布不再担任阿里巴巴集团 CEO，他要把机会留给更多年轻人。

"对于 IT 行业，我已老了，但面对新挑战，我还年轻！"

49 岁的马云，下一个进军的市场将是教育和环保产业。

阿里巴巴面向个人的巨型"免费 + 收费"模式

	C2C 淘宝网	B2C 天猫商城	
顾客	买方 卖方	买方	卖方
价值提供	拍卖 即时联络工具 支付免手续费	品类齐全、品质安心 支付收取手续费	成交佣金 支付收取手续费
盈利模式	先通过淘宝网吸引用户 再通过收取天猫上的支付手续费盈利		
竞争力	基础功能、联络功能 支付功能、品牌认证功能		

YOU 的时代、实名制“社交网络”、Facebook 和天使投资人

Facebook 的后援团——PayPal 黑帮

1999 年，美国《时代》周刊的年度人物为亚马逊的创始人贝佐斯，而 7 年后的 2006 年，美国《时代》周刊的年度人物又是谁呢？“YOU”！

一般情况下，年度人物公布后，在杂志的封面上都会刊登他（她）的头像，但这一年却是一个显示器，显示器的屏幕呈银色，光亮如镜，仿佛能从中看到自己。下面的解说词为“正是你，主宰着这个信息时代”。是的，如今，一个人既无法摆布政治，也无法左右经济，这是一个任何人都可以在博客和论坛上发布信息的时代。

而处在这个时代中心的，既不是雅虎，也不是谷歌，更不是阿里巴巴，而是 2004 年才刚刚成立的 Facebook。Facebook 的创始人名为马克·扎克伯格（Mark Elliot Zuckerberg，1984— ），在哈佛大学就读期间，他和朋友们一同创办了“哈佛大学学生专用在线名录”，当时的启动资金（1000 美元）正来自他的好朋友埃

《时代》周刊年度人物

2006 年，当选为年度人物的是“YOU”。1999 年，当选为年度人物的正是亚马逊的贝佐斯。

马克·扎克伯格

在哈佛商学院就读期间，创立了一个名为 Facemash 的网站，让学生在一堆照片中选择最漂亮的女孩，因此受到学校处罚。2004 年成立 Facebook，起初休学，一年后宣布退学。当初该网站仅面向哈佛大学，后来在周边院校也引起了较好的反响，于是，扎克伯格决定扩大事业。最初皮特·泰尔向 Facebook 投资 50 万美元。

德华多·萨瓦林（Eduardo Saverin，1982— ）。

没过多久，这项应用迅速蔓延至周边院校，扎克伯格从中嗅到了成功的味道。此后网站迅速成长，不过资金和人员却出现了严重不足。按照 Napster[1] 的联合创始人肖恩·帕克的建议，扎克伯格将公司移至硅谷，踏出了起飞的第一步。然而，资金依然是首要问题。

经帕克介绍，PayPal 的联合创始人皮特·泰尔向 Facebook 进行了 50 万美元的投资，取得了 10% 股份，同时他还出任公司董事，为 Facebook 建言献策。

PayPal 被 eBay 收购时，泰尔从中获得了 5000 万美元，此后他便开始从事金融投资，Facebook 便是他投资的新兴公司之一。结果这次投资让他收获了 10 亿美元的回报。

扎克伯格用“朋友关系”巧赚钱

Facebook 的盈利道路并非一帆风顺。“有了人就一定会赚钱吗？”对此，扎克伯格迟迟没能给出答案，另外以智能手机为中心的客户端业务也丝毫没能取得进展。不过正是 Facebook 大力推行的手机客户端，才让它最终得以生存。

因为人们外出办事或乘坐公交的时候，Facebook 就成了打发时间的不错选择。人们利用 Facebook 上传照片，再配上说明——“看，我发现了什么！”“今天好

[1] 点对点（P2P）的音乐共享服务。在法庭的责令下被迫终止。

倒霉……（T_T）”，随时随地都能分享生活中的点点滴滴。

2013 年 7 至 9 月，每个月的活跃用户数量都达到了 12 亿人，较上一年增加了 18 个百分点，其中既使用网页版又使用手机客户端的用户有 9 亿人，单独使用手机客户端的用户有 2.5 亿人（较上一年增加了一倍）。手机客户端大获成功。

至于收益，Facebook 中八到九成的收益都来自广告，仅一小部分来自各类佣金。

谷歌通过检索关键词掌握了用户所需，据此增加相应广告，因此逐渐成为大型高效的广告新媒体。与此相对，Facebook 则通过掌握用户的属性、人脉等细节信息，投放特定的广告，从中盈利。

Facebook 将来究竟会怎样呢？目前还只是个谜。在美国，10 多岁的孩子已经开始弃之而去，原因是他们的父母也在使用。在许多发达国家，人们也纷纷转向了 LINE 等通信应用。而在中国，7 亿用户都在使用 QQ 空间（类似于 Facebook）、QQ（类似于 Twitter）和微信（类似于 LINE），腾讯凭借组合式的“三头六臂”牢牢地占据着中国市场。

弱联系的魔力

在 Facebook 上，多数为强关系，通俗来讲，即通信录中的好友大都是现实中的朋友。因此有人指出，Facebook 只不过是朋友间分享意见和感受的小圈子。

弱联系带来的重要信息

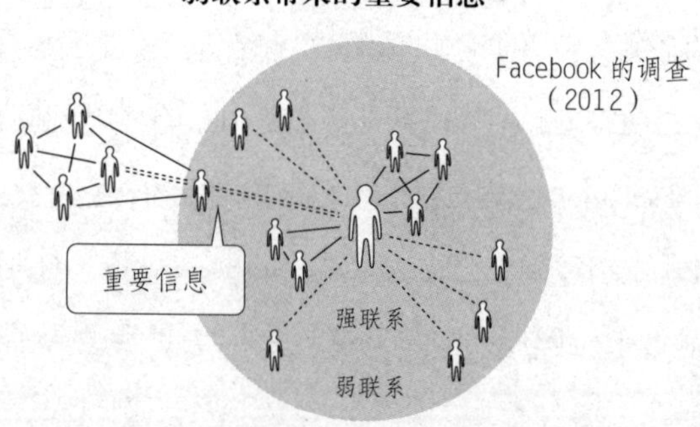

为此，很多学者提醒大众，千万不要被虚拟的快乐蒙蔽，千万不要将自己封闭在 Facebook 里，否则对整个社会都将造成危害。

面对种种不安和质疑，Facebook 在 2012 年初终于进行了反击。Facebook 的研究小组在 *The Role of Social Networks in Information Diffusion* 一文中指出：在 Facebook 上，少数强关系的确会分享信息，但多数信息，特别是有用的信息大都来自弱联系（几乎不会评论、点赞的好友）。换句话说，大部分信息的传播都源自弱联系。

这篇论文由大学时代就十分活跃的艾坦·巴克什（Eytan Bakshy）和 Facebook 的研究人员共同完成。其结果更是基于 2 亿 5000 万 Facebook 用户贡献的 120 亿组联络数据。

这份基于史上最大范围真实数据的统计结果，充分显示了互联网中弱联系的强大魔力。

时间到了 2010 年，这一年，一个金发碧眼、满脸雀斑的年轻人当选为美国《时代》周刊的年度人物，他就是扎克伯格。在过去 83 年中，他成为这个奖项最年轻（26 岁）的获得者。杂志下方评价他为“The Connector”。

2013 年 2 月，Facebook 以 190 亿美元[1]的价格收购全球最大 LINE 类型通信应用程序 WhatsApp。关于他的未来，让我们拭目以待。

LinkedIn 向职场关系要利润

其实，把泰尔引介给扎克伯格的不是帕克，而是 LinkedIn（中文名为领英）的联合创始人雷德·霍夫曼（Reid Hoffman，1967—　）。当初帕克希望霍夫曼为 Facebook 进行投资，但由于理念不同，被婉言拒绝，不过霍夫曼却推荐了一个人，他就是霍夫曼的好朋友，PayPal 的联合创始人泰尔。

[1] 40 亿美元现金和相当于 120 亿美元的 Facebook 股票；此外向 WhatsApp 的创始人和员工（不到 50 名）提供 30 亿美元的限制性股票，可在交易完成 4 年后执行。

雷德·霍夫曼

虽获得了哲学博士学位，却未从事学术研究工作。为了弄清人与社会等问题，进入社会成为一名职场人士。2000年起，任职于PayPal，负责问题的处理事宜，为公司的发展做出了巨大的贡献。2002年创立领英。作为活跃的投资人士，他常将自己比作攀登架，而不是梯子。

LinkedIn是一家针对职场人士的社交网络平台，目前的注册用户遍布世界200多个国家，高达8亿人。该网站最大的特点在于它的熟人评价模式，通过这种模式企业可以迅速地了解他的人脉、技能、工作履历以及朋友同事对他的评价。霍夫曼从中实现了盈利，不过他的盈利方式并非来自传统的广告模式。

- 征才解决方案：人才检索、查看简历、开设专栏（总营业额的57%）
- 营销解决方案：针对性广告（总营业额的23%）
- 付费会员服务：可以发送站内信给任何会员，对于求职和招聘很有帮助（总营业额的20%）

当然，虽说有“朋友和熟人的评价”，也不足以让我们完全相信。但是对一个招聘企业来说，朋友和熟人的评价，尤其是公众人物的评价，总比每次2小时、共计5次的面试要可信得多。

2013年，LinkedIn的年营业额约为15亿美元，较上一年增加了60%。不考虑利息和损益，当年的利润高达3.6亿美元，公司的市值更是超过了200亿美元。

新的创业类型：自负投资风险

以硅谷为中心的创业大都为投资依赖型。简单来说，公司的创业资金要么来自风投公司（以下简称VC）和投资银行，要么来自那些敢于冒险的投资人士。

例如，亚马逊之所以能够持续向物流、IT部门进行投资，就离不开凯鹏华盈公司（Kleiner Perkins，成立于 1972 年）的鼎力支持。风险投资家约翰·杜尔（John Doerr，1951—　）充分信任贝佐斯，就连互联网泡沫破裂时期也没有将其放弃。

1999 年，凯鹏华盈和红杉资本决定向谷歌投资，却提出了一条要求，即必须由经验丰富的人担任谷歌的 CEO。起初，谷歌的创始人拉里·佩奇（Larry Page，1973—　）和谢尔盖·布林（Sergey Brin，1973—　）极力反对，但最终还是接受了这一条件，他们聘请了有“业界老狐狸”之称的埃里克·施密特 (Eric Schmidt，1955—) 担任公司的 CEO。施密特不负众望，10 年间，让谷歌飞速成长，更让两家投资公司收获了 1000 倍的回报。

当时，新兴企业大都依靠风投公司。

不过进入 21 世纪，情况发生了变化。曾经作为融资方的雅虎、谷歌、eBay、苹果等大型企业也转身成了投资方，它们开始大量收购新兴企业，结果社会上出现了这样一批人士，他们因企业被收购而获得巨额财产，此外还个个年富力强。这些人要么自己投资挑战新项目，要么作为天使投资人帮扶新企业。

红杉资本作为投资行业的佼佼者，对苹果、雅虎、谷歌的投资都堪称经典案例。然而，Facebook 的扎克伯格却没有把它放在眼里，更准确地说，是将红杉资本玩了一把。

2004 年，扎克伯格和红杉资本联系投资意向时，红杉资本要求他做一份详尽的提案。结果提案当天，扎克伯格不仅迟到，还身穿睡衣。更有趣的是，他的提案名称为“你不应投资的十大理由”。这彻底惹怒了红杉资本，当然投资事宜也就没了下文。

其中，一路力挺 Facebook 的肖恩·帕克，正是因为红杉资本，才被迫离开了 Napster。扎克伯格也许就是为了帮他报一箭之仇吧[1]。

[1] 2014 年 Facebook 以 190 亿美元的价格收购 WhatsApp，红杉资本从中获利 35 亿美元。

“如果不能掌握经营权，在起步阶段就不要依靠风投公司！”慢慢地，这似乎成了人们的共识。在硅谷，凭借弱联系就一定能够找到像“PayPal 黑帮”这样的强关系。据说全美共有 23 万天使投资人，所以总会有人给你做提案的机会。

信息时代，主宰世界的不是任何组织，而是你（YOU）。现在看来，《时代》周刊在 2006 年给出的答案似乎是对了。

专栏 SPECIAL COLUMN

中国版三国演义：百度、腾讯和阿里巴巴

百度要做“大洋西侧的谷歌”

2000 年 1 月 1 日，31 岁的中国工程师李彦宏在 20 位投资人士面前宣称：“中文版的搜索引擎在中国一定会取得成功！”

当时，李彦宏的 IT 技术水平一流，加上他的努力推销，终于获得了 120 万美元的投资。他立即回国，与 5 个毕业于北大的高才生创立了百度公司。最初公司以低廉的价格向各大门户网站提供搜索服务，但始终未能盈利。第二年，百度公司推出了自己的网站，从此踏上了成功之路。

2005 年，百度公司在美国纳斯达克上市，2010 年谷歌宣布退出中国内地，一时间百度在行业中的市场份额达到了 80%。[1]“如果太平洋东侧是谷歌的天堂，那么太平洋西侧就是百度的领地！”为了实现这一目标，李彦宏收购了大大小小 200 多种应用服务。

2013 年，百度的年营业额为 319 亿元人民币（相当于 5400 亿日元），其中大部分来自 5 亿中国网民[2]的广告收入。

李彦宏

出身在一个普通家庭，以优异的成绩考入北京大学。毕业后赴美留学，曾在 Infoseek(搜信)公司任职 6 年。2000 年，获得 120 万美元的投资后回国成立百度公司。他给自己定下的目标是“搜索引擎占全球市场份额的 50%，10 年营业收入翻 40 倍（从 2010 年起）”。

---

[1] 2012 年 8 月以后，由于 360 安全浏览器默认使用“360 搜索”，因此 360 搜索引擎的市场份额有了很大提升。2014 年初，百度的市场份额略低于 60%。

[2] 每天的平均上网时间为 124 分钟（中国互联网信息中心）。

目前，中国的互联网用户共计6.2亿，其中2008至2013年间就增长了3.2亿，不过在拥有13.6亿人口的中国，互联网用户的比例还仅为1/2，据推测，今后还会以每年5000万用户的速度保持增长。而保证这一增长速度的关键因素就在于广大的农村人口以及农村移动互联网的普及。

如果通过电脑上网，得先买电脑、拉网线，费用太过昂贵，但通过手机上网，每个月100多块钱就足够了。目前，在中国使用移动网络的人数已经超过了5亿，为此互联网产业也迅速将目光转向了移动网络。

其中，阿里巴巴（1999—　）、百度（2000—　）、腾讯（1998—　）被称为中国互联网行业的三剑客。

- 阿里巴巴：C2C和B2C电子商务平台
- 百度：搜索引擎
- 腾讯：聊天工具、游戏

原本三家企业各创一片天地，现在却打破了泾渭分明的格局，于是互联网行业上演了一场三国演义。其中最受瞩目的当数腾讯。

腾讯通过服务和结算，从8亿用户身上捞金

马化腾（Pony Ma，1971—　）27岁时和校友共同创办了腾讯公司。其中的主要业务有：

QQ：类似于Facebook。半公开模式（8亿用户）。

马化腾

毕业于深圳大学计算机专业，曾在中国电信从事互联网传呼系统的研发工作。1998年，创办腾讯公司，1999年推出即时通信工具QQ，获得了绝对的市场占有率。

微信：类似于LINE。私密模式（4亿用户）。

QQ游戏：在线游戏和游戏APP。

虽然公司推出的应用大都免费，但由于用户众多，通常依靠广告模式便可盈利。但在当时的中国，B2C电子商务还不成熟，广告主较少，因此腾讯没能选择这种模式。

无奈之下，腾讯只好依赖游戏以及各种付费道具实现盈利。即便这样，年营业额还是高达7000亿日元（其中游戏贡献了5100亿日元），占全部收入的3/4。

紧接着，腾讯又找到了一条新的收入途径，那便是在线及移动支付业务。

阿里巴巴推出支付宝后，腾讯也迅速推出了财付通，由于微信用户的广泛支持，短短几年间，财付通的市场份额就足以和支付宝匹敌。此后腾讯加紧了收购（电子商务类企业）和投资（搜索网站和旅游网站）步伐，大大拓展了公司的业务范围。

当然，阿里巴巴也不会坐以待毙。2013年，阿里巴巴向新浪投资570亿元，借此加强合作关系。阿里巴巴希望能通过本次合作把超过5亿的微博用户引向淘宝网，进而增加淘宝的销售业绩。另外，为了与微信抗衡，阿里巴巴还推出了一款即时通信软件“来往”。

现代版的三国演义

	阿里巴巴	百度	腾讯
创始人	马云	李彦宏	马化腾
电子商务	阿里巴巴 淘宝网/天猫	糯米网	易迅网/艺龙网 （京东商城）
支付平台	支付宝	百付宝	财付通
搜索网站	阿里云	百度	搜狗
通信工具 游戏	来往 （新浪微博）	91无线网络	QQ/微信 QQ游戏

另外，百度以1850亿日元的价格收购了91无线网络有限公司，从此作为国内头号移动互联网平台的91无线公司及其附属网站正式成为百度旗下的一员。

目前从三家的市值上来看，腾讯为13万亿日元、阿里巴巴为20万亿日元、百度为6.6万亿日元。不过战斗还没有结束，最终会鹿死谁手呢？

智能手机、社交游戏将任天堂逼到了悬崖边。索尼能否凭借 PS4 东山再起？

两战索尼均失利，任天堂踏上了变革之路

1983 年，任天堂发行了第一代游戏机"FC"，为世界提供了一个通用的游戏平台。1990 年，任天堂又推出了一款全新的机种"SFC"，在游戏市场中独领风骚。

不过，任天堂之后推出的游戏机任天堂 64（简称 N64）和 Game Cube（简称 GC）却惨败给了索尼的 Play Station 系列游戏机（当时为 PS 和 PS2）。PS 也因此成为历史上首款销量过亿的家庭游戏机，其后发行的 PS2，不仅可以搭载 DVD，还兼容 PS 卡，最终销量突破了 1.5 亿。

无奈之下，山内溥将任天堂交给了岩田聪，是死是活就在此一搏。岩田聪是经营界公认的奇才，他曾让破产的 HAL 研究所起死回生、扭亏为盈。[1] 在他

岩田聪

从小就对游戏程序抱有浓厚兴趣，大学毕业后成了一名游戏程序员。30 多岁时临危受命，力挽狂澜使 HAL 研究所转危为安。40 岁时加盟任天堂，2002 年，42 岁时被山内溥任命为新总裁。岩田上任后凭借 DS 和 Wii 获得超高人气，成功将游戏拓展至成人和女性群体。

[1] 1992 年破产，岩田聪 32 岁出任新总裁，在此期间推出了《星之卡比》系列和《明星大乱斗》系列等多部人气游戏。

的领导下，任天堂公司先后推出了任天堂 DS、Wii，这两款游戏机一经上市，便引起了销售狂潮。不仅中小学的男生，就连女生甚至大人都成了任天堂的忠实粉丝。而任天堂之所以能赢，其实并不在于性能，而在于趣味性。

Wii 一改往常：

• 为了拓展顾客范围，自行开发了适合大众的游戏（如 WiiFit 等）

• 制造廉价的通用硬件（游戏机），从源头实现盈利（不再为推广硬件而低于成本价销售）

• 在控制器上增加了加速度和回旋感应器，开创了新型的体感游戏（例如挥臂动作等）

• 方便游戏软件公司开发游戏（吸引大量软件公司参与）

2008 年，任天堂的营业额高达 1.8 万亿日元，利润高达 5552 亿日元。如果单从利润上看，任天堂在日本企业中高居第 5 位。当年全球游戏市场的总额约为 545 亿美元，而任天堂一家就占据了 1/3。

社交游戏与智能手机的神奇威力

不过这种看似牢不可摧的商业模式，却没能抵挡住两大浪潮的冲击。一个是强化了人与人交流的社交游戏，一个是取代了游戏机的智能手机。

在日本，2006 年 DeNA 公司开始向手机用户提供小型游戏，2007 年 GREE 公司开发的“钓鱼明星”游戏一经推出就获得了超高人气。2009 年，mixi 公司也开始向 PC 和手机用户提供 APP，其中一个名为“阳光牧场”（中国 Rekoo）的农场类游戏仅推出 3 个月用户数就达到了 300 万。

这些公司大都依靠免费来吸引用户，再通过广告或者付费道具实现盈利。[1] 这就是典型的“免费 + 收费”模式，它们的选择完全正确。2009 年在日本国内，

[1] 据说在免费的移动游戏市场，玩家中的 1%（骨灰级）为整个市场的营业额贡献了 1/3。

游戏界的三足鼎立

		掌上游戏机	功能手机	智能手机
领军企业		任天堂	DeNA / GREE	Apple
价值提供	用户	需要购买游戏机 高性能	无须购买游戏机 低性能	无须购买游戏机 高性能
	软件公司	统一平台 游戏开发容易	无统一平台 游戏开发容易 口碑相传	统一平台 游戏开发复杂 需要营销宣传

该市场的营业总额仅为 361 亿日元，但 2012 年却达到了 4650 亿日元，为 2009 年的 13 倍。

2007 年，Facebook 在网站上推出了应用软件的开发平台。其中 Zynga 公司（2007 年成立）通过在 Facebook 上发布的社交游戏《FarmVille》吸引了 1 亿玩家，为此 Zynga 成了世界上最为知名的社交游戏公司，2011 年营业额达到了 11.6 亿美元。

不过，Zynga 公司却没能抵挡住智能手机带来的冲击。由于 Zynga 公司一心扑在电脑游戏的开发上，未能对快速普及的智能手机作出反应。2012 年公司亏损额达到了 2 亿美元，2013 年虽然进行了大幅裁员，但营业额还是较上一年跌落了 1/3。

智能手机因何会改变游戏界？

智能手机的普及，之所以能够迅速扩大游戏市场，就在于原本分散的平台被统合在了一起。在过去，手机平台因地区、通信公司、手机类型的不同各有差异，而现在却被统合成了两大类。

DeNA 公司的创始人南场智子（1962—　）曾说过：“全球的手机用户高达 40 亿，但操作系统却五花八门。”正因如此，像 DeNA 公司等从事手机游戏和应用的企业先驱，才会在海外市场的拓展上失利。然而，苹果公司的 iPhone 系统和谷歌的 Android 系统却彻底终结了这种市场乱象。

随后，针对智能手机的游戏大量涌入市场,《愤怒的小鸟》(Angry Birds)、《智龙迷城》(Puzzle & Dragons) 就是当时的经典游戏。

不过，对小型游戏公司来说，这却是一场苦难之旅。以往这些企业通常是先推出游戏，等有了人气后再进行改良，但如今这个策略行不通了。智能手机与普通手机截然不同，与其说是手机，还不如说是高端电脑。因此，为了开发一款手机游戏需要投入大量的精力，为了回收成本又要在宣传上投入大量的物力。

从那时起，手机游戏市场不再是地方性小企业的淘金场，而成为全球性大企业的竞技场。

2010 年起，面向手机客户端的游戏市场开始了迅猛发展，到了 2013 年，总营业额已经高达 132 亿美元，比上一年增加了 43 个百分点。其中备受冲击的无疑是 DS 等掌上游戏机。虽然它目前的销售额仍高达 180 亿美元，但产业收缩的趋势日渐明显。

这边，DS 和 PSP 的战争还在上演；那边，游戏市场却已经转向了方便携带的手机，与此同时，关于智能手机游戏的开发宣传大战也拉开了帷幕。

游戏市场的规模及增长率

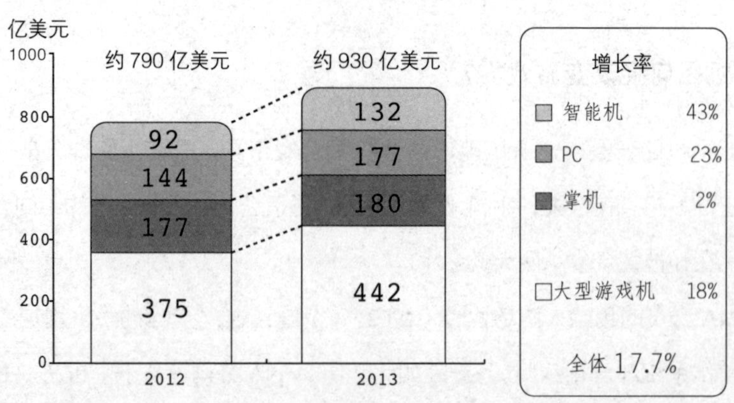

索尼 PS4 开拓美国市场

那么，让我们看一看以 Wii 为首的家用游戏机市场又发生了怎样的变化呢？原来这个无比巨大的市场并没有停下成长的脚步。2013 年该市场的营业总额达到了 442 亿美元，比上一年增加了 18%。

不过，市场内部却发生了巨大改变。

2008 年，最具人气的家庭游戏当属任天堂出品的《马里奥赛车 Wii》（Mario Kart）。当时，这款游戏在全球的总销量达到了 3426 万张。2013 年，最为热销的游戏变成了《侠盗猎车手》（Grand Theft Auto），其中游戏以虚拟世界和虚构城市为背景，同时增添了许多超现实动作元素，而 2.6 亿美元的开发费用也在游戏界书写了一段传奇。该款游戏一经推出，短短一个半月就卖出了 2900 万张，半年间共计售出 3250 万张（约 20 亿美元）。

目前，家用游戏机的消费群体主要为欧美地区的成年人，因此在各类游戏软件中战争题材游戏、竞技类游戏和动作类游戏依然保持了较高的人气。不过在日本这个曾经无比庞大的游戏王国，家用游戏机的购买人数还不到世界的 1%。

在此期间，索尼虽然推出了 PS3，却惨遭失败，最终输给了任天堂的 Wii 游戏机。无奈之下，索尼只好转变思路推出了新一代游戏机 PS4。这款游戏机与前几代机型并不兼容，但更适合玩战争游戏。虽然它无法播放 CD 和 MP3，不具备 DLNA 功能，不支持外接硬盘，但 399 美元的超低价格，让它成了一款纯粹

索尼 PS4

在检讨 PS3 过分追求性能的基础上，推出的一款面向欧美的新型游戏机。2013 年 11 月在美国公开发行，售价为 399 美元。

意义上的游戏机。

此外，索尼公司不再追求标新立异，而是想方设法让游戏开发变得容易。当初，索尼公司为了推出 PS3 型游戏机，曾花费巨资[1]自行研发了“Cell”超级处理器，企图在性能和架构上与对手拉开差距。差距的确是拉开了，但游戏开发也困难了。因此为了让游戏开发变得简单，索尼公司在生产 PS4 时采用了通用架构的高性能处理器。这对游戏开发商来说，可是天大的好消息。

虽然 PS4 的性能较好，但与微软的游戏机（Xbox ONE）并没有太大差距，不过这却为游戏开发商带来了诸多便利，因为它们可以将同款软件提供给两家公司了。其实，PS4 和 Xbox ONE 的最大差别就在于 PS4 的体积更小、成本更低，而且 PS4 的售价也比 Xbox ONE 低了 1 万日元。

目前，游戏机本身并未盈利。不过，这种渗透式战略应该会让索尼公司取得成功吧。PS4 的销售初期，索尼的独占游戏就达到了 30 款，此外，该款游戏机还可以简单上传游戏场面，因此收获了较高的人气。基于以上原因，PS4 上市仅 3 个半月，销售数量就达到了 600 万台，独占游戏的销售数量更是达到了 1370 万张，索尼超额完成了当年的销售目标（120%）。

不过，索尼在商业模式上有什么创新之处吗？答案似乎是否定的。那么索尼如何才能保住 PS4 的竞争力呢？

另外，任天堂在 WiiU 上栽了跟头，在 3DS 上节节失利，它又该如何实现惊天逆转呢？

[1] 据说包括生产设备在内的话，投资总额超过了 3000 亿日元。

梅西百货用“全渠道销售”化解“展厅现象”危机

实体店会因“展厅现象”消亡吗？

2000 年前后，美国的图书市场中一半的销售额仅被两家公司占据，这两家公司就是美国的巨型连锁书店——巴诺和博德斯。它们将星巴克引入书店，加之采购时的规模效应，不仅成本低，而且有人气，所以许多小书店到了最后不得不关门大吉。不过到了 21 世纪，这两大行业巨头还是没能抵挡住网店和电子图书的冲击。

美国第二大连锁书店博德斯在全盛时期曾拥有 1200 家书店，但由于互联网带来的冲击，2011 年正式申请破产保护，此后又因无力重建，399 家书店被迫关闭。而巴诺书店积极采取了鼠标加水泥的经营策略，大力开展网上销售业务，为了和亚马逊的电子书阅读器 Kindle 争夺领地，也发布了自己的电子书阅读器 Nook，不过一系列措施并没有让巴诺书店拉升销售业绩，反而让它陷入了每况愈下的尴尬境地。目前，亚马逊在美国图书市场所占的份额超过 40%，尤其在电子图书市场所占的份额超过了 50%，而电子图书市场在整个图书市场中所占的比例接近 1/3。

日本的家电行业也面临着同样的境遇。亚玛达电器，年销售额接近 2 万亿日元，在日本的电器销售领域可谓无人能及。然而，2013 年上半年，公司竟然出现了亏损。其中主要原因就是来自电商价格战的巨大冲击。

以往竞争对手只有实体店，现在又杀出了网店，以往只需保证“价格最低”，现在网店告诉你“没有最低、只有更低”。于是亚玛达赋予了店长降价的权力，不过因此也出现了不少笔赔本生意。

购物时使用智能手机查看用户评论的顾客比例

类别	比例
家电大卖场	73%
百货商店	43%
GMS / DS	34%
办公用品商店	22%
服装鞋帽商店	21%
家具用品商店	19%

出处：NieLsen 2013。

可以说，这正是“展厅现象”带来的危机。随着网店的发展，实体店仿佛成了商品的展厅，人们先到实体店看好商品，再用手机登录 kakaku.com 和亚马逊等网站，比较价格后哪里便宜选哪里。[1]如果照这样发展下去，恐怕有一天实体店全得倒闭。

梅西百货：线上线下齐发力

其中，受“展厅现象”影响最大的莫过于百货商店。品牌服饰通常是百货商店的主营项目，不过自从 ZARA 等自有品牌零售店出现以后，百货商店的营业额一路下滑。此外，随着线上业务的发展，很多品牌服饰纷纷向网店供货，甚至自己开设网店，因此互联网上各种服饰不仅品种齐全、而且价格低廉。2013 年仅美国国内，互联网服饰的销售总额就接近了 4 万亿日元，比图书、音像制品高出了一倍。

2010 年起，短短 4 年间美国连锁百货商店巨头杰西潘尼的营业额就下滑了 30%，另外一家大型连锁企业西尔斯也下滑了 15%。

[1] 购物时使用智能手机最初是为了查找信息，正好上面的价格便宜就不在商店购买了。

不过，拥有百年历史的梅西百货，营业额却增长了 20%。[1]因为它的商业模式长期以来毫无变化，从 20 世纪 70 年代起一直被人们戏称为百货行业的"活化石"。即便如此，梅西依然通过企业并购等手段保持住了自己的行业地位。

然而，2004 年梅西百货的新任总裁泰瑞·伦德格伦(Terry J. Lundgren，1952—)上任后，将旗下的多种品牌统一为梅西(Macy's)和布鲁明戴尔(Bloomingdale's)，并实施了本地化的战略。

通过一系列举措，梅西百货的线上业务(网店)有了巨大提升(年增长率 30%—40%)，线下业务(实体店)也有了小幅度增长(较上一年增长 3%—5%)。2011 年，伦德格伦将梅西百货的营销方法命名为"全渠道销售"。

那么"全渠道销售"和"多渠道销售(鼠标 + 水泥策略)"以及 CRM 究竟有什么区别呢？其实它们在本质上是一样的，都是通过线上线下互动，满足客人的多种需求。只不过"全渠道销售"的内容更为复杂，自由程度更高。

所谓"全渠道"，就是指全部的销售渠道，其中既包括实体店、网店，也包括社交媒体、视频网站、营业员手中的平板电脑等等。除此之外，还包括对顾客、商品库存等信息的全盘掌握。

正是由于梅西百货建立起了一套完善的销售体系，它才可以随时随地掌握实体店和网店的库存数量，从而进行线上线下互动，更好地满足客户的购物需求。

泰瑞·伦德格伦

在零售业摸爬滚打多年，1994 年梅西公司被联合百货收购后，他全力整合采购功能，强化自有品牌。2004 年起担任梅西集团的 CEO，大力倡导"全渠道销售"理念。

[1] 据统计 2013 年 1 月至 2014 年 1 月梅西百货的销售额为 270 亿美元。

• 如果网店上某种商品断货，但实体店有货，可以直接发给客户（或客户指定的店铺）

• 在实体店内，如果某种商品断货，但营业员查询到其他门店有售，也可以当场销售，再由另外的门店发货

因此，对前来梅西百货购物的顾客来说，无论在哪里购物，都不会发生“明明看上了，结果却没货”的悲剧。

2012 年，梅西百货旗舰店的鞋业卖场正式开张，这家宽敞明亮的鞋业卖场面积达 5800 平方米，可同时摆放 30 万双鞋，规模居世界之首。因为鞋子在购买前通常需要试穿，而且鞋子尺寸、颜色较多，经常容易断货。所以，梅西百货将鞋子作为实体店的主力商品。截至 2015 年，梅西百货计划投资 4 亿美元用来改建卖场。梅西百货希望改建后的卖场能够吸引更多的顾客进店参观，当然不只是参观。

梅西百货的创始人罗兰·梅西创业时屡战屡败，却屡败屡战，从未放弃。160 年后的今天，他的进取精神依然激励着奋战在百货行业的人们。

梅西百货的全渠道销售 @ 商店

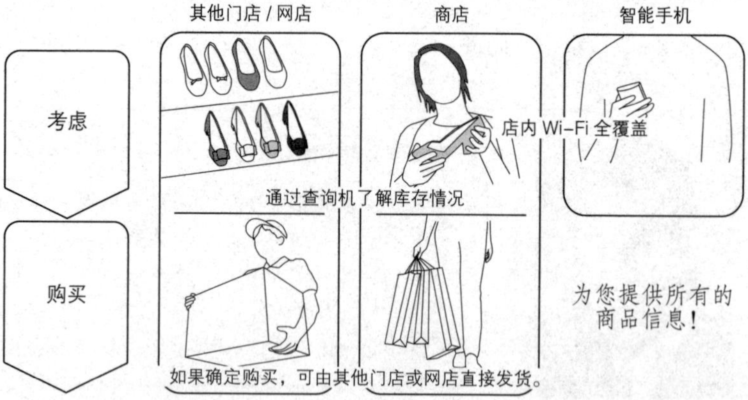

日本版三国演义：亚马逊、乐天和雅虎日本

贝佐斯的亚马逊，在日本不改本色

日本的互联网行业中，亚马逊、乐天、雅虎日本（全称为雅虎株式会社）位列三强。2013年，亚马逊的营业额达到了4700亿日元，较上一年增加了20%，大大超出了全日本互联网销售行业的增长水平（约为10%）。

2000年亚马逊进军日本市场，无疑物流是最强大的武器。然而，日本的面积仅相当于美国的一个州（加利福尼亚），而且物流网络相当发达，在这里“强大武器”没了“用武之地”。但是亚马逊依然投资兴建物流中心、加强与物流企业的合作，充分发挥仓库直送的巨大优势，逐渐拉大了与普通企业的差距。

- 当日送达服务：2013年9月，位于小田原市的物流中心投入使用后，亚马逊的当日送达服务覆盖了75%的日本住户

亚马逊、乐天、雅虎的物流中心分布

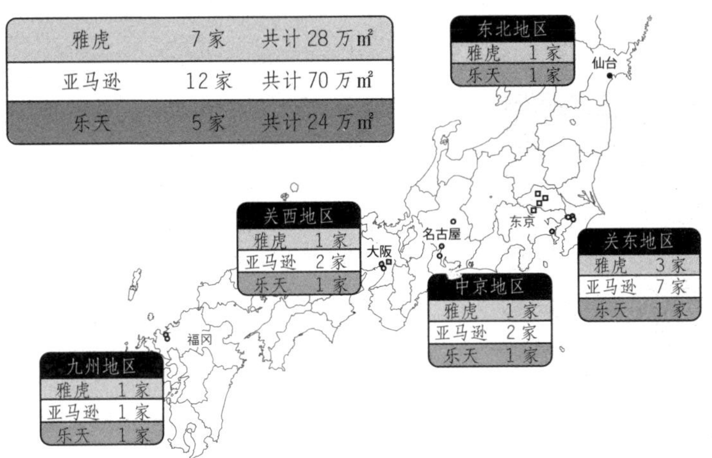

数据来源：*Inside| Daily Diamond*（2013.03.08）。

• 免费送货服务：2010 年 11 月起，消费额即便低于 1500 日元也能享受免费送货服务

起初亚马逊推出了一项会员服务，用户每年只需缴纳 3900 日元，就可以享受“全品类配送”“当日加急”“指定日送达”等多种免费服务。虽然服务周全、价格低廉，但仍有人指出了经济性上的不合理。于是，亚马逊干脆把“好事”一做到底，凡是常规派送，对任何人都分文不取。[1]

在法国，亚马逊的配送费本来就很低，只需 1 法郎，约合 20 日币。[2]但免去了 1 法郎后，销量却出现了猛增，所以亚马逊最清楚“免费”的魔力。另外，亚马逊还做到了两“易”。

• 检索目标容易（在一般的网上商城，通过商品名检索会出现很多相似的结果）

• 挑选商品容易（提供“购买此商品的顾客也同时购买了”“推荐商品”“用户评价”等信息）

三木谷：靠“乐天经济圈”一决高低

三木谷浩史，出生于 1965 年，因在公司的良好表现取得留学资格后赴哈佛商学院学习，归国两年后从公司辞职创建了乐天公司。当时（1997 年），还没有

三木谷浩史

毕业于一桥大学商学院，曾在日本兴业银行工作。后由公司出资赴哈佛商学院留学。1995 年辞职创立乐天公司。

[1] 购物金额满 2500 日元即免收快递费，但电脑周边产品等一部分价格低于 1000 日元的商品不计入累计范围。

[2] 在法国，为了保护中小型书店，图书实行统一定价，同时还欲出台政策禁止免费配送。

人愿意在互联网上买东西。

1997年，日本B2C电子商务的总营业额还不到500亿日元，而美国却接近2万亿日元。三木谷确信日本的电子商务市场也必将繁荣，于是他在经营拓展上加大了气力。可是乐天商城的运营首月，营业额仅为32万日元，其中一半还是三木谷的个人消费。这样的开局真让人捏一把汗！

然而此后的3年间，乐天不仅在纳斯达克成功上市，还在传统的B2C电子商务平台上增加了“检索”“竞拍”“旅行预订”“图书销售”“证券”等多种功能，极大地拓宽了公司的业务领域。

2006年，三木谷将这种广泛的业务领域命名为“乐天经济圈”，此后他还推出“网上银行”（2008年收购了eBANK）和“电子货币”（2009年从索尼公司收购了Edy），进一步强化金融服务。2009年，三木谷率先推出“乐天Smartpay”，在日本市场上实现了移动终端支付。此外他还通过企业并购，囊括了“美食”“电子书”“时装”“健康食品”“优惠券”等各种当下流行的新兴业务。[1]

即使在国外，也没有哪家公司能展开如此多的业务，乐天名副其实成为网

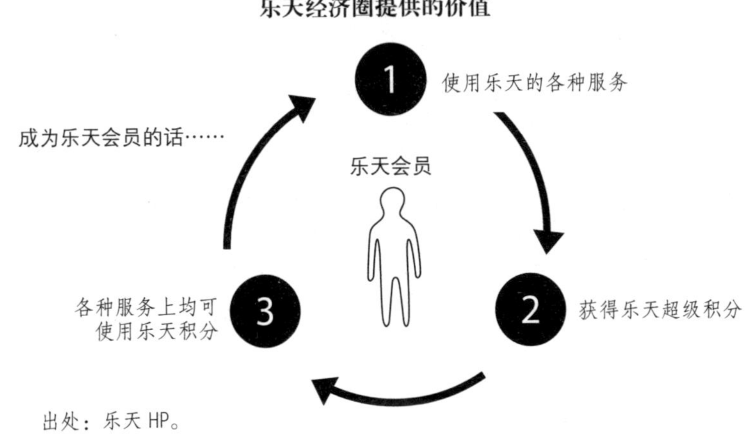

出处：乐天HP。

[1] 2005年起乐天在收购TBS项目上投入了大量精力却未能达成协议，由此造成的损失约为654亿日元。

上商城的超级航母。2013 年，乐天的年营业额达到了 5186 亿日元，利润达到了 900 亿日元，公司市值高达 1.6 万亿日元，成功跻身日本企业 50 强。

那么，“乐天经济圈”这个一切通吃、越长越壮的“胖子”，到底给顾客提供了哪些价值？

无论是对于顾客还是商家，一站式购物[1]的魅力不言而喻，另外乐天推出的“SUPER POINT”（超级积分）也不容小觑。所谓“超级积分”就是指在 A 商店获得积分也可以在 B 商店使用。2006 年这种跨店使用的比例还不到 30%，但是到了 2012 年已经上升至 55%。从盈利模式上来看，乐天和 eBay 一样，大部分收入都来自金融服务。先靠积分留住顾客，再靠电子商务的手续费和金融服务来实现盈利。

不过，与亚马逊等网站相比，物流是乐天的一大短板。因为店家分散在全国各地，所以商品也就分散在全国各地，因此想当天或者免费送到顾客手里恐怕不是一件容易的事。

为了缩小这方面的差距，2012 年起乐天也开始加大物流仓储的投资力度，让店家的商品先行入库，售出后再代为送货。目前乐天正以市川（千叶县）和川西（兵库县）的两大仓库为战略据点，[2]努力扩大当日送达的区域。

接下来，三木谷的乐天经济圈又将伸向何方？

最近，乐天花费了 2 年时间将公司的通用语言改为英语，并且强势进军台湾地区、泰国、印度尼西亚、马来西亚等海外市场。先后投资 500 亿日元收购了法国的 PriceMinister、美国的 Buy.com（现更名为 Rakuten.com Shopping）、德国的 Tradoria（现更名为 Rakuten.de Shopping）、英国的 Play.com。

乐天的目标是“海外市场（营业额的 70%）”！

---

[1] 签约的商户中，有 4 万家网店，9 万家旅行社，700 家企业。发布的商品总数高达 1 亿 5690 万件（包括断货商品，统计时间为 2014 年 3 月 3 日）。

[2] 2012 年，乐天将日本最大的在线药妆店 kenko.com 位于福冈的物流中心改造成自己的物流中心。

宫坂的雅虎日本：向新商业模式发起挑战

雅虎日本[1]成立于1996年，首次盈利后持续增收长达15年，堪称业界传奇。2012年，创始人井上雅博（1957— ）和其他董事们退居二线，将经营大权交给了宫坂学（1976— ）等人。之所以做出这个决定，主要是井上雅博担心公司长此以往终将停滞不前。

宫坂学上任之后，与孙正义等人进行了一番讨论，最终确立了经营目标，那就是在2020年之前，公司的利润翻一番。

也就是说，最多用8年时间，将目前1650亿日元的利润提升至3300亿日元，这就意味着几乎每年都要保证两位数的增长。而在过去的6年间，没有一年达到过如此高的增长。

为此，宫坂学提出了三大政策：

- only 1：集中精力打造20项精品服务
- 最强组合：加强外界合作，强化服务功能（在积分业务方面集中使用 CCC 公司的T积分卡，在日用品、物流业务方面主要与ASKUL公司进行合作）
- 挑战新领域：投资10亿日元，设立风投基金

此外，雅虎日本还将“移动业务”和“新型策略”定位为整个公司的经营战略，为此，还增设首席移动业务主管一职（简称CMO，Chief Mobile Officer）。

宫坂学

毕业于同志社大学，曾在新兴公司工作。1997年进入刚刚成立两年的雅虎日本，成为第53位进入公司的员工。2012年4月担任雅虎日本的CEO。为了实现他的“超速经营”，他常说“事业只是人生的一半，除了眼下的工作，更要看长远的将来”，借此提醒员工规划生活、自我抉择的重要性。

[1] 公司正式名称为雅虎株式会社，门户网站为“YAHOO！ JAPAN”。

由于公司对移动业务的高度重视，短短的一年半时间，手机客户端的浏览量、营业额、广告都增加了一倍。

在“新型策略”上，公司主张“免费＋自由”，为此也做出了一系列改革，而这些改革都是对以往商业模式的否定。

• 雅虎拍卖：对卖家而言，免费开店、发布商品；对买家而言，除付费买家外，常规买家也可以竞拍所有商品（之前常规买家只可以竞拍5000日元以下的商品）

• 雅虎购物：对加盟费、网店月租金、成交手续费实行全免，[1]并且允许外部链接和个人开店

• 雅虎旅行：用户直接与旅店完成预订，雅虎不收取中介费[2]

通过上述改革，雅虎拍卖上买家增多了，成交额增长了30%。同时，卖家也增多了，新开网店高达1.7万家，商品数量也增加了20%。

雅虎购物上申请开店的数量为去年同期的60倍，超过了9万件，新发布的商品数量增加了30%。因此营业额也水涨船高，较上一年增加了5%。

目前，雅虎购物、雅虎旅行几乎不收取任何费用，而雅虎拍卖也仅收取“成交额的5%”。所以雅虎的盈利来源主要是商家和旅店的广告收入。

因此，雅虎从“成交佣金模式”变成了“广告模式”。

这可以说是一场赌注，为在电子商务上晚于乐天、亚马逊，在旅行预订上晚于Jalan和乐天而下的一场赌注。

不过，雅虎并非单纯要从乐天抢夺顾客、店家、商品和旅店，而是要进一步扩大整个市场，让更多的企业和顾客参与进来。

[1] 乐天的加盟费为6万日元，网店月租金约为2万—10万日元，成交手续费为2%—6.5%。亚马逊的加盟费、网店月租金和成交手续费分别为0、4900日元和8%—45%。

[2] 2014年2月底征集合作旅店，预计从今夏起开始提供新服务。

“10倍挑战，5倍失败，2倍成功”的“超速经营”理念

自从雅虎日本推行新战略以来，市场有了巨大反应，不过和当初预想的一样，短时间内雅虎日本的营业额就下滑了几十亿日元。

2013年第四季度，雅虎日本的利润较上一季度有所下降，自公司成立以来这还是首次出现。

不过这也许就是“超速经营”理念的真面目。宫坂解释道：“我没有井上的天分，也没法弄懂全部业务，更无法准确预估市场走向，不过我可以多10倍挑战，哪怕其中有5倍是失败，但只要有2倍是成功就足矣。”

为此，宫坂一改公司的组织结构和决策体系，把雅虎从大和号一般的巨型战舰变成了由100艘驱逐舰组成的舰队。

- 组织：撤销原来的分工体制，将员工按5到10人分成许多小组（驱逐舰）
- 决策：简化新业务的批准流程。以前要逐级批复（领导—部长—本部长—干事），现在一步完成（业务经理）
- 预算：按项目对预算实行单独管理，培养小组负责人的经营意识

结果，戏剧性的一幕发生了。公司一举拿下了多个重大项目，新推出的手机

雅虎日本的“免费+自由”战略

	雅虎拍卖	雅虎购物	雅虎旅行
卖家	免费开店 免费发布商品	加盟费、网店月租金、成交手续费全免，允许外部链接	不收取订房中介费
盈利模式	成交额5% 广告费	结算手续费3.5%	广告费
买家	除付费买家外，常规买家也可以参与竞拍	—	—

应用也大获人气。更重要的是，员工的思想发生了转变。

一名30多岁的员工说道：“在我看来，之前大家都有辞职的想法，不过幸好没辞职，现在的雅虎和以前完全不同了。”

宫坂经常提醒大家：“公司只不过是一个平台”，“自己的人生要自己选择，更要自己把握”，“人生路漫漫，当务之急是规划好自己的生活”。

倘若宫坂的理念真的能够深入人心，雅虎日本将是一个崭新的职场体系，在这里工作与生活，员工与顾客以及所有参与者会融合在一起，虽看似散乱却极有规律。

亨利·伽斯柏倡导的“开放式创新”让所有的产业都成为服务

集思广益与推广普及，思科公司的生存武器

“开放式创新”这个概念最早是由加州大学伯克利分校的亨利·伽斯柏教授提出的。他在《开放式创新》（*Open Innovation*）一书中指出：“一个公司凭借自身的技术和能力完成的创新其实在成本、风险、时间等诸多方面都存在局限，只有充分发挥外部力量才能实现伟大创新。”

IBM 电脑的诞生可谓是开放式创新的开端。

当时，IBM 为了缩短开发时间决定从外部采购 CPU 和 OS 等主要配件，其实作为受托方的 Microsoft（当时只有 20 名员工）本身也是从 Digital Research 公司购买的技术，具体来说，即以 5 万美元的价格从其他公司购买到了 QDOS 的 OS。IBM 的 PC/AT 一经发布，大获成功，成为了 PC 行业最为持久的事实标准和各种机能的模块化标准，为后来的国际化水平分工打开了大门。

Open Innovation：The New Imperative for Creating and Profiting from Technology（2003）
Henry Chesbrough

不过在电脑事业上 IBM 却最终走向了失败，2004 年被联想收购。与此相对，主营网络设备的思科公司却在起起伏伏的 IT 产业中，30 年来一直稳居行业第一。

思科公司虽然是一家设备制造商，但它并不局限于公司内部的技术，能买的技术就买，不能买的技术就通过企业并购或者合作的方法将其收入囊中。另外，思科公司还向业界公开了主要技术，让思科成为业界标准，让产品在全球广为应用。

- 普及：对主要技术进行公开或低价使用，让思科成为业界标准
- 销售：作为网络设备的领军企业，最早发售进而占领市场
- 开发：开发技术时不局限于公司内部，通过收购新兴企业来获得技术。不设置核心研究机构

这种做法不是通常的研究与发展 R&D（Research and Development），而是收购与发展 A&D（Acquisition and Development）。思科公司从 1993 年到 2010 年，共计收购了 140 多家公司。通过一系列收购，思科公司不仅拓展了技术研发范围，还提高了技术研发速度，借此保持自己在技术上的领先地位。

思科公司的 A&D（1993—2009）

硅谷	70 家	
马萨诸塞	13 家	·50% 位于硅谷 ·美国境外仅占 12%
得克萨斯	12 家	
其他境内	27 家	
美国境外	17 家	以色列、斯堪的纳维亚、英国等
总计	139 家	

出处：http//www.startup-book.com/2009/11/04/ciscos-ad/

宝洁、味之素、苹果……

2000 年起，宝洁在互联网上公开了研发课题，借此向全社会征集技术和创意，它将这种做法命名为“Connect + Develop”。看来宝洁宁愿把研发课题泄露给劲敌，也要利用这种公开方式集思广益。

如今，宝洁有 50% 的新产品都源自外部的技术和创意。目前，它又为自己设定了一个短期目标：到 2015 年产值达到 30 亿美元。

从公司内部的封闭式创新到大家参与的开放式创新，可以说这在商业模式的创新中涉及的范围最广、最具魅力。

当然，日本的企业也不例外。

2012 年起，味之素公司宣布与多家企业签订合作协议，其中就包括普利司通、花王以及东丽。其中与东丽公司就如何利用植物原料制造尼龙，与普利司通轮胎公司就如何利用植物原料生产合成橡胶，与花王公司就如何通过体检来预防生活习惯病等氨基酸相关的课题展开了深入的研究。

近些年，味之素公司为了让现有的技术产业化，大胆推行了开放式创新战略，公开了大量与氨基酸有关的重要技术。通过与外界的开发合作，我相信味之

宝洁的“Connect + Develop”计划

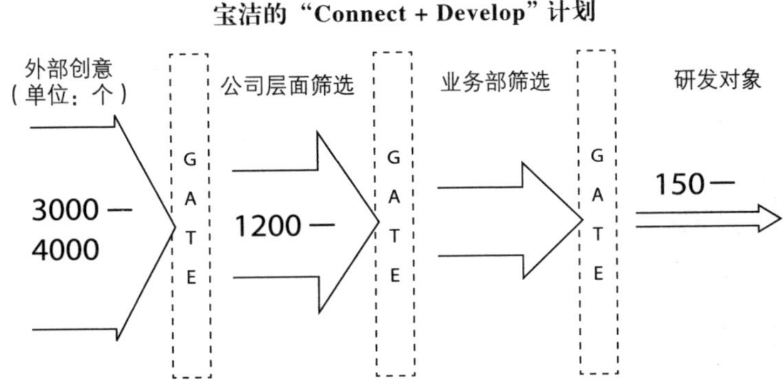

出处：根据《P&G 因何能连续推出“全球热销品”？》President Online 制作而成。

素公司一定能在不久的将来找到新的价值。

需要注意一点，开放式创新并非简单的技术公开，而是通过公司内外的合作，将最好的创意、技术、竞争力融合在一起。

同样，苹果公司正是由于采用了开放式创新战略，才在短短的几个月时间就推出了 iPod（iPhone 和 iPad 的基础）。其实 iPod 的诞生离不开一名外部顾问的建议。当时，苹果公司没有音乐相关的技术人才，在听取这名顾问的建议后，才将研发工作交给了其他公司，而苹果公司的内部员工主要负责用户界面和整体外观的设计。

此后，苹果公司坚持开放战略，四处收购技术。那么，为了再次实现飞跃，苹果公司究竟会为世人呈现出怎样的开放型创新模式呢？恐怕在后乔布斯时代，这将决定着苹果公司能否将经典延续下去。

让所有的产业都成为服务

“开放式创新研究中心”在加利福尼亚大学成立后，由亨利·伽斯柏出任中心主任，他将下一领域定为“服务”，但他所谓的“服务”，可不是以前常说的“服务业”。

- Business as a Service（BaaS）

Open Services Innovation: Rethinking Your Business to Grow and Compete in a New Era（2011）
Henry Chesbrough

他指出我们应该把所有的产业都变为服务（所谓服务，就是给对方带来积极的影响）。

其中喜利得公司和施乐公司就是典型事例。

- 产品创新：将所有权和使用权分离（不买产品，只用产品）
- 程序创新：同时兼顾多样化（高价值）和标准化（低成本）

通过以上两种途径，原本的制造商成功转型成服务商。

随后，伽斯柏又提出了“开放式服务创新”理念（2010 年），这一理念以“BaaS”为基础，同时包含了与客户协同合作、开放式创新、商业模式创新这些要素。

他主要想借此概念告诫人们，不进行开放式服务创新，你的产品就不会鹤立鸡群。不追求开放式服务创新，你就无法跳出摩托罗拉败给诺基亚，诺基亚又败给苹果、安卓的死亡魔咒。

让顾客感动的线上鞋业零售店

Zappos（1999—　）是一家鞋业销售网站，公司成立的第 9 年，销售额就突破了 10 亿美元大关。不过，这家网站的竞争力既不在于低价，也不在于品种齐全，而是在于为顾客提供的贴心服务。

Zappos 的 CEO 谢家华先生，也是一名投资人士。他将 Zappos 定义为销售

谢家华

从 9 岁起就对生意产生了兴趣，养过蚯蚓，办过报纸，做过徽章，卖过比萨。从哈佛商学院毕业后在甲骨文公司任职，其间，创办了一家小型网络广告公司 LinkExchange，两年半后以 2.6 亿美元的价格被微软收购。其后开始投资 Zappos，并亲自经营。

行业的服务型企业，因此服务中心的员工[1]被赋予了很多权利，他们有权决定返还的金额，可以决定积分的多少，甚至可以在特殊情况下为顾客安排送货。如果顾客喜欢的商品断货，工作人员会马上为其查询，除此之外，任何问题顾客都可以前来咨询。在 Zappos 公司，虽然没有员工手册，但每个人都接受过严格的培训。

可以说，Zappos 的目的不是卖东西，而是给顾客留下一次难忘的购物体验。

最初的 5 年间，公司的销售业绩并不理想，一直处于亏损状态。作为投资方的红杉资本看不下去了，它要求 Zappos 公司“着眼现实，注重效益”。可谢家华却孤注一掷，变卖了除房屋以外的所有家产，继续向网站增资。

在他的不懈努力下，网站的回头客比率迅速攀升，其中 75% 的营业额都来自这些回头客（行业为 40%），这样就抵消了花在顾客服务和退货服务上的财力物力。更重要的是 Zappos 就不必为开发新客源投入过多成本。

从某种意义上讲，亚马逊刚好秉承着相反的理念，它注重品类齐全，大打价格战，讲究服务的速度。2007 年亚马逊也推出了鞋类产品，且同款产品的价格比 Zappos 低了 10%—30%。然而，这场战争的最后赢家却并非亚马逊，而是 Zappos。

2009 年底，亚马逊以将近 9 亿美元的价格收购了 Zappos，为了学习 Zappos 的文化和竞争力，公司宣布不对 Zappos 的商业形态和品牌做出任何改变。

[1] 被称作“CLT”（Customer Loyalty Team：忠于顾客的服务组）。

乔布斯钟爱的"二次发明"：用"纵向一体化"和"刀片 + 刀架"模式一统天下

乔布斯的"新产品"其实并不"新"

2011 年 10 月 5 日，一颗巨星陨落。时任苹果公司董事长的史蒂夫・乔布斯与世长辞。据说他由于胰腺癌导致了心跳停止，就这样在家中悄然离世。正是这个人，给世界经济带来了巨大的变革。

乔布斯去世当天，苹果公司的市值达到了 3500 亿美元（按照当时的汇率约折合为 27 万亿日元）。乔布斯去世的消息发布后，股价并未发生太大的浮动，仍为 378 美元。

苹果公司的收入主要来自几大产品，这些产品几乎都出自乔布斯之手。2014 年 4 至 7 月间苹果公司的营业额为 374 亿美元，其收入组成请参考下页的图表。

仅仅 3 个月，iPhone 的销量就达到了 3520 万台，iPad 和 iPod 也分别达到了 1330 万台和 292 万台。如今，iTunes 和 Apple Store（占营业总额的 12%）上不仅有音乐，还有各种应用，彻底将全世界的用户和应用开发商连接在了一起。

史蒂夫・乔布斯

乔布斯考入里德学院后只读了一学期便被迫休学，其后靠拾荒度日，在此期间只旁听感兴趣的课程。1974 年，他来到了印度朝圣，因感染痢疾回国休养。他一生参禅问道，在产品和生活上都追求极简风格。他大爱三宅一生的毛衣，曾定制黑色、深绿色毛衣各 100 件。

苹果公司的收入构成（2014 年 4— 7 月）

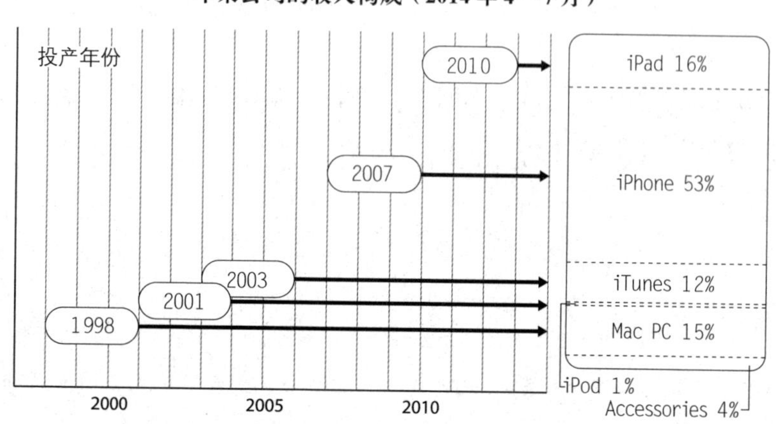

有些人称乔布斯为创造界的天才，是他开创了一个崭新的世界。不过这些新商品并非人们想象中的那么“新”，其实这些商品早就存在。比如平板电脑的鼻祖应该是 1991 年推出的 PenPiont（GO）, 最早的智能手机应该是 1996 年诺基亚开发的 Nokia 9000 Communicator，而 1999 年蓝莓 R–M 也曾引发过一次智能手机的狂潮。

至于数码音乐播放器，以索尼为首的生产商经过了一番混战之后，苹果才姗姗来迟。iTunes 也是如此，早在数年前各大公司就开始用互联网发布音乐。

因此从公司战略上来讲，乔布斯并非在创新，而是旧物升级、二次发明。那么，他如何改变原有产品和商业模式，又因何取得了成功呢？

剑指既存市场，凭借品质取胜

从某种意义上讲，自 iPod 推出以来，苹果公司的策略其实非常简单，即锁定现存的成熟市场，用超高的品质来赢得这场战争。

- iPod：便携式数码音乐播放器市场
- iPhone：手机终端市场
- iPad：PC 市场

例如，iPad 的目标并不是取代电子书，而是取代电脑本身。

2001 年底 iPod 的推出，可以说是苹果公司的转折点。从那时起，苹果公司不仅从电脑产业跨行进入音乐产业，还为后续事业的拓展奠定了坚实的基础。不仅 iPhone，包括 iPad 在内的产品其实都是在 iPod 的基础上诞生的。可以说，iPad 就是大型的 iPod touch，而 iPhone 就是在 iPod touch 上增加了电话功能。

不过，为什么最晚进入数码音乐播放器市场的苹果公司会取得成功？其实关于这个问题的答案就可以写一本书，因此我们无法详叙，至少不能说 iTunes Store[1]（2003 年 4 月—　）的出现才让苹果公司走向了成功。因为在音乐市场上，索尼很早（1999 年 12 月）就推出了 bitmusic（现在改名为 mora）。

其实，iPod 最能体现苹果风，因为乔布斯自己都如此确定，我们当然没必要怀疑。在开发 iPod 时，他曾亲临一线，高声呐喊：“我们要开发出最具苹果风的产品！”

无论是第一代 iPod，还是后来的 nano、classic，圆形控制盘可谓一脉相承。这个最具苹果风的象征正来自公司副总裁的创意。而 iPod 的诞生也凝聚了全体员工的心血。

因此，第一代 iPod 无论在外观设计上，还是在操作性能上都宣告了一个跨时代产品的诞生。

第一代 iPod

用乔布斯的话来说，“iPod 是最具苹果风的产品”。虽然在进军 MP3 市场时较晚，但凭借优异品质和全新理念获得了较高人气。当时公司内部没有相关技术，因此很大程度上借助了外部实力。

[1] 当时为 iTunes Music Store，现在更名为 iTunes Store。

乔布斯对所有的苹果产品，尤其在外观品质上都有着近乎苛刻的要求。在开设苹果专卖店时，从货架的材质到门的设计他都力臻完美。据说光是门把手就换了几十种，他不管员工的抱怨，也不顾卖家的白眼，甚至连肉眼看不出的歪扭也要求必须改正。当然乔布斯有他的理由，“你没尽心，顾客就会伤心”。苹果公司的前任副总裁前刀祯明把它称为乔布斯哲学，这种哲学体现了对顾客的最大尊敬。

不过我想，凡事没尽心，顾客不见得会伤心，但乔布斯一定会不甘心。不管是产品还是店面，不达到尽善尽美，乔布斯绝不会让它展现在顾客面前。

简单来说，他否定的不是以往的商品，而是以往的品质。乔布斯正是找准了问题的原因，才收获了巨大的成功。

充分利用外部资源，向“非 Mac 粉”发起攻坚战

iPod 是苹果公司通过开放式创新取得成功的一款产品。

当时，苹果公司既没有音乐相关的技术，更没有能主持该项目的负责人。因此在接受他人的建议后，苹果公司从外部引进了相关技术以及项目负责人。此外，苹果公司在销售方面尽力拓宽渠道，不仅与全球最大的家电零售企业 Best Buy 进行合作，在它的所有店铺内进行销售，也利用互联网和电话大力促销。

iPod 从揽客道具变成诱导工具

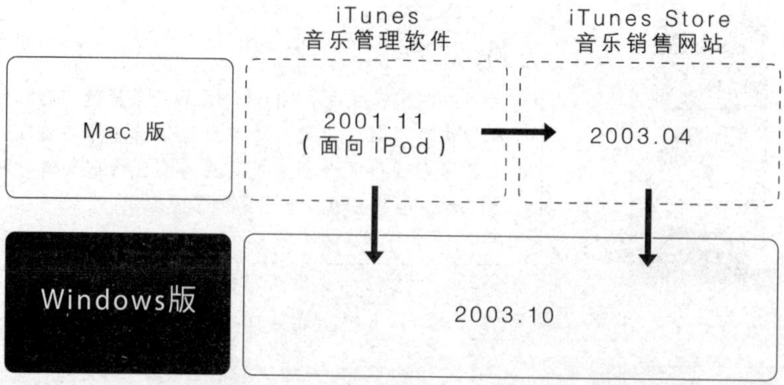

iTunes
音乐管理软件

iTunes Store
音乐销售网站

Mac 版

2001.11
（面向 iPod）

2003.04

Windows版

2003.10

而以乔布斯为首的内部员工，则把精力都集中在了设计和软件上。在大家的努力下，集设计美观、操作简便于一体的 iPod 终于与世人见面了。

不过，作为 Mac 专用的音乐工具，第一代 iPod 的销售情况并不乐观。2002 年 8 月，第二代 iPod 宣布问世，虽然趁着圣诞节热销了一段时间，但开年后销售便一蹶不振。

2003 年 4 月，苹果公司发布了 iTunes Store。它贴近用户，使用上也比索尼推出的 bitmusic（1999—2007）更为简便。不过在当时，每月的销售量仅为 10 万台。因为 iTunes Store 最初只针对北美的 Mac 用户，所以 iPod 只不过是 Mac 吸引顾客的道具。

不过半年后，iTunes Store 又推出了 Windows 版本，此后销售情况发生了翻天覆地的变化。许多非 Mac 用户也前来购买，月销售量一下子提高了 3 倍。结果，iPod 提高了苹果用户数量的同时，也让更多人对 Mac 产生了兴趣。[1]

这也许才是乔布斯的真正目的吧，君子豹变。

当然君子豹变在这里并不是贬义。君子豹变是中国的一句成语，它的本意为“君子应豹变”。也就是说，君子不应因循守旧、束缚自己，在必要的时刻应做出大胆的改变，像豹纹一样有（视觉）冲击力。

乔布斯的变革（一）：从水平分工到纵向一体

乔布斯没有被以往的业界常识束缚住。

当时，在电子产品领域，商业模式已经由纵向一体化演变为水平分工，这在业界几乎成了共识。可乔布斯却偏不信邪。

例如，iMac——乔布斯回归苹果后的首秀产品，靠的就是自力更生。当时，公司的资金极为紧张，可乔布斯却坚持独立开发软件和处理器。然而，市场上几

[1] iTunes 主要是针对 Mac 设计的，因此在 Mac 上功能更为强大，处理速度也较快（与 Windows 版相比）。

乎所有公司都会采用微软的软件和英特尔的处理器。

"这么做到底出于什么目的？"有人表示不解。

乔布斯答道："如果你想设计出一款既被消费者认可，又个性十足、独具魅力的电脑，你就必须掌控所有环节！"

苹果专卖店也是如此。当初，苹果公司决定开设兼具展厅功能的专卖店时，一些评论人士纷纷摇头，他们认为钱应该花在刀刃上。然而乔布斯并未动摇。

"既然是自己品牌的宣传武器，怎么能够交给别人！"

苹果也曾放弃过对处理器的自行研发，比如 2010 年公开发售的 iPad，其中搭载的 A4 处理器就是将不同厂家的芯片用自己的技术进行了叠层封装（POP：Package-On-Package）。而 2012 年 iPhone5 中搭载的 A6 处理器，核心组件就改为了自行研发。[1]

为了在软件方面不陷入被动，苹果大都采用开放式软件或自行研发的软件。苹果公司希望借此真正做到"重要环节，一一掌控"。

乔布斯的变革（二）：从因地而异到平台统一

在产品战略上，苹果公司为什么会有如此大的优势？我想，这正是由于苹果公司的产线较少且每条产线上的种类相对单一。虽然 iPod 在颜色和款式稍有差别，但 iPhone 和 iPad 可以说"千篇一律"，款式就一两种，仅外壳（黑或白）和容量（16GB、32GB、64GB 等）有少许差异。其实，容量上的差异只不过是组装时采用了不同的内存卡，从工序上讲没多花一分精力。另外从功能上讲，上一代产品和下一代产品虽然存在差异，但操作系统相同，从本质上说是大同小异。

当时，行业内普遍认为，手机的功能必须与运营商、国家、手机类型相适应。[2] 因此软件企业为了让同一款软件或应用（APP）在不同手机上正常使用，

[1] 后来，处理器全部由英特尔提供，因此 Mac 也可使用 Windows 系统了。

[2] 在日本，通信公司对手机终端的开发实行了统一管理，因此软件和服务都可以应用。

就要投入巨大的成本和精力，但如此大的投入往往得不偿失。因此对软件和应用开发商来说，在如此混乱的手机市场中很难实现盈利。

不过，这一切却被 iPhone 颠覆了。

不管你在哪里、不管运营商有何差异，iPhone 手机的操作系统唯一，字体统一，尺寸均一，甚至连系统更新的时间也整齐划一。

因此，对软件开发商来说，这个统一的大平台极具魅力。

但其他智能手机却做不到这一点。例如安卓就选择了另一条路——持续的版本升级。而一旦升级，过去的终端大都惨遭遗弃。

比如，针对苹果手机，软件开发商们只要瞄准 iOS 的最新版本便万事大吉。而安卓系统有 2.3、4.03、4.1、4.2、4.3、4.4 等多种版本。开发商为了让同一款软件在不同版本上正常运行，在设计、试验上投入的财力、物力绝不容小觑。

"软件有魅力，终端产品就更有魅力"，任天堂的营销哲学被运用到了手机产品的世界里。

iPhone 的商业模式创新

	以往	iPhone	
顾客	全体	高端人士	·高价格高品质
价值提供	因地而异	世界同一平台	·减少种类 ·通用 OS
盈利模式	"刀片＋刀架"模式	"逆刀片＋刀架"模式	·硬件昂贵 ·软件低价或免费
竞争力	水平分工	纵向一体	·自主研发处理器 ·苹果专卖店 ·自主研发主要 APP

乔布斯的变革（三）：从“刀片 + 刀架”模式到“逆刀片 + 刀架”模式

乔布斯又一次打破了业界常识，他采取了高价销售硬件，低价提供服务和软件的盈利模式，大胆否定了“刀片 + 刀架”这一制造业的传统模式。

其中，第一代 iPod 的售价为 399 美元，比同类产品高了一倍。不过 iTunes Store 上音乐和软件的售价仅为 100 日元，比其他公司低了一半。

另外，iPhone 的毛利极高，大约为 49%—58%，且每年的销量达到了几千万台，因此，苹果公司的市值一下子高居世界榜首。其实，苹果只要维持住硬件的魅力，即便免费提供音乐服务也没有关系。

2013 年起苹果公司大力推行免费政策。为此，先后于 9、10 两月公开宣布免费提供 Mac 的操作系统 OSX（相当于 Windows）和应用软件 iWorks（相当于 MS office）。以往购买这些产品要花费 8000 日元，[1] 而现在却分文不取。

9 月，苹果公司发布 iOS 7 时宣布免费提供相应的 iWorks，而 10 月，发布 OSX 10.9 时再次宣布免费提供相应的 iWorks。通过免费的 iCloud（互联网上的数据保管）服务就可以实现两者的无缝对接。

对软件开发商来说：三大阵营各自 OS 的价值

	苹果	微软	谷歌
智能手机	iOS	Windows Phone	Android
平板电脑	iOS	Windows（收费）	Android
普通电脑	OSX	Windows（收费）	Google Chrome OS
价值提供	基本为统一平台（PC 市场占有率低）	PC 的市场占有率高 PC 和平板电脑统合在了一起（segmetation）	智能手机的市场占有率高（segmetation）（PC 未被统合在一起）

[1] 之前购买 iWorks 的 pages、numbers、keynote 以及 OSX 时各需支付 2000 日元。

谷歌为了应对苹果的此番动作，于 2013 年 9 月宣布免费提供针对智能手机的办公软件 quick office。为了让安卓系统更具魅力，谷歌继续拓展着它的免费范围。

10 月微软指出 iWork 华而不实，就算免费也不是 MS office 的对手。[1]的确，iWorks 并非专业的办公软件。

不过，操作系统上的免费升级，对微软来说却是个难题。但对企业用户和软件开发商来说却是天大的好消息。

因为针对苹果的操作系统，软件开发商只要瞄准 OSX 的最新版本即可。但针对微软公司的操作系统 Windows，既要考虑 Windows XP，又要考虑 Windows 7、8 以及 8.1。

因此，苹果的操作系统免费战略彻底解决了“Segmetation Fault”的问题，对软件开发商来说，大大增加了硬件（平台）的吸引力。

为了创新的独裁式管理体系

1997 年，时隔 11 年后乔布斯再次回到苹果公司，他上任后的第一件事可以用“精简”二字概括。无论是产品、业务，还是人员都做了精简处理。仅电脑种类就由原来的 60 种被精简到了 1 种（3 款）。

起初，得知传说中的乔布斯回到公司，大家还满心欢喜，结果这种心情瞬间变成了恐惧。以前，许多人把这份工作看成是自由、快乐的吃饭工具，不过乔布斯的到来让那个时代彻底远去。很多混饭吃的员工陆续被解聘，公司对员工的要求也越来越高。员工如果不能回答出自己的岗位职责就会被立即解聘。在乔布斯的高压政策下，短短一年的时间，一个散漫的公司发生了巨变，人人都充满紧迫感，人人都为公司加班卖力。

乔布斯可谓名副其实的“独裁者”，他认为在管理岗位上就要独断专行，为

[1] 2014 年 3 月微软的新任总裁萨提亚·纳德拉宣布对 MS Office 的 iPad 版本（仅限阅读功能）和智能手机版本全面实行免费。

此还告诉部下："凡事只要听话照办，一切责任由我承担！"

不过，随着 iMac 大获成功，以及他对于问题的清晰判断，对组织的有效整理，人们对乔布斯不再是"恐惧"而是"敬畏"。"在他的带领下苹果公司将改变世界，而我正是其中一员！"对员工来说，这份荣耀和价值就是最大的财富。

乔布斯就是这样一个既傲慢又神秘，却让苹果公司闪耀于世的独裁者。

公司驶入正轨后，他继续推行精简政策。用他的话来说，"敢于舍弃才有赢的可能"。为了开发一款好产品、推出一项好服务，公司需要花费大量物力、财力，经营者（乔布斯）需要投入大量时间、精力。因此在设计产品时不可能采纳所有好的创意，想要成功就必须懂得舍弃。

他极力精简，对产线、对种类、对款式都一简到底。不过正是他的这一举措，顾客才感受到了产品上质的飞跃。

iPod 在参与 MP3 的市场竞争时也是如此。当时，韩国、日本的制造商企图在高性能低价格上一较高低，可苹果公司既没技术也没名气，在这种情况下几乎没人觉得苹果有戏。可是乔布斯却坚持认为苹果公司可以生产出更好的产品。

iPod 项目确定后，苹果从公司内外召集了几十名业界精英，同时举全公司之力支持这一项目顺利进行，结果短短几个月 iPod 就与世人见面了。2001 年 10 月 23 日，这是一个有纪念意义的日子，恰巧当天又赶上了美国的圣诞促销。

恐怕哪本经营管理类图书也不会告诉你："做一名独裁者！"，"员工如果不能立即回答出岗位职责就将其解聘"，"要否定部下的好创意"。然而苹果公司却剑走偏锋，奇迹般地踏上了发展之路。

苹果手机到来，数码相机下台

1995 年卡西欧公司推出了首款内置 LCD 屏的数码相机（QV-10），此后在世界范围内掀起了一场数码相机的热销风暴。截至 2008 年，数码相机的销售业绩一路飙升，当年世界范围内紧凑型数码相机的销售数量高达 1.1 亿台，营业额达到了 1.6 万亿日元。可换镜头型数码相机的销售数量也达到了 1000 万台，营业额超过了 5000 亿日元。其中 90% 的数码相机均为日本品牌，因此数码相机市场也被人们称作日本电子产品的最后根据地。

不过，2008 年以后，紧凑型数码相机的价格一落千丈，甚至跌破了 1 万日元。从 2012 年起，销售数量一路下滑，到了 2013 年，销售数量已缩减至 2008 年的 40%，营业额缩减至 30%。[1]预计 2014 年数码相机市场会进一步缩水，缩水率恐怕会超过 20%。

原因就在于智能手机。众所周知，iPhone 等智能手机均配有相机功能，而这种功能在 2008 年前后有了大幅度提升。虽然当时手机上的镜头还不能进行光学变焦，但像素和画质却比之前有了较大的进步，此外还增加了防抖功能。与此同时，智能手机屏幕的清晰度和互联网功能远优于数码相机，且购买手机时，运营商还会给予消费者一定的补贴。

此外，大多数人照相的主要目的无外乎是发帖、留念，这时候手机上的相机功能完全可以满足人们的需求。因此，奥林巴斯、富士、卡西欧等厂家陆续将低价相机撤下产线。

数码相机的市场变迁

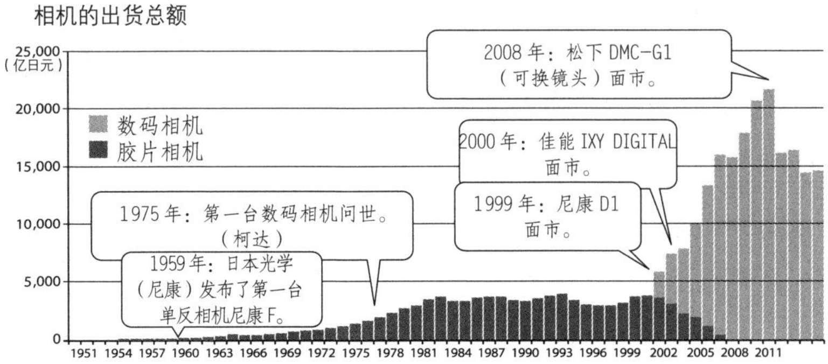

该图表由三谷根据 HP 对“数码相机的比较调查”制作而成。

[1] 2013 年，紧凑型数码相机的出口总数为 4571 万台（4902 亿日元），可换镜头型数码相机的出口总数为 1713 万台（6783 亿日元）（根据 CIPA 的调查结果）。

iPad 的出现与 PC 市场的改变

乔布斯的另一杰作 iPad 也给电脑市场狠狠地踩了一脚刹车。

截至互联网泡沫破裂的 2001 年底，电脑市场连续 10 年保持了 11% 的平均增长率。在微软和英特尔的努力下，台式电脑和手提电脑年销售量共计 3.5 亿台。不过这都已成往事。

2010 年，以 iPad 为首的平板电脑销量达到了 1600 万台，3 年后的 2013 年，销量翻升 14 倍达到了 2.4 亿台，超过了手提电脑的 1.8 亿台和台式电脑的 1.4 亿台。

PC 市场的增长态势戛然而止，预计今后这两种电脑的销量会维持在 3 亿台左右。因此很多电脑厂商都深感危机。

2003 至 2005 年期间，戴尔公司的电脑销量高居世界榜首，却先后于 2007 年和 2011 年被惠普和联想（2005 年收购 IBM 的电脑业务）赶超，业绩一路低迷。进军智能手机市场不幸失利，进军平板电脑市场又误了时机，苹果掀起的一系列产品狂潮，戴尔全部望尘莫及。

无奈之下，戴尔电脑的创始人迈克尔·戴尔决定改变原有的商业模式。他选择了让公司退市。2013 年他以 249 亿美元的价格收购了戴尔公司，进入私有化经营。他再次拾起自己的信条，让速度成就一切。

2014 年，戴尔公司成立 30 周年。这一年是戴尔的分水岭，因为它要从一个从事生产、销售的电脑制造商转身成为一个提供解决方案的服务提供商。其实这个市场竞争也十分激烈。

当然，我们还是期待用直销模式改变了电脑市场的迈克尔·戴尔能再一次掀起新的商业革命。

不过，虽然苹果公司让数码相机下台，让戴尔电脑撤退，但它并非高枕无忧。高通的存在，让苹果如鲠在喉。那么高通究竟拥有什么秘密武器呢？依我来看，这个武器并非它的品质和服务，而是它的知识产权。

“专利技术服务商”高通和“纵向一体制造商”英特尔将苹果逼到了悬崖边

“知”产才是竞争力的源泉

马克·布莱克希尔（Mark Blaxill）和拉尔夫·埃克尔斯（Ralph Eckardt，1965— ）都曾在波士顿咨询公司担任过要职，两人从公司辞职后又都从事过知识产权的研究工作，2009 年二人共同出版了一本书，书名为《看不见的边缘》（*The Invisible Edge*）。

在这本书中，他们将专利、商标等知识产权比作利刃，并指出知识产权才是竞争力的源泉。

- 蒸汽机的发明人詹姆斯·瓦特（James Watt，1736—1819）曾在 37 岁时遭受过事业的失败、妻子的离世，还背负了 2 亿日元的债务。而挽救他的正是英国推行的专利制度（第 913 号发明专利）

The Invisible Edge: Taking Your Strategy to the Next Level Using Intellectual Property（2009）
Mark Blaxill，Ralph Eckardt

• “老虎”伍兹之所以能在 2000 年取得惊人的成绩，恐怕也离不开普利司通公司研发的高尔夫球。当时，高尔夫用品的龙头企业 Titleist 见势紧随其后，虽大获成功却因涉嫌侵权向普利司通支付了 1.5 亿美元的罚金

• 吉列的“锋速”系列产品拥有 30 多种专利。在这些专利的保护下，吉列凭借顺滑的剃须感和清洗的简便性保持了高水平盈利[1]

• 丰田在知识产权方面，与美国企业的做法截然不同。它和供应商并非敌对关系，而是强化彼此间的联系，借此加快投资步伐，促进产业创新

• Facebook 在知识产权方面也略胜一筹。它以 20 万美元的价格买下了门户网站 facebook.com，还为“News Feed”和“social timeline”等功能申请了专利。其后又以 4000 万美元的价格购买了 Friendster 的主要专利

用埃克尔斯的话来说：“其他再好，如果在知识产权上输了，你就是输了，更别谈什么盈利！”

高通：只做芯片，不做手机

2013 年，全球智能手机的总销量超过了 10 亿部，是电脑的 3 倍。预计到 2017 年智能手机的总销量将达到 20 亿部。从目前来看，大部分手机（80%）都使用了谷歌的安卓系统，不过谁才是其中最大的赢家呢？

其实，谷歌的直接收益为零，手机制造商的收益也并不高。当然，手机销量的大增，对运营商、游戏开发商、销售企业都有帮助。

但他们的收益都远比不上一家企业，这家企业就是高通公司（1985—　）。2013 年高通公司的营业额达到了 250 亿美元，利润高达 72 亿美元（利润率为 29%）。公司的市值接近 1300 亿美元，足可以与英特尔匹敌。而它的优势就在于“无线电通信技术”。

[1] 人们说它“比印钞还有赚头”。顺便说一下，印 1 美元所花费的成本为 10 美分。

海蒂·拉玛

好莱坞明星、发明家。生于维也纳，经历过 6 次婚姻，出演过 30 多部影片。对鱼雷的无线电控制技术备感兴趣，发明了抗干扰的“频率跳变”装置，1942 年申请了专利。她的名言为“电影只能红极一时，名噪一地，但技术是永恒的”，被人称为“无线通信之母”。

当前，世界上广泛使用的CDMA通信技术[1]，它的原型来自一位美艳的好莱坞影星——海蒂·拉玛（Hedy Lamarr，1914—2000）。在当时海蒂·拉玛为这项技术申请的专利名称为“保密通信系统”，因作为军队的高级机密一直未被公开，当然她也没能获得应有的报酬，然而这一专利却为无线电通信技术的产生奠定了基础。

不过今天，高通却牢牢掌握住了 CDMA 以及下一代 LTE 的绝大多数专利。CDMA 手机的处理器（芯片）几乎都来自高通，而智能手机的处理器也有一半来自高通。尽管两家最大的手机厂商苹果（全部机型）和三星（高端机型）都有自行研发的处理器。另外，英特尔虽然是电脑处理器的王者，这里却丝毫见不到它的踪迹。

高通公司目前并不生产手机。1999 年，高通决定不再生产手机，于是将该业务卖给了京瓷。此后高通公司专注于技术研发，通过专利权使用费以及芯片的销售实现了盈利。为了成为下一代通信方式的行业标准，公司特地成立了一个强有力的团队，专门从事技术开发、专利申请和讼诉等相关事宜。

高通不仅依靠它的技术实力，还通过向手机厂商提供服务来加快自身的发展。

目前，高速成长的智能手机市场中，低价格区间（5000—10000 日元）的产

[1] Code Division Multiple Access（码分多址 CDMA）。

品高达一半，而这些产品几乎都来自中国的手机厂商。

其中高通功不可没。这些手机厂商利用高通发布的 QRD（Qualcomm Reference Design）平台方案，极大缩短了设计时间，节约了设计和研发成本。

根据高通公司在参考设计中指定的驱动和应用，手机厂商只需进行组装，就可以做出一部像模像样的手机。对手机厂商来说，采用了 QRD 平台，不仅缩短了开发周期、降低了研发费用，申请安卓认证时，还能得到高通公司的大力支持。

高通的商业模式，涵盖了以下两大部分。

- 采用了知识产权模式，可以说将 IBM 的水平分工发展到了极致
- 采用了伽斯柏所提倡的“BaaS”商业服务化模式

Eckardt 将高通称为“鲨鱼企业”，不向前游，就会死掉。因此为了生存，高通必须在创新的海洋中不断前行。不过前方的海水究竟是什么颜色呢？蓝色，红色，还是……

苹果、三星、高通，全部采用 ARM 技术

然而，在智能手机市场中真正将英特尔打败的其实并非高通。无论是苹果自行研发的“A 系列”处理器，还是三星的“Exynos”处理器，抑或是高通的“骁

采用 ARM 处理器的商品

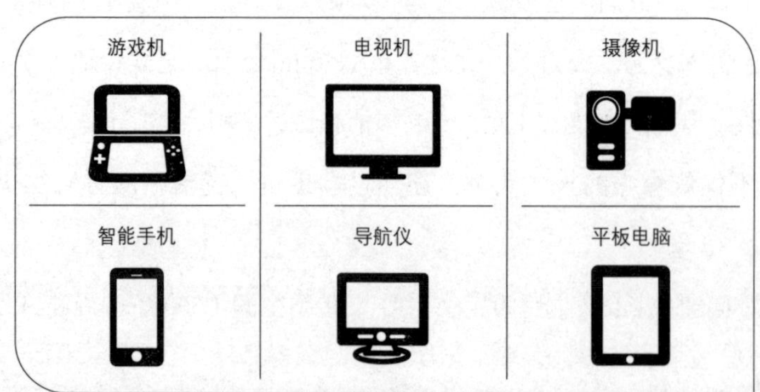

龙”处理器的技术均来自同一家公司，这家公司就是ARM公司，因“ARM构架”闻名于世。

最初艾康电脑公司（英国）也是一家为办公类产品设计处理器的生产厂家，后来借为苹果公司的Apple Newton设计处理器之机，成功转型为便携式产品处理器的生产厂家。1990年，艾康电脑公司获得苹果公司的投资后，正式更名为ARM公司，此后将研究重点转向了便携式产品处理器，在减少能耗方面投入了大量精力。

对便携式产品来说，英特尔的处理器过于笨重，且价格不菲。而便携式产品并不需要如此高性能的处理器，它们更关心耗电量的高低。因此ARM构架处理器被广泛应用于家电产品（机器人吸尘器Roomba）、玩具（GAMEBOY ADVANCE）、音乐播放器（iPod）以及各类手机等便携式产品，目前ARM处理器在便携式产品上的市场占有率已经达到了75%。

不过，ARM公司只出售处理器的核心设计模块（IP core）而不直接生产处理器。各大芯片厂商只需以ARM公司提供的IP核为基础适当地增加些外围电路，就可以制造出相应的处理器。这种处理器被称为ARM通用处理器，因为它在能耗方面的出色表现，几乎覆盖了整个便携式产品市场。

2013年ARM公司的营业收入达到了7亿英镑（约合1200亿日元），税前利润高达3.6亿英镑（约合620亿日元），利润率超过50%。就这样，ARM公司成为一家名副其实的高盈利企业。

英特尔，陷入了创新者的窘境

英特尔公司，在电脑处理器市场稳坐头把交椅，却没把手机市场“放在眼里”。当然其中有两方面原因，一是手机芯片市场高通一手遮天，另一方面英特尔处理器用于其他产品时，性能的确过高。

不过，随着智能手机的迅猛发展，市场需求也转向了高性能、低能耗的处理器。然而此时英特尔却没有相关技术来满足市场需求，于是只好眼巴巴地看着高通独自享用这份“美食”。

此后，英特尔改良了一款名为 Atom（2008— ）的处理器，这款处理器的能耗相对较低。进入智能手机市场前，英特尔虽有所觉悟，但市场份额却太过可怜，仅徘徊在 1%。英特尔希望打破这一僵局，于是携手三星和 NTT DOCOMO 共同推出了一款全新的操作系统“TIZEN”，不过 NTT DOCOMO 却中途宣布退出，让英特尔再次遭受了巨大打击。

英特尔面对的正是创新者的窘境。英特尔公司是电脑行业的创新者，在电脑行业获得成功后，便全心全意为电脑用户服务，因此不想在低性能、小规模的便携式产品上花费额外的精力。此外，为了与对手拉开差距，英特尔公司在制造技术潜心研究，拥有大批高端生产设备。可以说，英特尔正是采用了这种为顾客着想的纵向一体化模式，才获得了成功。

不过，世间变幻莫测，尤其是智能手机的兴起，让便携式产品的市场规模迅速膨胀（销售数量超过了电脑的 3 倍），[1] 英特尔最终还是败给了 ARM、高通以及参与水平分工的半导体企业。

英特尔和苹果、创新者的窘境

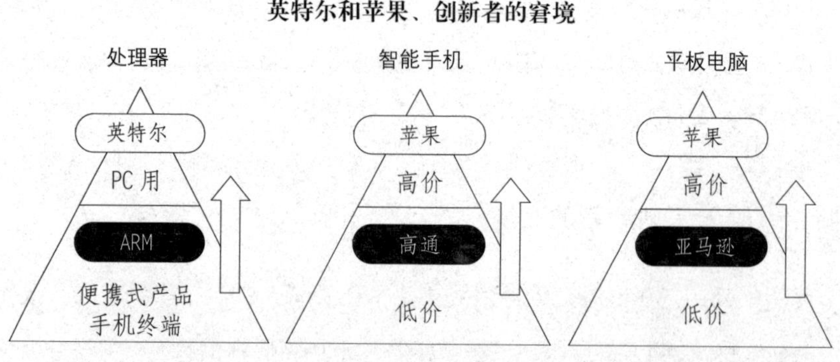

[1] 2013 年，电脑销量达到 3 亿台，智能手机销量达到 10 亿台。而 2007 年，两种商品的销量分别为 2.6 亿台、1.2 亿台。

当然，战斗还没有结束。面对那些凭借知识产权盈利的企业，英特尔会如何进行反击？2013 年，Atom 的销量未增、亏损依旧，但面向云数据中心和平板电脑的处理器销量却有所上升。目前公司的营业额较上一年下降了 1%，为 527 亿美元；利润较上一年下降了 16%，为 123 亿美元。

苹果：深陷“纵向一体化”泥潭

苹果因 iPhone 和 iPad 两大高端产品取得了巨大成功，不过高度的纵向一体化模式（从研发芯片到销售）又让它对低端的智能手机和平板电脑市场无暇顾及。因为恐怕连苹果也未曾想到，这种高度的“纵向一体化”（从研发芯片到销售）模式和“逆刀片 + 刀架”（用硬件盈利）模式能让它获得如此高额的收益。

虽然苹果公司无暇顾及低端市场，但高通公司却通过专利授权始终坐享收益。另外亚马逊也是一大劲敌，而且它对自己开发的平板电脑（kindle fire）是否赚钱并不在意。

假如有一天苹果公司倒下了，一定不是因为目前的劲敌三星。我想，iPhone 有可能是败给了高通的 QRD，iPad 有可能是败给了亚马逊的 kindle fire。还有一个原因，那就是苹果公司陷入了创新者的窘境。

目前在智能手机领域，三星的市场份额最高，为了避免陷入同样的窘境，三星积极参与低端智能手机市场，同时加强外部合作，其中就包括拥有 1 亿 4000 万用户的 PayPal。

2014 年 4 月三星发布的最新款智能手机“Galaxy S5”，采用了和苹果一样的指纹认证系统，借此拉近了同 PayPal 的合作关系。凡是 PayPal 用户，只要在这款手机上轻轻一触就能轻松完成支付。

“频率跳变”的发明让海蒂・拉玛——“无线通信之母”的美名永世流传。如今，企业要通过怎样的竞争协作才会拥有长期优势，实现永续发展呢？

科斯定理与乔伊法则

根据科斯定理，企业规模会因IT产业逐渐缩小

1931至1932年间，一名年轻的英国经济学家罗纳德·科斯（Ronald Coase，1910—2013）赴美考察福特和通用等巨型工厂时发出了这样的疑问：

“为什么要有企业？”

“没有企业，只有个人和市场不行吗？”

在我们的周围，只要有市场，几乎可以买到一切。为什么资本家偏偏要建一个企业，把诸多要素集中在企业里呢？

关于这个问题，科斯在他《企业的性质》（1937）一书中给出了明确回答（后来成为科斯理论）。

对于一个企业，只要所需物品的内部生产成本[1]低于外部采购成本，它的规模就会不断扩大。

的确，福特之所以建设胭脂河工厂，采取纵向一体化模式，正是由于外部的采购成本高、供应量低。之后科斯又出版了一本专著《社会成本问题》（1960）。1991年，他因贡献突出被授予了诺贝尔经济学奖。

罗纳德·科斯

出生于英国伦敦。41岁取得博士学位后移居美国。作为一名经济学家，他的论文数量并不多，但由于阐明了经济学领域从未涉及的问题，于1991年获得诺贝尔经济学奖。

[1] 使用某种应用，采购某些物品的成本和风险。

就在那时，与福特相反的例子越来越多。

因为互联网的出现，各种服务的交易成本迅速降低，企业规模也开始逐渐缩小。

尤其是重复性高、人工费贵的工作都实行了委外加工。另外IBM和埃森哲等全球性企业提供的优质外包服务，也加快了这一趋势的进程。

IT相关的外包业务大都集中在中国台湾、印度，生产相关的外包业务大都集中在中国、东南亚，客服中心大都集中在印度、中国和爱尔兰，国际化水平分工取得了迅猛发展。

而留在企业内部的只有那些特殊的、新式的业务。当然，这也符合科斯定理。

乔伊法则

与科斯处于同一时代的另一位诺贝尔经济学奖得主弗里德里希·哈耶克（Friedrich August von Hayek，1899—1992）也从其他角度阐述了企业组织的问题。

他在《知识在社会中的运用》（1945）一书中强调知识散布于不同人群，因此在固定的组织中我们无法得到分散的知识，唯有自由市场才能实现这一诉求。

45年后，Sun Microsystems公司的联合创始人比尔·乔伊（William Nelson Joy，1954— ）总结出如下法则：

乔伊三大法则

1. 聪明的员工不干活
2. 大部分绝顶聪明的员工不为自己公司干活
3. 因此创新都出现在外面（公司的外部）

也就是说，越是承担着特殊性创新性工作的优秀人才，企业越养不住。

其实乔伊就是想告诉大家“要防止人才外流”！结果呢，这样的事情偏偏就发生在了他的公司。

这要怎么办?

所以企业要创新，就必须和外部的人才建立起合作关系!

企业不将自己敞开，不实现互联互通，最后必定是死路一条。当然，前提是科斯定理、乔伊法则以及哈耶克的主张正确。

对此，企业方面宝洁和谷歌给出了它们的答案，个人方面《长尾理论》《免费》的作者克里斯·安德森也阐述了自己的意见。

比尔·乔伊

20 世纪 70 至 80 年代程序界的传奇人物。1982 年受邀共同创立了 Sun Microsystems 公司，并担任首席科学家。2003 年从公司辞职。如今从事风险投资的同时，呼吁人们关注科技给社会带来的负面问题。

kl(r)aʊd 和 makers 预示的未来，"超分散网络模式"让"小个子"各尽其才

亚马逊的"云系统"降低了创业门槛

英特尔之所以能够在业绩上不断攀升，恐怕离不开"kl(r)aʊd service"，而这里所说的"kl(r)aʊd"就是指英文单词中的"cloud"（云）。之所以称为"云"，主要是因为我们在保存或计算数据时，其实并不在我们的电脑里，而是在遥远的云端（互联网上）进行。这便是最近我们常会听到的"云系统"，由此提供的服务（免费或计量收费）就是云服务。

例如，谷歌等搜索引擎就属于典型的云服务。当我们进行搜索时，客户端（电脑、手机等）仅作为输入检索词和显示结果的设备，而数据的储存、检索的运算、显示结果的准备过程都在谷歌的数百万台服务器中进行。

再例如 Gmail、Yahoo mail（网页邮件），Facebook、Amazon 等网页应用（借助浏览器运行），Evernote、Dropbox 等移动应用（独立运行）都是面向消费者的云服务。

当然，除了面向消费者，面向企业用户的云服务也取得了相应发展。Salesforce.com（1999— ）作为一家客户关系管理软件的提供商率先为全球的企业用户提供了云端软件应用及开放平台。而亚马逊的云服务（AWS：Amazon Web Services）原本是亚马逊为了推动自己公司的电子商务而构建起来的大型平台，2006 年起该平台对外开放，成功将自己平台上的电脑运算能力和数据储存能力变成了一种商品，开辟了一条新的盈利途径。

由于该项服务具有速度快、价格低、品质高、可按需使用（计量收费）、可

升级拓展等一系列特点，一时间人气爆棚，销售额也蹿升至数千亿日元。

其后，虽然谷歌、微软、IBM、惠普、甲骨文等大型IT公司都参与其中，不过就目前来讲依然由亚马逊独占鳌头。GE、辉瑞、Twitter、Dropbox、NASDAQ、CIA、NASA、Cookpad[1]等许多知名企业也都成为了AWS的客户。

虽然亚马逊的客户中有许多知名企业，但它并没有无视小企业的存在，相反还通过云服务大力推动着小企业的发展。在过去对小企业而言，花如此少的钱（计量收费）便可以享受如此快速、高品质、可升级拓展的服务，简直是白日做梦。日本的Coiney公司就是在这个平台上发展起来的。

2013年末，亚马逊又向新兴企业推出了"AWS Activate"项目（中文名称为"AWS云创计划"）。其中既包括AWS的免费使用，也包括来自AWS技术专家的免费指导。

随着AWS等云服务的出现，创业的门槛一下子变低了。

AWS的产品与服务

数据库	服务间	部署和管理
Dynamo DB Elasti Cache RDS Redshift	Support Marketplace Management Console SDK IDE CLI	CloudFormation CloudWatch Data Pipeline Elastic Beanstalk IAM Ops Works Cloud HSM
存储和内容传输	**计算和网络**	**应用程序服务**
S3 EBS Cloud Front Glacier Storage Gateway Import Export	EC2 VPC ELB Auto Scaling Elastic Map Reduce Direct Connect Route 53	Cloud Search Elastic Transcoder, SES SNS SWF

[1] 2011年，Cookpad网站全部使用AWS。这样就容易应对情人节的流量高峰，也便于导入新服务。

“众筹”：让消费者变成了投资人

对于初创企业，如果 IT 基础设施是它们的小难关，那么人才和资金就是它们的大难关。而“kl(r)aʊd”正是这些企业的通关法宝，不过这里读音同为“kl(r)aʊd”的单词不再是“cloud”（云），而是“crowd”（大众）。

19 世纪，自由女神像在建造过程中，由于资金紧缺无法继续。在媒体人约瑟夫·普利策（Joseph Pulitzer，1867—1911）的呼吁下，12.5 万人参与了募捐，最终筹集到了 10 万美元（每人平均 80 美分）。可以说，正是群众的力量自由女神像才得以展现在世人面前。

日本的奈良药师寺，曾一度毁于战火，唯有东塔残存。在第 127 任管主高田好胤（1924—1998）的号召下，百姓抄写佛经，每人供奉 1000 日元，以求寺庙重生。可以说，也正是大众的力量奈良药师寺才得以重建。

简单来说，借助互联网，向大众募资的行为即为“众筹”（crowdfunding）。

在过去，某些音乐人及电影制片人为了发行专辑和影片，曾采取过“众筹”形式。目前，众筹平台不仅数量众多，而且种类繁多。

- 特权型：Kickstarter、Readyfor? 、Campfire

Kickstarter 的项目之一：Pebble

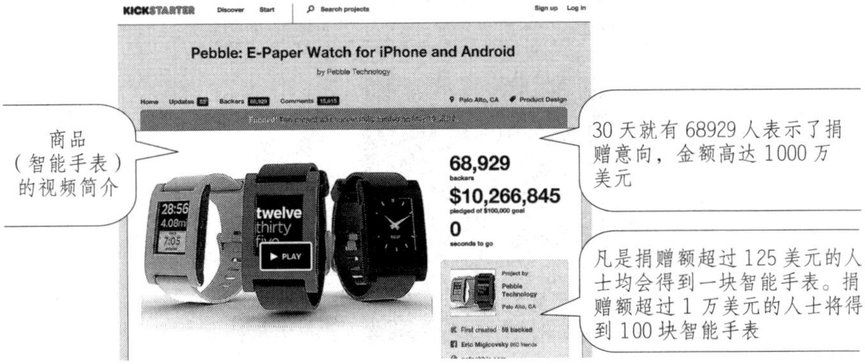

商品（智能手表）的视频简介

30 天就有 68929 人表示了捐赠意向，金额高达 1000 万美元

凡是捐赠额超过 125 美元的人士均会得到一块智能手表。捐赠额超过 1 万美元的人士将得到 100 块智能手表

- 慈善型：Crowdrise、Justgiving、Kiva
- 借贷型：Lending Club、maneo、AQUSH
- 投资型：Crowdcube、日本 Crowd 证券、securite

…………

所谓特权型就是指筹资方给予投资人的回报不是金钱，而是“一封信”“一个限量产品”或者“一次特别体验”等，这些产品（或者服务）只有投资人才有权享受。

Kickstarter 作为众筹网站的老牌企业（成立于 2009 年），筹资项目达到了 13 万件，其中将近 6 万件达到了目标金额，[1]筹资的总金额达到了 10 亿美元，项目的成功率达到了 44%，平均每个项目的筹集金额为 17500 美元。

Alex Andon 就曾经在 Kickstarter 筹集到了启动资金。

在维尔京群岛的周围生活着一种水母，这种水母极其美丽，有一个 10 多岁的少年为之心醉，这个少年名叫 Alex Andon。大学毕业后，他就职于一家生物企业，成为一名技术人员。两年后，他毅然辞职，开始了创业之旅，而创业的商品正是让他陶醉多年的水母。之所以选择水母，他的理由很简单，那就是水族馆中

Kickstarter 的项目之一水母箱

水母箱（500 美元）
捐赠额超过 350 美元的人士将得到一套水母箱

目标金额的 53 倍，共筹集到 16 万美元

[1] 如果没有达到最初设定的目标值，即为“失败”，筹措的资金归零。

大部分人（包括他自己）都会围拢在水母窗前，迟迟不愿离去。因此，他给公司取了一个美丽的名称“jellyfish Art”（水母艺术）。

经过两年半的不懈努力，Andon 终于成功研制出了家用水母箱（500 美元），他立即登录 Kickstarter 募集资金，并承诺凡是投资金额大于 350 美元的人均会得到一套水母箱。他的目标金额是 3000 美元，而这笔钱刚好可以让他正式投产。

这个项目一经发布，当天就达到了目标金额。喜欢水母的人，一传二、二传三，新闻媒体也争相报道，最后筹集到的总额竟达到了 16 万美元，为目标金额的 53 倍。而且 515 名投资者中，90% 以上的人投资金额都超过了 350 美元。通过这次募集，Andon 明白了一件事，如果将水母箱定价为 350 美元，就肯定有市场。就这样 Andon 把兴趣变成了事业，他的公司“jellyfish Art”虽然规模不大，但由于没有竞争对手，收益水平较高，更重要的是他让人们不出家门就能够欣赏水母，可谓是实现了多年的心愿。

目前 Kickstarter 的投资人数已经达到了 570 万，平均每个人的贡献金额为 175 美元，这无疑就是它的最大亮点。

因此，可以说“众筹”是一次伟大的商业模式变革，它成功将以往的消费者（部分）转变成了投资者和捐赠人。同时特权型的“众筹”模式还可以明确消费者的潜在需求，提前筹集到货款，这在过去均无法实现。

到 2013 年，通过“众筹”方式筹集到的资金总额预计可达到 51 亿美元。[1]

2013 年底，Facebook 也会把“现在捐赠”（Donate Now）的功能链接至 WWF、UNICEF 等 19 个非政府组织。捐赠过程中，Facebook 不会向用户收取任何手续费。我相信，Facebook 的这一善举必定会加速“众筹”行业的发展。

[1] 根据 Massolution 的调查结果。2012 年为 27 亿美元，比上一年增加了 89%。

众包，改变了人们的工作方式

我们说的第三个“kl(r)aʊd”，也与“crowd”有关，这个单词为“crowdsourcing”（众包）。直译即“源自大众”，因此“众筹”也应该算是“crowdsourcing”中的一种。

Elance 成立于 1999 年，2006 年为海外的软件开发业务创建起了众包平台，通过 Elance 的互联网平台，项目主（也称为雇主）可以发布任务，例如“我想做这样的项目，预算为 20 万日元”等等，而工作者（也称为威客）则可以通过竞标承接任务。

本来在软件开发、特别网页开发的行业里，自由从业人员的数量就很多，再加上工作地点不受限，通过网络即可完成，因此自平台创建以来，任务数和威客数都有了很大提升。其后 Logo 设计、翻译等创意类型的任务逐渐增多，7 年后公司的年销售额达到了 3 亿美元（2013 年的实际销售额，比上一年增加了 50%）。

· b2b 平台：连接了小企业。目前有 80 万家企业和 300 万人（170 个国家）参与其中（b 之所以写成小写，意味着小企业）

· 低廉的手续费：网站仅向项目主收取成交额的 8.75%。而通常情况下人才派遣公司要收取 30%，所以说网站的手续费还不到派遣公司的 1/3

众包平台 Elance

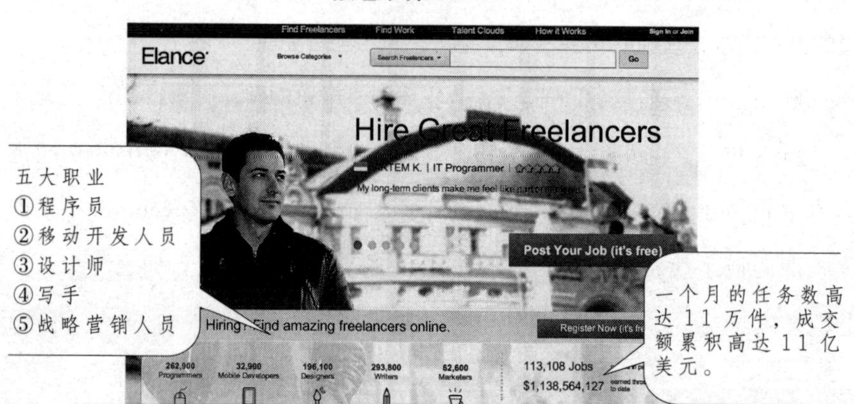

2013 年末，Elance 宣布与业界的领军企业，同时也是老对手的 oDesk（2005— ）合并（两大网站继续运营）。为了扩大整个市场，两家公司最终还是选择了合作共赢。

两家公司合并之后，年销售额达到了 7.5 亿美元，为了更好为供需双方做好中介服务，公司着力加强数据分析队伍和工程师队伍的建设，让自由的工作方式超越时间和国境，掀起了一场改变工作方式的浪潮。两家公司的 CEO 常说：“我们的目标并不是打败同行，而是打败全球市场金额高达 4220 亿美元的人才派遣公司！”

Lancers（2008— ）和 Crowdworks（2011— ）是日本最为知名的众包网站，当前的项目主要为 Logo 以及网页设计。虽然同类网站良莠不齐，但这两家网站却通过对威客的技能进行校审，对支付的环节进行监督，获得了企业和用户的一致好评，也在行业中立稳了脚跟。

“创客运动”——制造业，未来革命的主战场

目前，互联网和 IT 产业的发展态势依然良好，在此基础上新的商业模式也定会陆续出现！之所以敢这么说，是因为各种商业要素还有无限种组合可能。

不过，《免费：商业的未来》和《长尾理论》的作者克里斯·安德森却将重心从互联网转移向了制造业。2012 年 11 月，他辞去《连线》杂志主编一职，将精力全部投向了生产无人机的“3D Robotics”公司（2009— ）。

Makers: The New Industrial Revolution（2012）
Chris Anderson

2012 年，安德森又出版了一本名为《创客》（*Makers*）的新书，他在书中指出：

“制造业将是下一次革命的主战场！”

“atom（物质）就是 bit（信息）！”

“与利用电脑和互联网处理信息一样，通过物质的变换组合，就可以制造出新的产品。”

“一定会涌现大量产品需求量较小（1 万个左右）的利基市场！”

“这就是第三次产业革命！”

随着互联网的出现，信息共享的障碍基本已被扫除，信息世界发生了翻天覆地的变化。然而，世界依旧是物质世界，并没有因为信息共享而变小了，只不过这个物质世界正酝酿着一场更大的革命，而我们应该成为这场革命的推手。这便是安德森的主张。

其中，3D 打印机、激光切割机、数控机床、3D 扫描仪不仅在性能上有了大幅度提升，价格也趋于合理，因此人们称之为“未来产业的四大法宝”。有了这四件法宝，大部分产品设计完成后就可以进入试做阶段，有了样品又可以在此基础上加以改良。至于资金则可以借助众筹平台。目前，在全世界范围内，拥有这些设备的实验室不下几千家，因此创业者可按需借用。

2009 年，Square 的联合创始人吉姆·麦科文（Jim McKelvey，1965— ）就是在一家实验室中完成了方形读卡器的雏形。当时另一名创始人杰克·多西持有不同意见，他主张通过照相机镜头来读取银行卡的号码。

然而当读卡器出现在杰克·多西的面前时，他立即放弃了原来的想法，因为这种外置硬件看上去的确更胜一筹。

至于生产，在全球范围内找到一家合适的生产厂商并非难事。因为当地（圣路易斯）没有合适的生产厂家，Square 便将生产委托给了位于中国广州的一家工厂。

美国汽车公司 Local motors（2007— ）宣称，借助 3D 打印机，别说是小小的读卡器，就算是对技术要求极高的汽车也能够生产出来。

2008 年，Local motors 公司推出了一款自主研发的沙漠越野车。这款车的设计来自创意设计大赛，最后由 2000 名来自网络社区的汽车爱好者（目前将近 40000 名）和专家共同完成。这款名为“Rally Fighter”的越野车售价为 99900 美元，其中的零部件全部有售。喜欢 DIY 的人们，不妨尝试一下。

欢迎模仿！开放式设计与开放型组织

安德森的“3D Robotics”是一家开源硬件制造商。其中的无人机模型设计、研发均在一个开放的网络社区中进行，取得成果后也不申请专利（通过知识共享[1]的形式，在明确所有者权利的提前下，可以被公开使用），而是将其公之于众。对于这种开放式设计，《看不见的边缘》的作者拉尔夫·埃克尔斯将其称为“联合战略”。

为什么要选择公开形式呢？

安德森一语道破，这是因为“在公开的过程中，我们收获的远比给予的多”。

其实在世界上，无论是专业人士还是普通爱好者，他们大部分的才能均被埋没。比如，大学期间学习汽车设计的人毕业后能够从事本专业的其实并不多。所以 Local motors 的网络社区中才会聚集如此多的汽车爱好者。

3D Robotics 的无人机

向世界各地的无人机爱好者征集设计创意

以知识共享的形式对相关技术进行管理

[1] 由法学家劳伦斯·莱斯格发起，通过这种形式可以让作者“保留部分权利”（Some rights reserved）。

而对无人机抱有浓厚兴趣的人，按照长尾理论也零散地分布在世界各地，公司找他们难。然而只要某家公司在互联网上提出一个课题，或展示一个作品，就能很快吸引到这些人的目光，他们找公司易。

利用这种公开方式，人人都是志愿者，人人都会贡献自己的力量。其实他们并非为了别人，只是为了实现儿时的梦想。他们也不是为了钱，只是希望在这个社区得到大家的敬仰。

黄小江，就是这样一位科技爱好者，他不仅将“3D Robotics”公司主打产品的使用手册翻译成了中文版本，还协助修改了英文版本，另外对该款产品的程序编码也进行了改良。而他，还是中国区仿造出该款产品的主力队员。

对于仿品，安德森并没有追究相关责任。相反地，这正合他意。他告诉大家，这并不是侵权，而是衍生，这才是开放式创新应有的姿态。

目前，黄小江还是北京大学的一名博士生，不过他更是无人机的研发骨干。

儿时的飞机梦，如今真的起飞了。

“小个子”合力创造大价值

安德森梦想有一天，无论专家学者还是普通民众，都可以将自己的一腔热情投入到喜欢的产品制作中去。到那时以开放的网络社区为基础，几万个、几百万个小型制造企业将会陆续涌现。

其中有一个人就推动了这一梦想的实现，这个人正是马云。1999 年，马云和安德森碰面时曾说到过自己的梦想，那就是要让中国的小型制造企业突破语言和文化的障碍，直接和外国人做生意。而他通过创立的阿里巴巴 B2B 电子商务平台便成功实现了这一梦想。

碰巧在当时，中国的制造企业开始由大规模生产转向了小批量生产，同时由于阿里巴巴推出的完善服务（聊天软件有中英文即时互译功能），许多外国企业纷纷向中国企业抛来订单。

乔伊的三大法则告诉我们：真正优秀的人才是不会把自己束缚在企业之中的。

如果真是这样，其实倒也无妨。我们只需要把散布在世界的人才加以利用，把他们用互联网组织在一起，共同推进某个项目不就可以了吗？我们称这样的组织为“开放型组织”。可以说，安德森的“3D Robotics”正是对这一理论的实践。

3 种“kl(r)aʊd”（云系统、众包、众筹）和创客这 4 大法宝，大幅度降低了创业的门槛。开放式组织比起以往的封闭式组织更能调动大众的热情，而开放设计和开放式组织也必将带来商业模式上的变革。这种强大的变革力到底会伸向何方呢？

如果安德森说得没错，我们将会是第三次产业革命的见证人。不过，我想安德森并非只是让我们做见证人，而是呼吁我们做参与者。你呢？只做见证人，还是做参与者？

小型制造企业的支持者

阿里巴巴	FAB LAB
· 让中国企业可以直接和外国人进行贸易。B2B 电子商务平台 · 让中国企业可以进行小批量生产	· 创建于麻省理工学院 广泛分布于全球 · 通过若干设备可以制造出各种物品

专栏 SPECIAL COLUMN

商业模式革新图谱

商业模式革新的分类与整合

大型的商业模式革新，一定不会停留在某个领域。不过，为了分析简便，我们暂且从“销售方法”“生产方式”“结算·资金”“盈利模式”这四个方面进行考察。

截至本节，我们已经涉及了约70个商业模式革新的案例，每种商业模式革新的旗手和创始人在下表中均有体现，因此不再赘述。

这其中既有像越后屋和通用等在多个领域同时进行创新的案例，也不乏SPA等起初只针对销售方法和生产方式进行创新的案例。

截至1990年（序章的前半部分及第2章、第3章）：基本的商业模式均已确立

进入20世纪后，汽车价格下降，收音机、电视机进入寻常百姓家，电视、电脑也开始被世间所广泛应用。到1990年，可以说基本的商业模式均已确立。

盈利模式（赚钱方法）：“刀片＋刀架”模式、广告模式、“计量收费”模式、平台模式。

销售方法：各种批发行业，例如：连锁店、“GMS”、折扣店、“CVS”、主导模式、直销模式、电子商务模式。

生产方式：规模生产模式、纵向一体化模式、水平分工模式、“金字塔”模式、产业集群模式、精益生产模式。

另外，还有跨越“销售方法”和“生产方式”两大领域的“SPA模式”。

结算·资金流转方式：国际“汇兑·结算”网络、旅行支票、信用卡、捐款簿、小额信贷。

1990 年至 2010 年（第 4 章、第 5 章前半部分）：互联网商业模式的爆发期

上述商业模式造就了许多商业巨头，其中许多公司风光依旧。但是，20 世纪 90 年代至 21 世纪初期，随着互联网技术的快速发展，世界上又出现了许多新型的商业模式。这些商业模式通过变换组合，极大地改变了市场格局。

尤其在信息方面，互联网打破了距离、成本、卖场面积的限制，凭借网络力量催生了许多新型的商业模式：

“开放式创新”“云（cloud）·系统 & 服务”“众（crowd）包·众筹”“freemium”（“免费 + 收费”模式）、“长尾理论”。

经历过无数次失败后才诞生的商业模式，通过与传统商业模式的变换组合，又催生出了多种商业模式。如果用一个词来形容 2010 年之前的商业模式，真可谓是“层出不穷”。

在下页表中，我们对前文中涉及的商业模式进行了汇总，供您参考。

2010 年至今（第 5 章后半部分）：大企业与小企业的竞争共存

商业模式是不是已经被人们挖光了？因为最近几年，在“盈利模式”方面几乎毫无创新可言。

而在现有的商业模式下，商业巨头们都手握霸权。不光是 IT 产业，几乎所有的商业领域，大企业都在进行全球化的企业联合、并购，因此通常几家大企业就占据了绝大部分的市场份额。

曾经“井水不犯河水”的行业法则早已踪迹不见，以跨界为名的行业竞争、市场融合已经是家常便饭。无论是在美国、中国，还是在日本。

与此同时，对小企业来说，这却是一个大好时代。因为 IT 产业和互联网的发展，创业变得异常简单；由于大企业都在寻找着新商机，创新产业也不愁买家。

虽然，我不知道这是否会关乎下一次商业模式的革新，但这一定会激励更多的人在失败中继续摸索。

商业模式革新图谱（本书中涉及的案例）

	销售方法	生产方式
14/15c	—	—
16/17c	店面 / 零售 / 成品（越后屋）	—
18c	—	—
19c	小型连锁店（A&P） 百货店（梅西百货）	—
1900	—	规模化生产 纵向一体化（福特）
1910	—	—
1920	GMS（西尔斯） 计划性淘汰和多品牌经营（通用）	分散经营 水平分工（通用）
1930	CVS（美国南方公司） 大型商店（金库伦）	—
1940	—	—
1950	—	IT 产业群 （斯坦福大学　特曼）
1960	折扣店（Kmart）	—

1970	主导 （沃尔玛 / 7-11）	SPA （GAP / Benetton）	精益生产 / 系列（丰田 / 本田） LCC（西南航空）
1980	直营（戴尔） B2B eMP（aucnet）	售罄 SPA（ZARA）	水平分工（IBM）
1990	一站式购物 长尾理论（亚马逊）	QR SPA（WORLD）	A&D（思科） 专利产业（ARM）
1995	C2C eMP（eBay） C2B eMP（Priceline）	云服务 （Salesforce）	专业产业（高通）
2000	fleet management （喜利得）	纵向一体化（苹果）	C+D（宝洁） 开放式创新（伽斯柏）
2005	全渠道零售（梅西百货） 会员限时抢购（Zulily）	材料 SPA（优衣库） 云系统（亚马逊）	众包平台 （Elance）
2010	动情式销售	开放式服务创新（伽斯柏）	创客运动 开放组织（安德森）

资金	盈利模式
国际汇兑/公款汇兑（美第奇家族）	—
现金交易，实价销售	同时经营服装和汇兑业务（越后屋）
—	—
旅行支票 （托马斯·库克/AMEX）	—
—	“刀片+刀架”（吉列）
	—
—	广告（CBS）
—	—
—	—
信用卡（美国银行）	计量收费（施乐）
捐赠簿（高田）	耗材品（“刀片+刀架”）（佳能）
小额信贷（格莱珉银行）	—
—	世界统一平台（任天堂）
微支付（PayPal）	门户网站[广告]（Yahoo） 双边合作平台（Adobe）
—	检索词[广告词]（谷歌） 道具收费（腾讯）
—	B2B eMP 付费会员（阿里巴巴） “逆刀片+刀架”模式（苹果）
手机端结算（Square） 众筹平台（Kickstarter）	结算（eBay/阿里巴巴） CGS 付费会员（Cookpad） 朋友圈[广告]（Facebook） 工作圈[匹配]（LinkedIn）
—	—

免费增值

不过，对于未来的创新，人们更重视的是“质”，而不是“量”。

至此，我们从内容和过程两个方面简单回顾了一下商业模式的创新之路。在下一章，我们将从五个方面讨论如何才能实现商业创新。

- 领导力：IBM和宝洁
- 企业文化：西南航空公司
- 实践方法：戈文达拉扬和莱斯
- 人才培养：d.school和Y Combinator
- 理想：KOMERI、亚马逊、谷歌

那么在下一章，究竟会有怎样的故事等着我们呢？

第6章

如何进行商业模式创新

赫伯·凯莱赫
（1931—　）

埃里克·莱斯
（1979—　）

重视“幽默感”，坚持“员工第一”的凯莱赫和帮助科技人才少做无用功的莱斯

莱斯（以下简称为“莱”）：凯莱赫先生，初次见面，您好啊！我可是西南航空的“铁粉”，虽然最近也有不少廉价航空公司，不过您的航空公司不仅价格便宜，而且服务周到，航班准时，所以我出行时，只要西南航空有合适的班次，我就绝对不会选择其他航空公司。

凯莱赫（以下简称为“凯”）：多谢，多谢！你这么说就是对我最大的褒奖了。不过，公司成立之初，为了从航管部门拿下3条航线，我就把所有资金都搭在了官司上！唉，我只不过是想给广大民众带来方便嘛。不过这件事也让我明白了，我的选择没有错，正因如此才遭人妒忌，受人阻挠。同时我也明确了公司的理念，那就是“幽默重于经验”和“员工第一主义”。

莱：通常情况下公司都是注重经验和顾客的啊！您为什么反其道而行之？还请赐教。

凯：哈哈，正因为我们是新企业，我们规模小，所以我们没必要讨好所有的顾客。另外，要想标新立异就离不开员工的聪明才智，所以我们选择了“员工第一主义”。还有，作为新生企业我们要不畏改变，这时原有的经验反而变成了绊脚石，所以我们比较忌讳因循守旧的员工。我们在招聘员工时，他可以没有经验，但不能没有幽默感。

莱：那您认为在一个公司中领导应该是怎样的角色呢？

凯：嗯，这在不断变化的、开放式的组织中的确是一个

难以回答的问题。不过你可以问问IBM的郭士纳和宝洁的雷富礼，我相信他们一定会给你一个满意的答案。不过有几点十分明确，那就是作为一名经理人，并不需要事事率先垂范，而要善于组织好团队；并不需要凡事按流程办事，而要敢于当机立断。至于如何当好老板，我想关键在于能否应对复杂问题。那些刚推出什么新项目，就大喊“要赚上个几亿！”的老板是干不成大事的，他们只会摧残公司的人才。

莱：言之有理。话说，现在互联网企业中也有很多IT精英在自掘坟墓。他们没做出产品前大都藏着掖着，希望能鼓捣出一个一鸣惊人的产品。可是，好产品哪里是一蹴而就的？他们只知道埋头苦干，产品做出来了也无法衡量是好是坏。我记得丰田公司曾告诫人们，过剩造成的浪费就是最大的浪费，所以如此宝贵的人才资源，我们怎能浪费？！

凯：是啊，至少要先做出一个最简化的可实行产品（MVP），通过和市场上现有的产品加以比较，才知道孰优孰劣。

莱：嗯嗯，这就是我所谓的精益生产。

凯：你这本书在创业领域都成为宝典了吧。真是后生可畏啊！

莱：说来惭愧啊！其实我本人在创业上也经历了无数次失败。读研期间，为了创业我曾一度休学。结果却赶上了泡沫经济破裂，我的公司也随之化为泡影。不过，我还要感谢这次失败经历，不然我还不知道要花多少精力在这个终将失败的事业上呢。后来我拜在了Steve Blank门下，《精益创业》就是我交出的答卷。

凯：嗯，我也拜读过，你在其中提倡“节省资源”“反馈改良”“快速迭代”式的经营。我最初将员工的制服设计成了长靴短裤，结果有些雅士看不下去，应他们的要求，员工改穿普通制服。结果这下子普通民众的怨言却增多了，“我们就是冲这身制服来的！”我们公司主要面向的就是普通民众嘛，所以我又让员工恢复了之前的着装，对于那些雅士，我只能抱歉地说“您不喜欢就请换乘其他的航空公司”。

莱：这是明智之举。不过，您公司最近的制服好像也很土啊……我并不是说……

凯：什么？别说半句话！对我这个名誉会长你还想有所隐瞒？我可洗耳恭听啊！

莱：凯莱赫先生，您先别着急……您看您这血压都……

领导力：让 IBM 大象起舞的郭士纳，让宝洁由衰转盛的雷富礼

郭士纳让 IBM“这头大象”转身成为服务型企业

1992 年，IBM 作为全球最大的电脑制造商，账面上（税前）竟出现了 90 亿美元的赤字。究其原因，既不是因为互联网的冲击，也不是因为产品的战略问题，而是由于 IBM 自身过于庞大的组织体系。结果，短短的 3 年间，公司就累计亏损了 150 亿美元。IBM 仿佛是一头濒死的大象，人们都认为 IBM 终将走上解体之路。

1993 年 4 月，由于经营不善，公司的元老级人物约翰 · 埃克斯被免去了总裁职务。为了力挽狂澜，IBM 跨行拜帅，聘请路易斯·郭士纳（Louis V.Gerstner, Jr.，1942— ）担任新一任总裁。然而，郭士纳上任之后并未将 IBM 解体，而是让这个庞然大物成了服务型企业。

“我们不能光有梦想，更要有切合实际的市场战略！”

“走向市场，在市场中采取行动！”

路易斯 · 郭士纳

从哈佛商学院毕业后，加入麦肯锡管理咨询公司，28 岁成为麦肯锡的合伙人。其后，历任美国运通公司、RJR Nabisco 公司的 CEO，1993 年至 2002 年期间，担任 IBM 的 CEO。辞职后，出版了专著《谁说大象不能跳舞》。2003 年至 2008 年期间受聘担任凯雷投资集团董事长一职。

随后，郭士纳将 IBM 定位成“为顾客提供解决方案的服务型企业”，并大力推行。

- 降低大型机等主力商品的价格，借此赢回市场份额
- 舍弃单纯的纵向一体化模式，推行开放式战略，从公司外部采购零部件；以团队形式向顾客提供综合性解决方案

在 IT 行业中，多数公司都采用了水平分工模式（硬件和通用软件）。正因如此，曾采用纵向一体化模式的 IBM 才会对 IT 技术掌握地更为全面、准确，才能更好地为大型企业排忧解难。

不过，郭士纳上任之初也遇到了一大难题，那就是有关公司组织体系的变革问题。是不是因为员工们不服他这个外聘的总裁呢？其实不然，员工们个个都遵章办事，对领导的指示言听计从，甚至连衬衫的颜色都尽量与领导保持一致。[1]郭士纳发现公司里有许多人能够成为销售精英，但他们从不越流程办事，这正是问题的症结所在。因为在这种言听计从的官僚型组织体系下，IBM 永远成不了服务型企业。

于是，郭士纳对公司进行了一番调查，弄清了在提供解决方案上，目前有哪些喜人的成果，这些成果又是如何取得的。

- 领导：并非事事率先垂范，而是发挥团队的力量。
- 决策：并非注重手续的审批程序，而是善于当机立断。
- 动机：并非以完成业绩为目的，而是以客户满意为宗旨。

总而言之，一家企业想要成为服务型企业，就必须有一个分散自律的管理体系（多数管理人员应自觉行动）。

为了组建这样一个新型团队，郭士纳还从全球选拔了 300 名优秀的管理人才。在他的苦心经营下，9 年间 IBM 的营业额上升了 250 亿美元，其中大部分来

[1] 郭士纳首次出席经营会议时，身着蓝色衬衫，而其他员工全部为白色衬衫。几周后的会议上，员工全部改穿了蓝色衬衫，而郭士纳却穿了一件白色衬衫。

自公司提供的综合性方案解决服务。

IBM 这头大象竟然真的舞动了起来。

雷富礼，将宝洁打造成网状组织体系

2000 年，是 IBM 起死回生的一年，也是全球最大的日用消费品企业宝洁公司深陷危机的一年。

1998 年，杜克·贾格尔在宝洁公司摸爬滚打多年后终于登上了总裁宝座。他将公司视作一支机动部队，为此推出了一系列激进计划，诸如强化产品研发[1]、加快研发速度、打破官僚体制、促进专利申请等等。

虽然这些计划看起来宏伟高大，但是由于太过激进，在削减成本（唯独没有削减研发经费）的风暴中，他的一系列计划均以失败告终。

2000 年，阿兰·雷富礼（Alan G. Lafley，1947—　）接替贾格尔成为宝洁公司的新一任总裁。上任后，他一边集中优势资源培养重点品牌，一边悄悄地掀起了一场“温柔革命”。尽管雷富礼和贾格尔都是随宝洁公司成长起来的业内精英，但雷富礼的改革方向却和贾格尔截然不同。雷富礼没有把目光停留在企业内部，而是投向了企业外部以及外部资源。

阿兰·雷富礼

原本立志成为一名教师，23 岁时一改初衷成为一名海军，作为基地内的销售服务主管在日 7 年。退伍后，进入哈佛商学院学习，毕业后加入宝洁公司，时年 30 岁。在引入洗涤液、重建日本市场、打入中国及亚洲市场等方面功绩卓越。2000 年，53 岁的他登上了总裁宝座。2010 年一度卸任，2013 年又再次出任公司总裁。

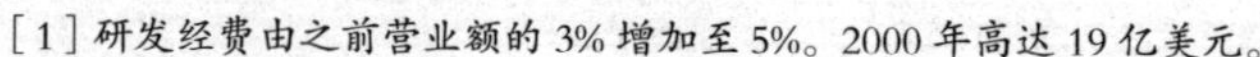

[1] 研发经费由之前营业额的 3% 增加至 5%。2000 年高达 19 亿美元。

• 顾客即上帝：收集和分析顾客的需求信息，深入百姓生活，调查人气网站

• 开放式创新：公开产品的研发项目，对技术实行授权（半强制），积极引入外部技术（联发，即联合 + 发展）

2001 年，在宝洁公司中，采用外部创意、技术的商品还不到新商品的 20%，但到了 2006 年，这一比率却达到了 1/3，目前更是超过了半数。

其后，胭脂河模式的纵向一体化中央研究机构被撤销，取而代之的是一些小型的研发团队。这些小型团队均拥有各自的主攻课题，它们通过和其他企业及技术人员的合作，研发出许多新产品。

不过，这种开放型的、网状的组织体系极其复杂，又变幻莫测。虽然在这种模式下诞生了许多新的人气商品，但下一年这种模式又会给公司带来什么？无人知晓，也无从推测。

因此，对于这种模式，贾格尔这样的英雄式领导是无论如何也接受不了的。《看不见的边缘》的作者拉尔夫·埃克尔斯也曾在书中指出，福特公司的杰克·纳赛尔（2001 年辞职）、安然公司（2001 年破产）的杰弗里·斯基林，以及世通（Worldcom）公司的伯纳德·埃伯斯（因证券欺诈、伪造文件等罪行，被判入狱 25 年）均属于此类高管。

然而，在当今的时代，企业需要的不再是英雄式的领导，而是重视同外部协

The Game-Changer : How You Can Drive Revenue and Profit Growth with Innovation（2008）
A.G. Lafley, Ram Charan

作，能够应对复杂问题，勇于探索未知道路的合作型领导。

通过雷富礼的一系列努力，宝洁公司不仅成功培育了多个著名品牌，还于2005年成功收购了吉列，公司的营业额也翻升了数倍。当初，《财富》杂志还嘲笑雷富礼像个呆头呆脑的老学究，现在却话锋一转，对他的经营奇才赞赏有加。

• 想要推进开放式创新，就必须有一个能够应对复杂问题、勇于探索未知道路的管理者

2010年，雷富礼曾一度从总裁宝座上卸任，不过2013年，65岁的他再次走马上任。

宝洁这个巨人，还会再次飞奔起来吗？

企业文化:“重视幽默”“采用新人”因何能让西南航空公司保持长期盈利?

兼容并包的西南航空公司

LCC，全称为“Low-Cost Carrier”，直译为“低成本航空公司”。虽然听起来有点“便宜没好货”的感觉，但是 LCC 的诞生，却是航空产业上的一次重大变革。

而西南航空正是这场变革的急先锋。1971 年，仅有 3 架波音 737 客机（112 座）的西南航空公司踏上了航空服务业的征程，最初航线仅覆盖了得克萨斯州的三个城市（达拉斯、休斯敦、圣安东尼奥）。

当时，公司的创始人赫伯·凯莱赫（Herbert D. Kelleher，1931— ）已是不惑之年。律师出身的他在经营上另辟蹊径，推出了一系列新主张和新方法，将西南航空打造成世界上首屈一指的超优企业。

“顾客的话不一定全对！”

“员工第一，顾客次之！”

赫伯·凯莱赫

作为法律顾问参与西南航空公司的创建。1978 年，47 岁的凯莱赫成为了公司总裁。他强调“顾客的话不一定全对”“员工第一”的价值观。为了调动员工的积极性，他亲自参与机舱打扫和分发小吃的工作，人们亲切地称他为“Herb”。

“让员工愉快工作！”

“让顾客享受旅行！”

虽然西南航空是一家“低成本航空公司”，但员工的工资水平并不比其他公司低。不过低廉的票价和热忱的服务却远超其他公司，因此西南航空大获成功。

①10分钟轮转时间：公司将飞机在机场上的滞留时间减少到了同行的1/4，从而增加了每天的飞行班次。

②单一机型：统一使用波音737客机，从而削减了维修成本和培训成本。

③机场选择：选用大城市郊外的小型机场，从而降低了机场的使用费，也减少了飞机的滞留时间。

上述做法看似简单，但对于联合航空、美国航空、达美航空等大型航空公司来说，却极难实现。因为它们通常都利用大型机场构建起一张中心辐射型航班网，在此基础上实现了价格的实惠和服务的便利。不过大型机场也有相应的弊端：第一，换乘需要大量时间；第二，根据线路需要不同机型。

西南航空从中发现了商机，构建起了一张城市间点对点的直航网。2001年“9·11”恐怖袭击事件后，美国的航空业陷入了低谷，而西南航空不仅实现盈利（唯一一家），还保持了良好的增长态势。因此西南航空也成为美国境内连续保持盈利的企业之一。

此后，西南航空出现在了各种各样的经营战略案例当中。无论是定位学派的鼻祖，还是能力学派的泰斗，都对西南航空不乏赞美之词。西南航空不仅作为经典案例写入了《蓝海战略》和《经营战略谈》两本书中，还被评选为营业额持续高出同行业10倍的7家“10×型企业”之一（源自《基业长青》）。

当然，这也许要归功于伟大的LCC模式。不过，这种商业模式究竟是如何产生的呢？从西南航空的“10分钟轮转时间”中我们也许能够看出些端倪。

“10 分钟轮转时间”诞生记

其实，西南航空公司颠覆业界常识的“10 分钟轮转时间”竟来自旷日持久的官司和资金不足的困境。

当初，西南航空公司准备在 3 座城市开设航线时，果然不出凯莱赫所料，被卷入了一场巨大的官司当中。原有的两家公司为了阻止西南航空参与竞争，将一纸诉状递交到了法院。

这场官司从得州航空委员会打到了得州地方法院，之后又一路打到了得州高等法院、最高法院、美国最高法院。这场旷日持久的官司几乎将西南公司的资金消耗殆尽。

在资金极度困难的情况下，西南航空公司终于迎来了首航。因为飞机每周末都要进行检修，所以不得不从休斯敦空着飞回达拉斯。“这简直是资源浪费！”老板心生感叹，便宜点总比空着好嘛！于是他推出了 10 美元特价机票，结果却歪打正着。

受此启发，公司开始实行分时段票价制，平日 19 点之前针对商务人士的机票为 26 美元，平日 19 点之后以及周末针对出行游客的机票仅为 13 美元。

西南航空公司成立之初的路线图（1971）

结果，这种票价体制很快让西南航空扭亏为盈，于是公司决定添置一架飞机，以增加航次，开设得州以外的航线。谁知这次购机行为再次遭到同行的阻挠，无奈之下，购机计划只好作罢。不过在此之前，西南公司却按照 4 架飞机制定了航班计划，如果现有的 3 架飞机无法完成 4 架飞机的航行任务，一切就都完了。幸好负责地勤工作的比尔·富兰克林给出了肯定的答案。

“只要所有的地勤工作能在 10 分钟之内完成，我们的计划依然能够进行！”

飞机进入停机坪后，要扣好登机桥、开舱门、让旅客下机、清扫后让下一批旅客登机，同时还要装卸行李、检修、加油、关舱门、解离登机桥……这一系列工作通常要花费 45 至 60 分钟。然而比尔在其他航空公司（只有 30 个座位的飞机）就职期间，有过紧急起飞的经历，所以他认为“只要肯做，就有可能”！

为了节省时间，西南航空公司不为客人指定座位，只进行简单分区，A 即后区，B 即中区，C 为前区。这样不仅提高了旅客登机、下机的速度，也简化了预约程序。

正是这“10 分钟轮转时间”，让西南航空公司的飞机一天中有 11 个半小时处于飞行状态，而其他公司仅为 8 个半小时。西南航空成功用 3 架飞机完成了其他公司 4 架飞机的任务。这个“10 分钟轮转体制”不仅节省了时间，还降低了

“10 分钟轮转时间”的含义和价值

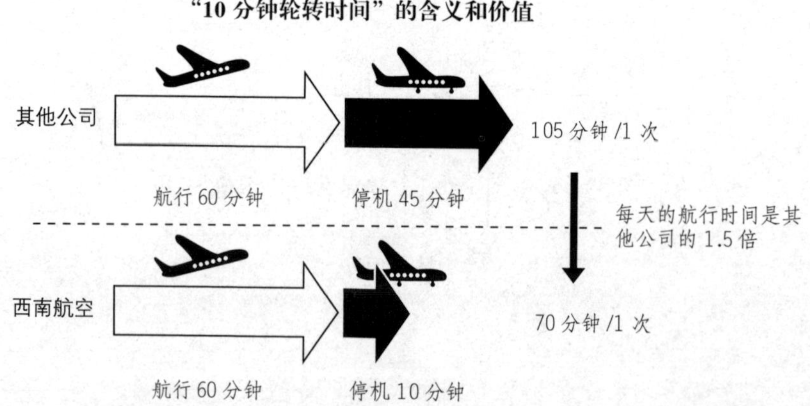

25% 的成本。现在看来，西南航空还真要感谢当年旷日持久的官司和资金不足的窘境了。

不过，这种做法为什么难以被效仿呢？如此高效的运转方式，按理说应该很快被其他公司效仿啊！

“10 分钟轮转时间”因何能够实现？

对其他航空公司来说，实施“10 分钟轮转时间”真的很困难吗？

• 劳资关系：为了提高效率，全体机组成员必须身兼数职。而其他航空公司多为垂直管理体系，因此不可能让一个飞行员或空乘人员去做清扫工作

• 座位管理：不指定座位，只进行简单分区（利用塑料登机牌，可反复使用）。对其他航空公司来说，安排座位也属于服务之一，因此不可能轻易废弃

• 航空网络：点对点为主，换乘旅客较少。而其他航空公司多为中心辐射型，换乘旅客较多，因此顾客和行李的转移会花费大量时间

不过还有一个重要原因，那就是其他公司很难突破心中的常识。“通常 45 分

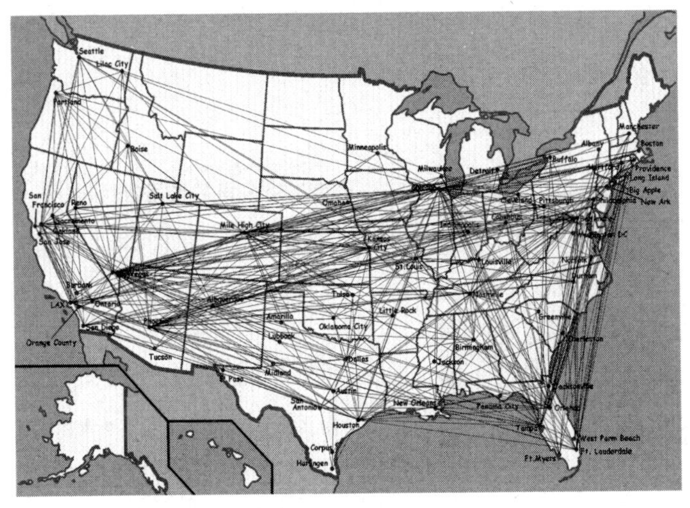

西南航空公司的点对点航空网络

钟完成的工作，10 分钟怎么可能完成呢？”

可是，西南航空公司的员工大多为失业人员，或毫无经验的人员。他们身上恰好有这种颠覆常识的能力。

公司成立之初，由于大部分工作人员均为失业人员，他们身上有一种强烈的忧患意识。“公司好不容易给了我再就业的机会，我怎么会眼睁睁地看着公司垮掉？！”另外，乘务人员很多是啦啦队员（最初的制服是短裤加长靴），地勤人员也大都是毫无经验的门外汉。

为了实现“10 分钟轮转时间”，公司还特地安排员工观看了世界上最快的汽车大赛——印第安纳波利斯 500 英里大奖赛[1]。在 200 圈的赛程中，每个赛车需 6 次进入维修区，如果每次慢 0.2 秒（×6 次），前面即便领先 120 米也毫无意义，如果每次快 1 秒，即便速度上没有绝对优势也有获胜的可能。其中维修区内（加油、换轮胎）队员的神速操作和完美的团队合作，给西南航空的员工们留下了深刻的印象，他们也从中感悟到了“轮转时间”的重要性。

凯莱赫个人特别讨厌经验主义和官僚主义，因此他一直要求员工凡事要自己做判断。

正是由于这帮“愿为公司奉献一切”“凡事自己作判断”的门外汉，才让西南航空实现了颠覆常识的“10 分钟轮转体制”。

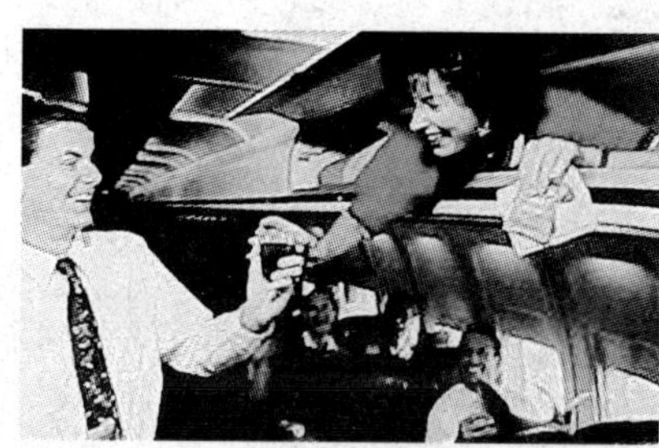

西南航空公司的录用方针

- 通过招聘广告“寻找快乐、幽默的人”
- 在面试过程中询问“是否有借幽默化解危机的经历？”
- 敢于晒自己的人
- 比起技能，更注重人品和素质

[1] 每圈 4000 米，最快圈速可达到 382 千米 / 小时。

事实上，凯莱赫看重的不是员工的贡献精神，也不是他们的聪明头脑，而是“幽默感”。他认为幽默感能让人渡过困境，会给旅客带来感动。

西南航空之所以能够不断挑战，很大程度上得益于员工们的幽默感。当然，培育这样的企业文化，留住这样的优秀员工绝非易事，正因如此才保证了公司的持续竞争优势。

西南航空公司，用时间（43 年）证明了一切。

实践方法：戈文达拉扬的“遗忘借用学习法”和莱斯的“精益创业”

戈文达拉扬用“遗忘借用学习法”指导大企业创新

创新除了发生在新兴企业，也能发生在现有的大型企业吗？对此，两位学者进行了深入研究，其中一位是前文中提到的克里斯坦森，另一位则是来自达特茅斯大学 Amos Tuck 工商管理学院的维杰伊·戈文达拉扬（Vijay Govindarajan，1949— ；在业内简称 VG）。不依赖乔布斯那样的天才型领导在大企业内也能够实现创新吗？

2005 年戈文达拉扬曾在《战略创新者的十大法则》（*Ten Rules for Strategic Innovators*）一书中论述过实现创新的可能性。只不过，可能实现并不意味着容易实现。为了在现有的大企业中实现创新，我们必须要掌握“遗忘”“借用”“学习”的方法。

例如，在创立新公司时，绝不能效仿母公司（即原有的大企业）的“人事、财务、信息”等制度体系。因为它一定会阻碍新公司的发展与创新。

另外他还主张，即便是“R&D、市场、生产、流通”等主要环节，新公司也

维杰伊·戈文达拉扬

戈文达拉扬在哈佛商学院获得 MBA/DBA 学位之后，潜心研究大企业的创新问题。在 GE 担任首席创新战略顾问的 3 年间，他研究出了一套自我创新的方法。后在该理论系统的基础上出版了专著《反向创新》（2010 年）。

只能效仿一二，如果和母公司采用了相同的商业模式，新公司便无法实现飞跃。

Ten Rules for Strategic Innovators: From Idea to Execution（2005）
Vijay Govindarajan and Chris Trimble

至于“学习”，戈文达拉扬曾建议不要刻意强调业绩目标，而要善于从失败中吸取教训。通常母公司都会强调业绩目标，这恰恰会阻碍创新。因为没有失败的教训，就不会有新公司的成功。

不过，虽说和母公司保持相对独立，但一定要“借用”母公司的资源。因此对整个公司的负责人来说，不能对新公司放任不管，而要积极协调新公司和母公司的关系。

领先于全球的电子设备制造商 ADI 公司正是掌握了这套方法，才在微机电系统（MEMS[1]）领域取得了巨大的成功。公司为了培育起、守护好这份新兴事业，甚至让公司的创始人来兼任微机电系统公司的总部长。经过 15 年的不懈努力，微机电产业终于为企业赢得了可观的利润。[2]

虽然戈文达拉扬为大企业找到了创新的方法，但实现条件也相当苛刻。为了创新，就必须改变企业的管理方法。

史蒂夫・布兰克的客户开发理念

那么对于初创企业，要如何实现创新呢？史蒂夫・布兰克（Steve Gary Blank，1953— ）和他的学生埃里克・莱斯（Eric Ries，1979— ）给出了这样的答案。

布兰克曾八次创业，其中四家公司成功上市，因此被人们敬称为“创业魔术师”。2005 年，他出版了一本名为《创业者手册》（*The Four Steps to the*

[1] Micro Electro Mechanical System 的简称。

[2] 当时的销售额达到了 1 亿美元。

The Four Steps to the Epiphany：Successful Strategies for Products that Win（2005）
Steven Blank

Epiphany）的著作，在书中他阐述了自己创业的秘籍。其中，他的创业方法又被称为“客户开发法”（Customer Development），共分为四步，由17个阶段、64个项目组成。

• 事业初期：分四步走，①客户探索（分析咨询）；②客户验证（销售验证）；③客户培养（区域验证）；④企业建设（正式拓展）

• 如果步骤②出现问题，立即返回（pivot）至步骤①

布兰克还指出，对初创企业来说，两个团队必不可少，一个是负责开发商品的团队，另一个是负责开发客户的团队。其实在事业初期进行市场营销、企业建设等工作还为时过早。因此创业人士以及公司领导，应当把精力集中在这两大业务上。

然而，许多初创企业却急于实现所谓的商业模式和商业创意，结果走向了失败。其实道理很简单，他们做出了产品，却没找到客人！（卖不出去！）

为了避免此类错误，初创企业必须在客户开发上做足功夫，老老实实地按上述步骤进行，一旦步骤②出现了问题，立即返回至步骤①。

此后，布兰克以美国西海岸的大学以及支持创业人士的非营利组织为中心，努力向世人传播他的创业理念。斯坦福大学、加州大学伯克利分校、加州理工学院……在他的学生中，有一个人让布兰克赞叹不已，这个人就是埃里克·莱斯。

莱斯的“精益创业”

埃里克·莱斯在大学期间就从事过创业活动，然而却以失败告终。毕业后，他来到了创业圣地——硅谷，结果再一次遭受重创。不过，他并未放弃创业梦想，而是成立IMVU公司，凭借3D人物和场景聊天软件再次向创业发起了进攻。

当时，身为风险投资人士的布兰克决定向 IMVU 注资，不过他有一个附加条件，那就是 IMVU 必须指派一名公司高管来听他关于“客户开发”的演讲。而 IMVU 指派的正是时任 CTO（首席技术官）的莱斯。

听完演讲后，莱斯立即将所学的内容运用到了实践当中——他利用 Google AdWords 验证 IMVU 的产品是否有客户市场。

莱斯不仅继承了布兰克的理念，还在他的基础上进行了拓展。他把布兰克的理论和丰田的“精益生产”一并运用到了初创企业的管理过程中。关于其中的核心思想，简单来说就是“不做无用功”。

莱斯的理论源于他的失败经历。“试试看也无妨”的思想很容易毁掉公司，尤其是编程人员，整天就知道闷头写程序，也不管写出来的程序是否经得起市场考验。

- 不为客户带来价值的工作即为无用
- 无法接受客户检验，不能从中学到知识的工作即为无用

埃里克·莱斯

高中时曾出版过游戏编程的书。本科和研究生期间曾三次创业。2004 年，25 岁的莱斯与他人共同创办了 IMVU，担任 CTO 一职。在老师布兰克的指导下，他发表的“精益创业”理论成为初创企业的标准方法，同时也被广泛应用于企业自身的改革之中。

“开发·测试·调整”循环法让初创企业踏上成功之路

莱斯将这种先建模再验证的方法称为“开发·测试·调整”循环法，将用以验证的样品称为MVP。这里的MVP，不是指最有价值球员（Most Valuable Player），而是指最简化的可实行产品（Minimum Viable Product）。

通常，编程人员都不愿把尚未完成的作品展示给别人，因为他们觉得把彻底完成后的产品展示给别人才更具说服力。可是，这种想法本身就错了。其实，只要把创新点展示出来即可。否则，没有比较就无法知道自己的程序是好是坏，完成后要是没有市场既浪费了时间又浪费了人才。

而且MVP不必非得是一件产品，只要可以用来验证，哪怕是一个画面，整个过程通过人工操作都没有问题。

莱斯在IMVU中反复尝试这一方法（“开发·测试·调整”循环法）。据说在开发新产品时，一天最多能进行50次循环。在精益创业的指导下，2006年IMVU成功吸纳了1900万美元的投资。[1]

布兰克从“开发客户”的角度，提倡迅速调整（pivot），而莱斯将这一理论

利用MVP的精益创业

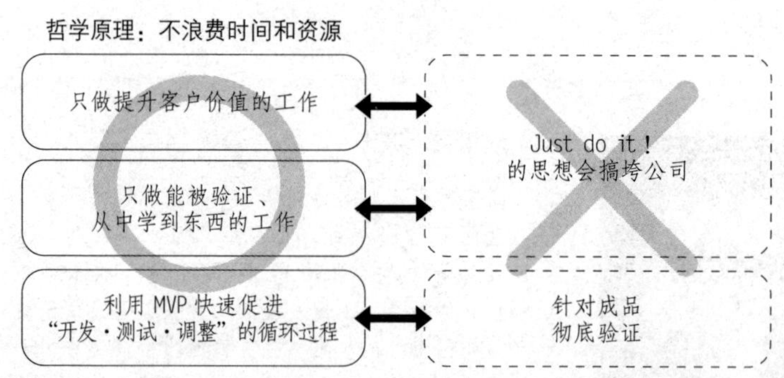

[1] 2013年，IMVU的用户累积突破了1亿人，用于《阿凡达》的虚拟道具共计出售了1500万件，据说此项业务的年销售额就达到了5500万美元。

拓展到了创业的整个过程。理想不能改变，但实现理想的途径可以改变。不，不是可以，是必须改变。

不过，两条腿一起动，人就会摔倒。因此，在保持好重心的前提下，两腿交替前进，才叫作调整。

莱斯在《精益创业》（*The Lean Startup*）这本书的副标题处写道“Continuous Innovation”，而丰田公司提倡的精益生产中的“KAIZEN”也正意味着“Continuous Improvement”，莱斯是不是在特意强调这一点呢？

- 在企业战略上要迈开步子、持续改善，原地不动则难以成功
- 除了有助于提升企业价值、验证产品思路的事情，无须在其他方面投入精力
- 利用最简化的可实行产品进行快速验证、调整

通过以上方法，新产品的成功率会大大提高。而且，这一方法不仅适用于初创企业的创新，也适用于大企业内部的创新。

怎么样？你是否会听取这师徒二人的建议呢？

The Lean Startup: How Today's Entrepreneurs Use Continuous Innovation to Create Radically Successful Businesses（2011）
Eric Ries

人才培养：克里斯坦森的“DNA”和美国西海岸的“d.school”和“Y Combinator”

商业模式创新究竟需要何种人才？

既然是创新，我们就要解放思想，拓宽思路。

- 广泛把控各个层面（目标客户→利益相关者）
- 尝试各个层面间要素的多种组合
- 不是上下线性的构建过程，而是螺旋升降的构建过程

这就要求我们在构建新型商业模式时，不仅要有丰富的想象力，还要有灵活的应变能力。另外，一个人的能力毕竟有限，真正的创新者要敢于突破原有的组织向外部寻求合作，只有这样才能拟定出一份完美的企划案。

此外，为了保证创新团队的协作，成员们应确定好企划方向。其中一本名为《商业模式新生代》（*Business Model Generation*）[1]的经管类图书就为人们总结了

Business Model Generation: A Handbook for Visionaries, Game Changers, and Challengers（2010）
Alexander Osterwalder, Yves Pigneur

[1] 仅向读者介绍了以“The Value Proposition Canvas”为核心的方法论，并未与其他方法论进行比较。

商业模式的企划方法，目前该书已在全球范围内热销了 65 万册。

不过，制定计划也好，实行计划也罢，关键在于人才。因为商业模式创新通常是多领域、本质上的变革。究竟什么样的人才才能制定出合理的商业企划呢？究竟应该如何培养此类商业人才呢？

伟大的创新者常有过人的探求能力

2009 年，克里斯坦森在《哈佛商业评论》上发表了一部名为《创新者的基因》（*The Innovator' s DNA*）的专著。他在书中指出："伟大的创新者有其特定的'基因'，而且这种基因可以通过后天训练获得。"

以往，人们都认为优秀的创业者和普通人毫无区别，虽然人们也做过各种调查，但还是没能从中找到答案。然而克里斯坦森依然投入大量的时间和金钱进行了大规模的调查，功夫不负苦心人，他从中找到了宝贵的答案。

不过克里斯坦森的做法与以往稍有不同，他将普通创业者和创新者加以区分。

- 调查对象既包括创新企业的创始人，也包括新型产品的开发者（超过 3500 人）

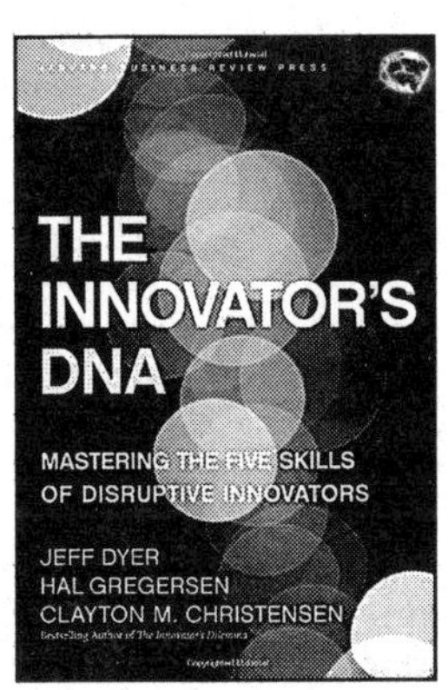

The Innovator's DNA: Mastering The Five Skills of Disruptive Innovators（2011）
Jeff Dyer, Hal Gregersen, Clayton M. Christensen

• 同时还调查了迈克尔·戴尔、杰夫·贝佐斯等创新人士的日常习惯

通过以上调查，克里斯坦森从这些创新人士身上发现了5种超人的探求能力。

①关联能力：善于把不同领域发生的、看似毫无关系的问题联系在一起。

②提问能力：敢于颠覆前提，从反方向提出问题。

③观察能力：通过对日常现象和潜在客户的分析，获取重大发现。

④试验能力：在学习过程中，勇于面对失败，在试验过程中，善于制造惊喜。

⑤交际能力：为了拓宽自己的知识面，善于结交与自己持有不同观点、看法的人。

其中，第①种关联能力是新创意诞生的基础。

虽然克里斯坦森使用的“DNA”一词，让人们感觉这些能力是与生俱来的，但他同时强调，这些能力可以通过后天训练得来。尤其是在实践的过程中，要好问问题，问好问题。

总而言之，一个创新型企业应该是这样：

• 人才上：有一位探求能力过人的领导，有一批探求能力强的人才，充分发挥他们的才能（巧妙地运用组合）

• 制度上：从探求能力方面（提问、观察、试验、交际）考察员工的表现，提拔或表扬探求能力强的员工

• 文化上：打造一个舒适舒心的环境，让所有员工都能承受风险（压力），以小团队形式运营

其中，探求能力过人的领导起到了关键性的作用。因为在他的领导下，创新精神就如同DNA一样，会深深植入到企业当中。

不过，上述内容还过于理论化，即便了解了知识，掌握了方向，恐怕也无法具体推行。

可是，在美国的西海岸，创新型人才的培养工作已经悄然展开。而承担这项重任的正是“d.school”和“Y Combinator”。

“d.school”用设计思维培养创新人才

IDEO 公司的创始人大卫·凯利（David M. Kelley，1951— ）是“设计思维”的鼻祖，他认为创新人才决定了世界的未来。因此，他一边经营公司，一边捐资助建“d.school”[1]。

“d.school”的全称为“Hasso Plattner Institute of Design at Stanford”，斯坦福大学为了表彰 SAP 公司创始人 Hasso Plattner 的捐资行为（3500 万美元），特以此命名。不过该课程的重点是“design”，因此通常被人们称为“d.school”。

凯利十分憎恶美国的商业课程（MBA 等），他认为这些毕业生光说不干，因此很长一段时间 IDEO 公司都拒绝录用 MBA 的学生。在美国，人们戏称“d.school”，就是因为它反对“b.school”。（在美国，MBA 课程又被称为 b.school，而 b 和 d 的写法刚好相反。）

大卫·凯利

从卡内基·梅隆大学毕业后进入波音公司，最初的设计作品为波音 747 洗手间的电子指示牌。之后进入斯坦福大学转攻产品开发，毕业后的第二年（1978 年）成立了一家设计公司，当时凯利仅 27 岁。13 年后，通过合并成立了现今的 IDEO 设计公司（原为 4 家）。1978 年开始，在斯坦福大学等高校担任讲师。

[1] 凡是斯坦福大学的学生都可以参加这门课程。

在“d.school”，学生们不仅要讨论，要计划，更要实践。

在学习设计思维时，学生们可以从小课题开始。比如“拉面的吃法问题”“美容师的操作问题”等等。

“d.school”要求学生们去创造，去研究，让客户体验，再根据反馈不断调整，直到做出像样的产品。

随着实践经验的不断累积，学生们慢慢开始向大型课题、社会性课题发起挑战。其中，“d.school”最后的课程被学生们称为“发射台”，这期课程仅有 10 周时间，学生们要在此期间推出真正的产品或服务。

2010 年，两名学生在课程进行到第 5 周时，便成功发布了一款新闻阅读软件“Pulse”，结果获得了超高人气。此后两个年轻人在斯坦福大学商业孵化器 StartX 的帮助下，成功将该业务推向了市场。

乔布斯在一次演讲中，对该软件赞赏有加。有了他的推荐，一年中“Pulse”的用户数就达到了 500 万。

2013 年 4 月，LinkedIn 公司以 9000 万美元的价格收购了“Pulse”。此后用户数更是一跃达到了 2000 万。

2008 年，“Pulse”的创始人之一阿克沙伊・科塔里（Akshay Kothari）最初接

设计思维的流程

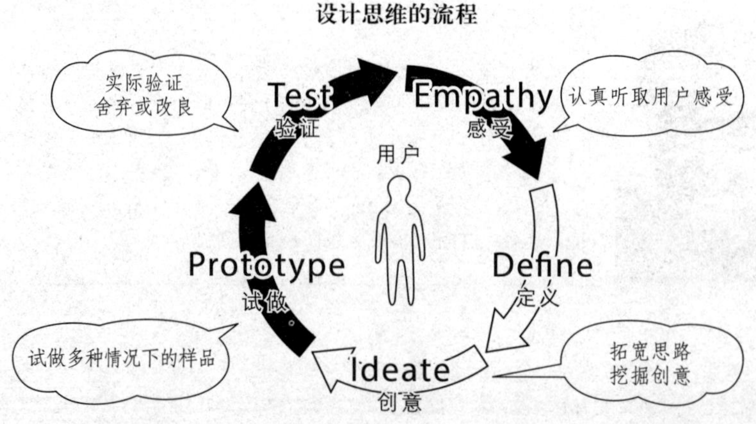

触到的就是关于“拉面的吃法问题”，而 5 年后他也对自身的变化感到万分惊喜。

“在参加 d.school 之前，空下来我只会坐在电脑前，想着如何开发网页，如何开发手机 APP。”

“如今我不是在想，而是在做！”

Y Combinator："训练营"中成长起来的 Dropbox

Y Combinator 成立于 2005 年，是一家著名的创业孵化器，它不仅向创意团队进行投资，还给予他们创业指导，帮助他们搭建人脉。入选的创业团队必须前往硅谷参加为期 3 个月的训练营。入营期间，他们会接受系统的培训，试发自己的创意产品。

Y Combinator 仅向每个团队提供少量资金，大部分资金需要团队从风投公司或者天使投资人那里获得。到目前为止，已有数百个团队参加过该训练营。其中也不乏 Dropbox 那样的成功案例。[1]

其实，Dropbox 在商业模式上毫无新意，只不过巧妙运用了亚马逊刚刚发布的 S3 云计算平台。不过，这也意味着许多公司都可以推出此类服务。

“免费 + 付费”模式，备份还原型……当时，类似的服务提供商有几十家，不过 Dropbox 还是毅然投身“红海”，参与了这场争夺战。

Dropbox 的创始人德鲁·豪斯顿（Andrew W Drew Houston，1983— ）被誉为程序天才，他上学期间就参与过创业活动。由于看到朋友通过 Y Combinator 将事业（Xobni）越做越大，所以也申

The Launch Pad：Inside Y Combinator（2013）
Randall Stross

[1] 虽未上市，但 2014 年 Dropbox 的融资额达到了 2.5 亿美元，据此推算该公司的市值约为 200 亿美元。

请入营。豪斯顿最看重 Y Combinator 的三大价值[1]：

①方法：许多优秀的编程人员并不知道如何创业，但很少有人关注这一问题。然而在这里他们可以学到如何创业。

②伙伴：这里有许多同时期创业的伙伴，大家可以相互支持共渡难关，还可以向创业的前辈们取经问道。

③投资人士：展示日当天会云集大批投资人士。这大幅度提高了产品演示的效率，还促使这些人竞相投资。

“对于一个创业团队，如果你没资金、没经验、没门路，就很难入驻硅谷。而 Y Combinator 正是帮助那些从零开始的企业实现梦想的天堂。”

话说回来，对于豪斯顿的创业企划案，几乎所有投资人士都持反对意见，因为他的企划案毫无新意。不过，Y Combinator 却因为豪斯顿的技术实力，决定为其投资，红杉资本也紧随其后。

其实打造一项吸引用户的网络存储服务绝非易事。所以无论进入市场的时间是早是晚，只要产品过硬，就一定会有市场。

而豪斯顿恰恰有这种才能。

德鲁·豪斯顿

5 岁开始编程，被誉为天才少年。创立 Dropbox 后，曾欲转让给苹果公司，但乔布斯认为其功能单一、无发展前景，因此拒绝收购。不过 Dropbox 几乎支持所有移动平台，因此它比 Evernote、Box、Google Drive、Sky Drive、iCloud 等更有人气。

[1] 来源于 @IT“硅谷 Web 初创公司之肖像”。

Y Combinator 和红杉资本正是基于这种考虑才为其投资，同时也为豪斯顿架起了实现梦想的桥梁。

Y Combinator 也是加速死亡的坟茔

Y Combinator 不仅是实现梦想的天堂，也是让必将失败的创意项目快速走向死亡的坟茔[1]。

“jellyfish Art”的创始人 Andon 通过在众筹网站上发布的水母箱一举成功后，他灵光一闪：“水母能行，其他动物也一定能行！”

于是，Andon 参加了 Y Combinator 的创业培训营，希望打造出一个宠物行业的亚马逊。

然而经过反复论证，他发现这个创意并非想象中那么好。

- 活物的线上销售，风险大且利润小
- 宠物行业听起来很大，但主要的宠物无非猫和狗，其他宠物少之又少

于是，Andon 转变思路，创立了一个联结犬业公司和消费者的中介网站。不过这个网站对原有的产业（水母箱）毫无促进作用，无奈之下他选择了放弃。

可以说，加速死亡也是 Y Combinator 的重要机能。在这里，你可以与伙伴们共同学习，一起成长，努力制作企划，接受投资方点评，快速了解方案的可行性。不行，转换思路挑战下一个，说不定就能行。因为快速迭代才是商业模式创新以及实现创新的本质所在。

[1]“失败无妨，要失败就早点失败！”此话来自谷歌的创始人兼 CEO 拉里·佩奇。

向未来发起挑战：捧贤一主张的“照亮一隅”，贝佐斯主张的“顾客重于对手”，佩奇主张的“创造高于竞争”

无论何种商业模式，寿命不过 5 至 10 年

关于“如何改变商业模式”“如何实现商业模式创新”这两大问题，我们在前面的论述中已经给出了部分答案。

• 领导体系：例如乔布斯那样的独裁型领导体系，雷富礼和宫坂主张的分散型自我管理体系

• 企业文化：例如西南航空公司重视幽默、录用新人、不断创新的企业文化

• 实践理论：例如戈文达拉扬为大企业找到的“遗忘借用学习法”，莱斯主张的创业时不做无用功的“精益创业”

• 人才培养：例如克里斯坦森主张的探求能力训练，硅谷的“d.school”和“Y Combinator”

商业模式创新的优势持续时间

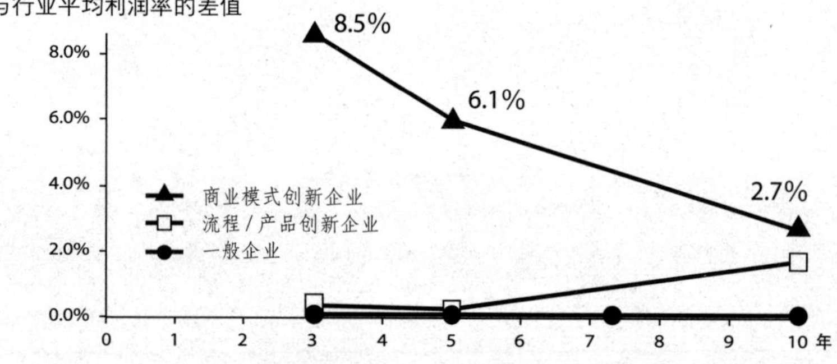

来源：根据 Business Week/BCG 调查（2009）由三谷宏治制成。

不过，这些大都与创立新企业、开辟新业务有关，却很少涉及企业自身的改革问题。这无疑与企业自身改革极为困难有关，用戈文达拉扬的话来说，现有企业在进行改革时，很难摆脱自身的束缚（无法遗忘，或难以控制借用的范围）。

不过，总有第一个吃螃蟹的人。GE 的 CEO 杰夫·伊梅尔特（Jeffrey Immelt，1956—　）一边重新审视公司以往的各项业务，一边大力推行企业自身的改革（精简化、本地化、去金融化）。其实，他比谁都清楚这条路多么难走。

一个公司好不容易寻找到了一种新的商业模式，第 5 个年头，还可以凭借这种新模式在利润方面保持较大优势，可到了第 10 个年头，这种优势几乎消失殆尽。因此一个企业想要保持竞争优势，就不能停下创新的脚步。至少，每隔 5 至 10 年就要推出一种全新的商业模式。

答案绝非唯一：新型电子商务网站“Zulily”

对于一个行业，不一定存在多个类似企业，但可能存在多种商业模式。

前文中提到的智能手机行业、服装用品行业（SPA），以及日本的电子商务行业就说明了这一点。

多年执掌谷歌的 CEO 施密特认为：

人们通常把互联网世界比作零和游戏（zero-sum game），其实在互联网世界，根据创新方法的不同，可能会有多位赢家。比如，苹果公司和谷歌公司就通过各自的创新取得了巨大的成功。Facebook 也在新的领域上开辟了自己的市场。

因此，答案绝非唯一。

西雅图是美国著名的航天城，世界上最大的飞机制造厂商——波音公司就在此诞生。虽然波音公司的总部已迁至芝加哥，但西雅图以及周边地区依然集聚着星巴克（1971—　）、Tullys（1992—　）、Costco（中文名为“好市多”，

1983— ）、亚马逊等多家企业。曾经的航天城，成了新兴产业之城、IT 产业之城。2009 年底，一家名为 Zulily 的“会员制闪购网站”也在此诞生。

- 顾客：针对产前产后不方便外出的女性顾客，实行会员制，商品信息无法通过搜索网站获悉
- 商品：多数为美国境内小型日用品牌中的热销产品
- 店铺信息：每天早上 9 点（美国东海岸时间）都会推出新品，且每款商品只进行为期三天的限时特卖
- 收款发货：客户下单后使用信用卡提前支付。交易完成后 Zulily 向各个供应商订货，商品首先统一送至俄亥俄州的配送中心，之后再分别发货至客户手中。（商品的平均库存天数仅为 6 天，而亚马逊为 30 天）

虽然顾客要提前付款，虽然配送速度相对较慢，但这种限时闪购的模式却吸引了全美女性的热烈追捧。同时，由于低价销售的信息很少被泄露，生产厂家也积极投身于销售当中。

基于这种新型的营销模式，Zulily 的销售额一路飙升，从最初的 0.2 亿美元增长到了 7 亿美元。2013 年，Zulily 成功上市，据估算市值高达 45 亿美元。虽然，

“会员制闪购网站” Zulily

	Zulily		亚马逊
顾客	产前产后的女性顾客 会员制	美国境内的小型 服装用品企业	所有人
价值提供	少量人气产品 价格低廉 商家及产品每日更新	低价销售的信息 不会泄露 销路可靠	品类繁多 直销 配送快速
盈利模式	收到订单和货款后再向厂家订货 商品库存天数仅为 6 天		公司购入罕见产品 商品库存天数为 30 天
竞争力	经由俄亥俄州的配送中心		全美境内的配送中心

Zulily 诞生在亚马逊一统天下的时代，但它却创造了和亚马逊完全不同的 B2C 电子商务模式。

日本的家居用品行业给出了怎样的答案？

在日本的家居用品行业，店铺总数为 4500 家，产值高达 4 万亿日元。那么，这个行业又给出了怎样的答案呢？

- 整体规模型：通过企业并购，实现规模化采购，从而降低商品成本（DCM Holdings[1]）
- 店铺规模型：通过巨大的店铺规模，彰显品类齐全的价值（仅本店有售）（CAINZ 中文名为“家迎知”、JOYFUL HONDA[2]）
- 内部空间开放型：通过店铺内部空间的开放式结构以及对员工的配置、培训，保证品类齐全、查找方便（HANDSMAN）
- H&G 型：通过小型店铺的网点化经营，满足人们对园艺工具和绿色植物的需求（KOMERI）

其中，一家名为“KOMERI”（中文名为“米利”）的商店颇为有趣。之所以这么说，是因为其他商店都在想方设法地扩大商店面积，扩充商品种类，可 KOMERI 却反其道而行之，将经营的商品精简为两大类。不过，这两大类商品却满足了农民朋友的基本需求。

另外，在商品供给方面，每家大型物流中心可对应几十家小店铺，这样就大大降低了成本，因此在只有 1 万人的商圈内也可以正常运营。从单个店铺来看，它的规模大概为便利店的 5 倍，营业额也达到了便利店的 80%。

- KOMERI：面积约为 999 平方米，营业额约为 2 亿日元

[1] 由 Kahma、Daiki、Homac 于 2006 年合并而成。在此基础上又吸纳了 Tateyama、O-JOYFUL、Sanko 等家居用品店。

[2] 15 家店铺的营业额共计 1768 亿日元（2012 年 6 月—2013 年 6 月）。

• 7-11：面积约为 200 平方米，营业额约为 2.3 亿日元

1983 年 KOMERI 的首家门店正式营业，当时公司预计在全国开设 1000 家店铺。如今，这一目标已经实现，营业额也超过了 3000 亿日元。KOMERI 的下一目标是 3000 家店。

与此同时，KOMERI 又向新的商业模式发起了挑战。这次它瞄准的不是农村，而是城市周边的郊区，KOMERI 希望在那里可以培植起新型的家居便利店。

商业模式革新的真正目的不是竞争而是创造

KOMERI 的创始人捧贤一（1933— ）向我们讲述了他的创业经历。

“H&G 创立之初，很多咨询人士表示不解，他们大都认为我的事业必将失败。的确，金属工具的销售速度慢，花卉产品打理起来又花费时间，再加上经营种类较少，达不到大型商店的经营要求，因此 H&G 的面积只能控制在 1000 平方米以内。不过，我们不效仿他人，我们聆听客户意见，在员工的不懈努力下，我们终于开辟出了一条新的商业道路，那就是 H&G。”

“虽然很少有企业愿意进驻农村，但是我们愿意这样做，因为我们要‘照亮一隅’[1]。”

捧贤一

从加茂农林高中毕业后，在自家的粮店工作。19 岁时开始单干，比起生意他更热衷于社会活动。快 30 岁时对生意产生了兴趣，但转行失败。后来在美国考察期间，接触到了家居用品行业。44 岁时进入该行业，第一家 H&G 开业时，他已年过半百。

[1] 日本天台宗开山鼻祖最澄（767—822）的名言。意思是说“金银财宝并非国之宝物，肯在某地贡献自己光和热的人才是国之宝物”。

KOMERI 把目光投向了同行不屑一顾的消费群体，为此开辟出了新市场，并从中获利。

如果有人问贝佐斯“你的对手是谁”？我相信他一定不会回答，因为这违反了他主张的“客户中心主义”。

如果一家企业在媒体面前论及对手，很明显它就是一家以对手为中心的企业，它时刻关注着对手的一举一动，只要对手有新动作便立即模仿。从某种意义上来说，这种战略其实并不简单。但是，一家企业如果紧跟其他企业，就意味着对手才是它的关注焦点[1]。

而贝佐斯寻求的既不是打败对手，也不是效仿对手，而是从顾客的角度出发，寻找新的商业模式，发现新的经营方法。

正是基于这一理念，贝佐斯才创造了亚马逊，才推出了 AWS、Kindle 电子书阅读器以及免费的配送服务。

谷歌的创始人兼 CEO 佩奇更是极力反对“竞争主义”。

“许多公司的经营策略本身就存在问题！”

“这些人每天来到公司，就想着如何打败同类企业，这很有意思吗？！”

“媒体常常把我们的竞争写得像体育赛事一样惨烈，但有几个新的商业模式是在竞争中产生的呢？”

“我们应该做的不是改善，而是飞跃。”

他还说道：

“Gmail 就是一个典型事例。我们谷歌原本只不过是一家提供搜索服务的企业，因此推出的网页版邮箱就是一次飞跃，更何况我们邮箱的免费存储量比其他公司高出百倍。如果一个公司只是单纯改善，它怎能取得如此骄人的成绩？！”

商业模式创新关系着企业的持续竞争优势，这句话听起来似乎有些结果论的

[1] 见《亚马逊 CEO 杰夫·贝佐斯访谈录（上篇）》，日经商业在线（2012.05.01）。

意味。其实归根结底，我们进行发明创新并不是为了打败对手，而是为了开拓市场，开创未来。

为了我们的未来，为了子子孙孙的未来，请向新的商业模式发起挑战吧，因为这不仅是创新之源，也是实现手段。

补　章

日本向世界发起的挑战

半封闭 + 人力：看 Linkers 的“匹配创新模式”

开放式创新绝非万能答案

人们常说，是中小企业支撑起了日本产业。的确，日本 430 万家中小企业提供了 70% 的就业岗位（约为 2800 万个岗位），可以说正是这群优质的中小企业才成就了日本的传奇产业。

但是，一方面，对平均每家还不足 7 名员工的小企业来说，能力范围毕竟有限。他们把精力花在商品、服务上，就不可能花在营销、市场上。退一步说，即便能挤出些精力放在营销和市场上，这种能力也相对有限。

另一方面，处于中小企业上游的客户企业也面临着同样的困惑。在 430 万家企业中，哪家企业拥有自己所需的技术，如何找到满意的合作伙伴，这都成了难题。

不过，在互联网时代客户企业只要在网上公开自己的需求，问题不就迎刃而解了吗？的确，这种开放式创新让大企业频传捷报。其实不仅宝洁、IBM、英特尔、杜邦、默克这样的大公司，就连中小企业也从中受益。

但是，这种模式仍然存在着一些问题。其一是信用问题，其二是保密问题。对于某些项目，采取公开征集的方式真的合适吗？且不论应征企业的技术如何，恐怕客户企业最为担心的是它的信用等级，是它会不会把项目中涉及的机密泄露出去。

Linkers，借助人才搭建起来的半封闭中介网站

作为客户企业，如果希望对项目保密，就只能在网上逐一检索，或者去展会寻找合适的企业。但这种做法既不能网罗所有的备选企业，又浪费了时间和成本。

Linkers 巧借人力将中小企业连在一起

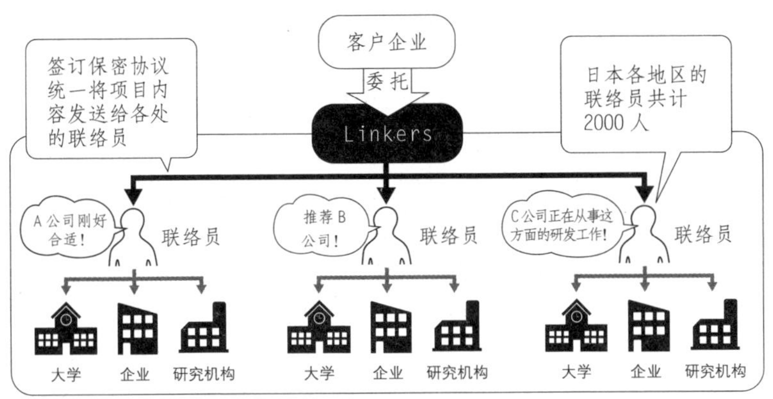

换句话说，这个难题属于供需间的匹配问题，但又不是单纯的匹配问题。如果是单纯的匹配问题，借助互联网就可以轻松解决了。因为需方要求开发过程绝对保密，而供方又是数量如此庞大的中小企业，这便成了一道难解之题。

那么向中小企业寻求供应或合作时，我们能够兼顾"全面、快速、信用等级高、选择成本低"这四大要素吗？

接下来为您介绍的"Linkers"就仿佛解决了这一难题。"Linkers"是一家半封闭式的商务中介网站，或许我们不能称其为网站，因为 Linkers 的机能来源于许许多多的人。

VIBE 公司，面向个人的"纸板隔音室"

曾经有一款游戏，自 1989 年推出以来，就成为电玩商城中的常青树。它就是由南梦宫公司（现在为万代南梦宫）开发的动作游戏《鳄鱼鳄鱼恐慌》。

这款游戏的开发者曾是一个游戏部门的新人，他入职 9 年后才被调到心仪已久的游戏部门。

当初，他拿着游戏提案找到部长时，却被认为毫无新意遭到拒绝。不过他并未放弃，而是做了一个简易的游戏模型。

他使用的材料很简单，拖鞋、棒子和纸箱。他用拖鞋当作鳄鱼，自导自演了一场“打鳄鱼大战”。结果，部长捧腹大笑，他的提案也顺利过关，并最终成为日后极其热销的游戏产品。

而如今，这款游戏的开发者已经成为万代南梦宫的社长，他就是石川祝男。他的传奇经历已然成为公司的美谈，他的“做给你看！”也成了员工提案时的必杀技。

有一天，万代南梦宫旗下的 VIBE 公司拿来了这样一件样品——面向个人的隔音室。这个长宽各 1 米、高 1.3 米的小屋子，专为在家中练歌和录音的人设计。

结果用纸箱这么一试，大家都觉得可行。于是，这个项目立刻被提上了商品议程。但是他们很快意识到自己公司既没有音响方面的专家，也没有特殊纸箱的制造技术。当然，能找到一家合适的制造商便万事大吉了，然而他们迟迟未能找到。

不过，在此期间他们却在 JOYSOUND 展会上发布了自己的创意，结果大受好评。可是找不到制造商，就供应不了产品啊！为此，大家一筹莫展。

单人隔音室

能将声音从 90 分贝降低至 60 分贝。
无须任何工具 15 分钟即可组装完毕。
价格便宜（约为 6 万日元）。

用 Linkers 找找看？结果一周搞定……

无奈之下，VIBE 将此重任交给了 Linkers。起初 VIBE 并未对 Linkers 抱有太大信心，因为他们觉得“自己公司找了一年都没找到，谁找不得花点时间啊”！

可是——

• Linkers 接到任务后，一天就找到了 30 家符合条件的公司（由 25 名联络专员提供）

• 通过和联络专员讨论以及对目标公司的询问，第 3 天就锁定了 3 家公司

• 第 7 天最终确定了合作公司（福岛县神田产业）

Linkers 的速度和全面的网罗性着实让 VIBE 吃了一惊。

而 Linkers 之所以能够如此高效地完成任务，恐怕要归功于公司特聘的 1300 名联络专员。虽然这些专员供职于不同机构[1]，但他们都是熟悉当地产业、推动产业合作的专家。

拿纸板隔音室这个项目来说，东经联产业服务中心的联络专员不仅在技术层面上帮扶过当地企业，对神田产业也相当了解。他看到 VIBE 的项目后，立即向

Linkers 的分层式检索

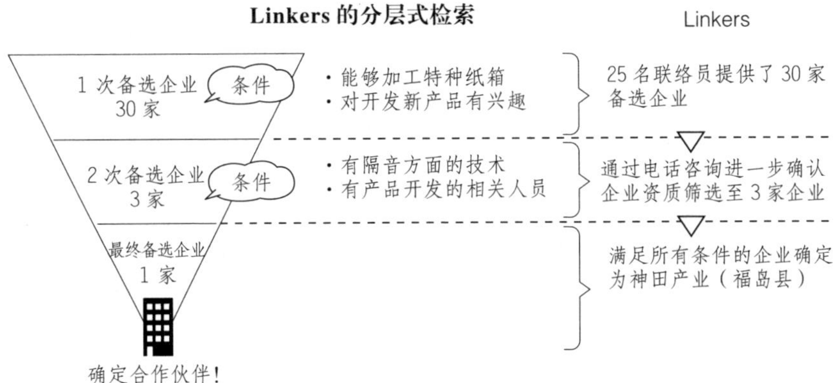

[1] 岩手大学地方联合推进中心、新潟产业创造机构、圆梦南相马、秋田县产业技术中心、中部经济联合会等。

Linkers 推荐了这家企业。

VIBE 万万没有想到 Linkers 仅用一周时间就帮助他们找到了满意的合作企业。更让 VIBE 惊喜的是，神田产业也仅用两周时间就完成了样品，而且样品的质量大大超出了预期。这一连串惊喜让 VIBE 对 Linkers 刮目相看，并决定把所有的需求项目都委托给 Linkers。

最终，VIBE 公司将商品命名为“danbocchi”，将价格设定在了 6 万日元左右。结果商品仅发售一个月就卖出了 300 套。神田产业也因此实现了满负荷生产。

联络专员这一基础设施，因何难以跨越地域？

Linkers 不公开项目内容，而是将其传达给各个联络员，通过这样一个半封闭模式确保了项目的保密性。另外，Linkers 无须投入雇佣成本，因为这些联络员本身也属于一种社会基础设施。

只不过这些联络专员大多供职于地方性组织，因此他们的活动范围很难超越地域的限制。他们能够对当地企业进行技术指导，却无法帮助当地企业拓展业务。

虽然这些联络专员很想为当地企业多做一点贡献，但由于他们居于一地，因此无法帮助企业在业务上取得突破。“我了解神田产业的技术和生产能力，却无法帮它找到合适的需方，真是让人瞪眼干着急！”帮助过 VIBE 公司的联络专员如是说。

因此，不能超越地域限制，不能将点（制造方、供方）与点（顾客方、需方）连接起来，就无法解决这一问题。而 Linkers 正是解决这个问题的金钥匙。

充分利用社会基础设施！

在日常生活中，我们离不开各种各样的社会基础设施。比如：

①社会基础设施：能源、交通、水、通信、垃圾处理等等；

②生活基础设施：医疗救护、教育、行政、金融等等。

除此之外，社会基础设施还有多种层次之分。例如城市基础设施、自治团体基础设施、国家基础设施、国际基础设施。其中大部分并非纯粹的民间组织，而是政府机关、特殊法人、NPO（非营利组织）、NGO（非政府组织）等。

不过，在日本有340万公务员，100多万供职于特殊法人、NPO、NGO中，其中还有太多的资源等待我们挖掘。

Linkers刚好把目光投向了这一资源，虽然它采用了半封闭形式，却凭借全面性、保密性、低成本等优势打造了一个新型的服务化模式（商业模式）。今后，通过公共资源究竟会引起多少变革呢？让我们拭目以待。

“半职业众包”：看半职业人士打响的团体战

数万名插画师向世界递交的作品

巧用社会资源也可以创造出多种新型的商业模式。例如制作插图及漫画的 Whomor 公司（whomor.com）和销售指甲贴片的 MICHI 公司（jp.michimall.com）。

无论 Whomor 公司，还是 MICHI 公司，它们都把目标指向了全球。目前，Whomor 公司已经将插画和漫画产业拓展至中国，而 MICHI 公司也将销售范围拓展至英语国家（可使用美元、欧元、英镑进行结汇）。

两家公司的资源都来自日本国内，它们巧用日本（人）的才能，将服务推向了世界舞台。

在日本，有成千上万名独立插画师，而 Searchfield 公司首当其冲，将这些资源整合在了一起，向大企业提供插画和漫画等相关工作。Searchfield 成立于 2008 年，顾客从大企业逐渐转变成了广告代理商和社交游戏公司。

2010 年秋，KONAMI（科乐美）公司发行了一款名为“龙收藏”（Dragon Collection）的卡牌游戏，这款游戏一上市就吸引了众多玩家，因此日本的插画市场也水涨船高。不过，大多数制作社交性卡牌游戏的软件公司都出现了插画师人手不足的窘境，于是它们纷纷向外部求救。在这样一个背景下，MUGENUP 公司（2011 年 6 月）和 Whomor 公司（2011 年 11 月）应运而生。

这三家众包型插画制作公司的商业模式大体相同。

- 主要顾客：游戏软件公司（和普通公司）（几十家）
- 工作完成方：独立插画师（和制作公司）（数百到 1 万多人）

• 公司机能：①和顾客洽谈业务；②管理项目进程；③对插画师进行艺术指导

其中，管理项目进程和艺术指导最为重要。对游戏软件公司来说，这两件事情既浪费精力又浪费时间，因此他们不愿意直接与个人签约。不过对第三方中介来说，如果不能保证项目顺利进行，也会大大增加成本和风险，以至难以实现盈利。

Whomor 借“精益管理”解决两难境地

在 MUGENUP 公司，插画师们拥有一个专门的工作平台“WORKSTATION”，通过这一平台公司可以实时掌握项目的进程，这正是 MUGENUP 公司的优势所在。简单来说，通过这一平台，公司可以把握住每个项目的上传、进度等情况，进而判断该项目能否准时完成。

不过，对一个项目而言，最怕遇到的问题就是“返工”。项目好不容易接近了尾声，结果却发现整体风格不符合初衷、需要返工，这将极大地影响项目进程。

Whomor 公司为了解决这一问题，在前期阶段可谓下了一番苦功。首先公司会为插画师制定一份详细的指示书[1]，之后会对草稿进行仔细校对，发现问题及

原画制作的 5 个步骤

出处：“sociama.note BLOG”，由三谷制成。

[1]包括角色的姓名、性格、Wikipedia 信息(如果有的话)、进化前构图、进化后构图等 20 项内容。

时反馈给插画师，这样就最大程度上避免了线稿后的返工。

另外，Whomor公司为了提高业务效率，还大胆采用了“精益管理”。员工有好的想法时可以先写在公司的Wikipedia上，再于每周一的例会与大家讨论、分享。Whomor公司的创始人中，有些人既从事过商务咨询工作，本身又是插画师，也许正是他们的创造能力，公司才有了强大的竞争力。正因如此，虽然Whomor公司在3家企业中人数最少，但业务量却丝毫不输给其他两家。

如今，Whomor公司把目光瞄准了世界，一个6万亿日元的大市场。为了实现这一目标，Whomor公司进一步打开思路，把产品由插画拓展至了3D、漫画、音乐、复印等不同领域。

MICHI将31万美甲师的技术销往世界

还有一家公司，同样把日本的高超技术转化为商品销往了世界。这家公司就是手工甲片线上经销商MICHI。

众所周知，日本的美甲技术世界一流。不过要享受这项技术，就得去美甲店，且价格不菲（1万日币以上）。因此10至50岁的女性中，只有31%的人去

MICHI的定位

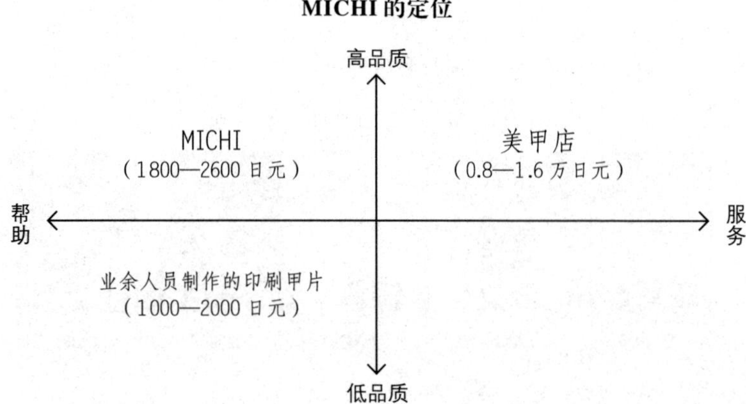

做美甲。其中，曾经去过现在不去的人占 40%，从未去过的人占 29%。[1]

多数女性朋友都会抱怨美甲时间又长，费用又高。

另外，在日本美甲师的人数已经达到了 31 万，且每年以 3 万人的速度递增。然而，美甲行业已经不再是香饽饽。目前，这个"时间又长费用又高"的美甲市场年产值已经达到了 1500 亿日元（约 2 万家店），市场几近饱和。

而线上经销商 MICHI 则通过提供高品质、低价格的手工甲片，成功解决了上述两大问题。

手工甲片 + 线上销售的新型商业模式

其实，在 MICHI 出现之前就存在着一些线上经销商，只不过这些经销商多数为个别美甲师，因此无论是设计种类还是推广力度，都相对有限。

而 MICHI 却成功将数百名隐于家中的美甲高手集结在了一起，以手工甲片的形式将她们的高超技艺送到了千万消费者手里。通过五彩缤纷的设计和每周五发布新品的策略，MICHI 赢得了良好的口碑和大量回头客。不过，每个人的指甲形状各不相同，为了解决这一问题，MICHI 会事先向消费者免费提供样甲[2]，这样消费者就可以根据样甲来选择适合自己的甲形。通过上述举措，MICHI 成功俘获了广大女性的爱美之心。

不过在这项事业中，美甲师（现在约 300 名）才是重中之重。其实，与付出的时间相比，她们得到的报酬并不高。但是，

- 她们可以将自己的设计转化为商品，从中获得满足感
- 她们可以根据自己的时间安排工作，灵活性强
- 接到订单后进行生产，生产过程中有一种被认可的喜悦感

恐怕这些才是美甲师们的工作初衷吧，也正因如此，她们才会积极推出新

[1] 根据日本 MYNAVI 公司的调查。

[2] 此外还有 18mm×20mm 的"0"形样甲。

品、努力制作样品、接到订单后认真进行生产。

其实，接到订单后进行生产的模式并不适用于品种繁多的时尚品行业，但可以实实在在地降低产品积压所带来的风险。

如何兼顾商业与创意?

其实，对消费者来说，她们希望商品既要新潮更要百搭。因此不能兼顾消费者的要求和美甲师的创意，就无法实现双赢。

而这并不是谁向谁妥协的问题。总的来说，美甲师也希望自己的创意能够迎合大众的流行趋势。因为她们不是孤傲的艺术家，而是希望得到大家认可的手艺人。

为此，MICHI 会经常向美甲师发送当前的流行趋势，让大家了解消费者的需求。通过这一做法 MICHI 成功地解决了美甲师和商业利益之间的矛盾。可以说，正是兼顾了商业和创意这两大要素，MICHI 才踏上了成功之路。

MICHI 作为行业的领头羊，它将重心放在了品牌战略上。只有公司的品牌深入人心，消费者才会放心地购买产品，美甲师才会安心地在此工作，消费者和生产者才会进入一个良性的循环状态。

手工甲片专营店 MICHI

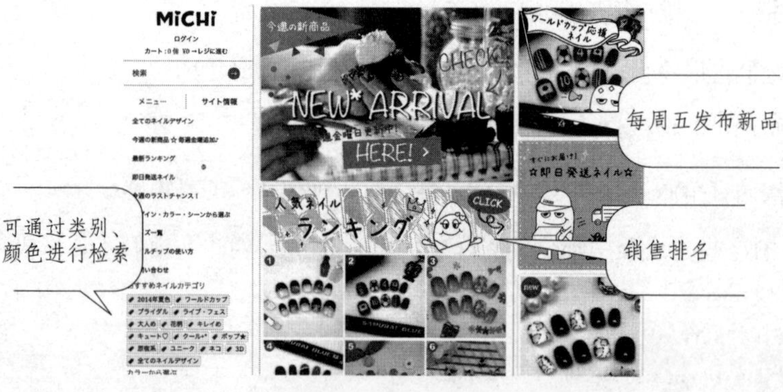
MiCHi
NEW* ARRIVAL
HERE!
CHECK!
CLICK
每周五发布新品
销售排名
可通过类别、颜色进行检索

撑起平台的是人的能力

对大多数风险投资人士而言，他们更喜欢无须人员介入的 C2C、B2B 商业模式，因为这些模式易于扩大，但这种模式却很难带给企业持久的竞争力。因为易于扩大就意味着易于模仿，所以这种模式一旦被更有实力的企业效仿，自己便无力与之抗衡，最后存活下来的往往是处于顶峰的一两家企业而已。

因此，想要创造出拥有持续竞争力的商业模式，关键在于发挥人的能力，让对手难以效仿。

Linkers 是一种点（需方）对点（供方）的网状商业模式。为了实现这种商业模式，除了要确保项目的保密性以外，还要满足下列条件：

- 供方的情报数量：承接业务的范围和备选企业的数量
- 供方的情报质量：联络专员和备选企业的口碑

Linkers 正是通过与联络专员的地方性团体进行密切合作，才满足了上述条件。例如，Linkers 通过与东经联产业服务中心进行合作，不仅成功吸纳了数百名联络专员，还委托东经联对应征的联络专员进行筛选和审查，从而保证了联络专员的质量。

此外，由于联络专员的数量众多，对于一家企业的情况会有若干名联络专员有所了解，这样就保证了企业评价的客观性。

简单来说，如果只在互联网发布寻找联络专员和需方企业等相关信息是很难达到预期目的的。想将这种众包平台推向成功非借人力不可。

Whomor 公司的成功源于两大因素，一是避免了返工的艺术指导，二是精益管理模式。而 MICHI 凭借先入为主的优势，加上成功地平衡了需求与创意，成为行业内的领头羊。

Cookpad、kakaku.com、@cosme 集大众之“慧”

在日本，也有几家较为成功的“消费者生成媒体”[1]。

Cookpad（1997— ）：付费会员模式

kakaku.com（1997— ）：送客佣金模式

@cosme（1999— ）：广告、电商、店铺的复合模式

虽然各家网站的盈利模式并不相同，但它们的价值都来源于用户发表的评价和话题。

Cookpad 有 167 万道菜谱，不言而喻，这正是该网站的核心卖点。同时每道菜谱下面都设有评论栏，人们可以发布试做后的照片和感受。据说有些人气菜谱的评论数能高达 1 万条，可以说这里仿佛成了菜谱贡献者和评论者的交流天地。

此外，kakaku.com 之所以能够提供所有在线商品的最低价格，也是利用了商品下面的留言板。无论是复杂问题，还是简单问题，只要你虚心请教，就一定会有经验丰富的专业人士（半专业）为您解答。

kakaku.com 最大的亮点在于它的口碑栏，而撑起这个口碑栏的正是将近千名的热心网友。他们之所以乐于回答、评论，其实并不是为了钱，而是为了名誉。对于回答结果，kakaku.com 会根据提问者的满意程度，颁发给热心网友“金银铜”牌以示鼓励，当热心网友集齐 10 枚“金牌”时就成为殿堂级人物。

kakaku.com 把这种模式也运用到了餐厅评价上，成功开办了 tabelog.com[2]，并希望借此赶超老牌网站 gnavi。

@cosme 几乎网罗了所有日本境内的化妆品，它通过大量的商品评论信息，

[1] 即 Consumer Generated Media。代表性的网站包括 YouTube（视频分享）、Flickr（图片分享）、Pixiv（插画分享）、2ch（匿名留言版）等。

[2] Yelp 是美国最大的点评网站。它成立于 2004 年，每月绝对造访人次高达 1 亿 2000 万人。tabelog.com 为 4000 万人。

吸引了广大的爱美人士。[1]当前，该网站的总发帖数量已经达到了1117万条，人们对发帖用户的年龄和肤质[2]进行检索后，就可以查看相似用户对于某款产品的评论。

在日本，20至30岁的女性中约有47%、30至40岁的女性中约有35%的人每月都会登录该网站。为了让用户安心地发表自己的使用心得，避免他人的恶意攻击，网站会对所有帖子逐一审核。

正是由于网站投入了大量的时间和精力，用户受到了应有的尊重和保护，他们才成为核心评论者，更准确地说，是成为商品信息的核心提供者。

在日本隐藏着许多半职业人士（尤其是宅男宅女），谁能将他们的智慧凝聚在一起，谁就能打造一个冲出国门、走向世界的新型商业。

[1]该体系是基于亚马逊商品评论功能开发而来的。

[2]可分为中性、干性、油性、混合性、敏感性、特异性皮炎6种肤质。

MUJI的组合拳——“顾客时间型全渠道销售”

MUJI成功将顾客引向实体店

在美国的百货行业中，线上销售的营业额大约为总额的10%。而在日本，这一比率还不到1%。无论是7&i，还是永旺(Aeon)，虽然推出了线上销售业务，不过距全渠道销售还有一段距离。

在日本，首先采取全渠道销售模式的企业当属良品计划公司（运营的品牌为无印良品）和Start Today公司（运营的品牌为ZOZOTOWN）。

良品计划公司从西友公司独立而来，目前经营的品牌为无印良品。虽然公司的发展道路并非一帆风顺，但根据最新的统计结果，良品计划的年销售额达到了2000亿日元，销售利润超过了10%。（2013年2月—2014年2月）

良品计划通过邀请客户参与产品开发，成功推出了“符合人体力学的沙发”等多款产品。此外，良品计划还充分发挥互联网资源，将公司推向了发展的快车道。在Facebook的官方主页上，MUJI获得了百万次点赞，网店会员也达到了460万人（2014年7月）。

然而，在2010年约有六成的网店会员从未在MUJI网店上购买过商品。可是MUJI公司却始终用邮件给这些会员发送相同的广告，其实这种做法没有多大意义。

因此，MUJI决心想方设法将这六成不在网店购买商品的会员引向实体店。

• 将原本只能在网店使用的优惠券变为网店实体店通用（邮件中附有二维码，到实体店的自助终端打印即可）

• 在网店订购的商品可以到自己指定的实体店取货

• 利用 Twitter、Facebook 等社交网络进行宣传

2010 年起，由奥谷孝司（1971— ）率领的线上销售团队，并未进行大规模设备投资，只利用了若干小道具（简单的营销方法），就成功将客户引向了实体店。

2013 年 MUJI 还推出了一款名为“MUJI passport”的手机应用。通过这款手机应用，MUJI 将积分、返点、优惠券、信用卡、会员编码、社交媒体等多种功能整合在了一起。

MUJI 希望延长与客户的接触时间，这个时间不仅包括购物时间，还包括购物前后的互动时间。因为只有让顾客更多地了解 MUJI，MUJI 的品牌形象才会深入人心。我们将这种经营战略称为“顾客时间型全渠道销售”。

“MUJI passport”推出后，短短的一年零两个月就被下载了 200 万次，俨然成了公司战略布局中的核心利器。

Zozotown= 全渠道销售 +Cookpad+eBay？！

start today 公司的营业额高达 1146 亿日元，利润也高达 124 亿日元。公司的重点运营项目 Zozotown 是日本最大的时尚品牌购物网站。目前，该网站中共有 621 家店铺（超过 2200 个品牌），商品数量高达 21 万件。一年中约有 320 万人在此购物（2014 年 3 月）。

2013 年秋，start today 公司推出了一款名为“WEAR”的应用，消费者只需在手机上安装该应用，就可以享受以下四大功能。

①扫码功能：如果在实体店看到了心仪的商品，只需扫取二维码，就可以得到该商品在 Zozotown 上的信息，且可以通过此应用立即购买。

②搭配展示功能：这个功能类似于 Cookpad，时尚达人、店员以及一般消费者均可在此上传自己的服饰搭配方案，其他消费者可以通过商品名称和主题进行

检索，且可以立即购买方案中的商品。

③ SNS 功能：可以为某人的搭配方案点赞、评论，也可以关注这个人。Zozotown 希望借此将“WEAR”打造成时尚品牌的社交应用。

④ mycloset 功能：你可以将自己的服装商品拍照上传，如果在 Zozotown 购买的商品则无须上传，网站会替你自动保存。Zozotown 希望将来可以像 eBay 一样，实现个人用户间的二手服装买卖。

其中，①的功能可以说是展厅现象的终极武器。有了它，你完全可以在实体店挑选好衣服，再从网店上购买。

不过，Zozotown 又给“WEAR”赋予了地点识别功能，这样“WEAR”就可以把部分利润分给相应的实体商城。可以说，Zozotown 采取的并不是梅西百货的单打独斗式全渠道销售，而是联合了实体店业主和网店专营业主（Zozotown）的新型全渠道销售。

不过，Zozotown 推广该应用之初，只得到了一家商场（PARCO）的支持，其他实体店一致反对。然而 4 个月后，参与的品牌却超过了 2000 种，加盟的商店也达到了 3500 家。可惜的是，这项功能并未给加盟店和 Zozotown 带来多少

WEAR 当前的三大功能

SNS 功能
为某人的搭配方案点赞、评论、加关注
搭配展示功能
时尚达人、店员以及一般消费者都可以上传自己的服饰搭配方案
mycloset 功能
将自己的商品拍照上传，获取该商品的搭配方案
ZOZOTOWN
通过该网站购买品牌服饰
C2C 交易

收益[1]，因此半年后此项功能被迫中止。

不过，Zozotown 对“WEAR”这款应用依然抱有较大的信心，因此他们将大部分精力投入到了 SNS 功能当中。

不光是时尚达人和店员，一般的消费者也踊跃发表自己的搭配方案，短短 7 个月间，方案数就达到了 70 万件[2]。也就是说 Zozotown 每天会收到 3000 个方案。

Zozotown 通过“WEAR”应用，将顾客和店员全部卷入了时尚产业之中，打造了一种新型的商业模式。

挑战，越是有多种可能，它的结果就越令人期待。

---

[1] 月销售额为 1 亿日元。

[2] Cookpad 成立之初，历经 5 年多的时间，菜谱总数才达到了 100 万个。

因产品失去的，靠配件赢回来？！

输在产品，赢在配件，可能吗？

在日本，有许多电子产品或相关半成品的生产厂商，不过它们却在竞争中败给了韩国、中国以及台湾地区的相关企业。因此很多企业不得不选择退出市场或缩小企业规模。此外，电脑、电视、手机、液晶屏等生产厂商也面临着同样的困境。然而，深入观察，你会发现市面上这些产品的零部件大都来自日本企业[1]。

例如液晶屏市场的总产值约为8.3万亿日元，而日本企业所占的市场份额仅为19%。然而其中的主要零部件却几乎被可乐丽公司（kuraray）、富士胶卷公司、JNC公司等日本厂商包揽。

虽然每个零部件的市场规模还不及液晶屏的1%，但由于这些“小市场”对技术的要求较高，一般企业难以进入，因此这些企业均在各自的“小市场”中独领风骚，实现了较高的盈利。

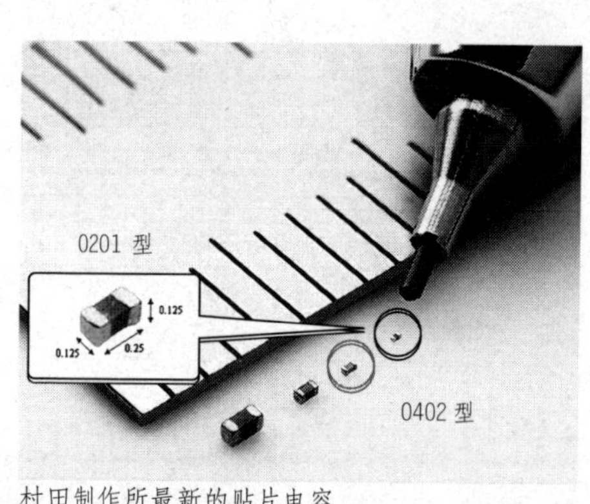

村田制作所最新的贴片电容

再比如，iPhone 5s的核心处理器A7，虽说是苹果公司独立研发的产品。但其实处理器中照相机的传感器来自索尼公司，大

[1] 1997年前后，日本企业的产能份额超过了80%。

量贴片电容[1]和无线 LAN 蓝牙模块来自村田制作所，而电子罗盘来自旭化成公司。

虽然在智能手机等终端市场，我们很少看到日本企业的身影（仅索尼凭借 Xperia 系列占据 3.5% 的市场份额，目前排名第 7 位），但实际上有许多日本的电子元件厂商活跃其中。村田制作所便是其中一家，它凭借纵向一体化模式将原料采购和生产设备集于一体。此外为了避免技术泄露，不对核心技术申请专利（烧结工艺）。因此在这个“小市场”上成功取得了霸主地位，年产值高达 8200 亿日元，利润更是高达 1200 亿日元（利润率为 15%）。

不过，暂时的霸主地位并不意味着永世无敌。企业一旦掉以轻心或者做出错误判断，不出一两年就会被其他公司所取代，当今的 IT 电子产业就是这样一个局面。其中，罗姆公司（ROHM）和 TDK 公司便是典型的例子。

液晶面板零部件、材料中日本企业所占的市场份额（2011）

产品名称	市场规模（亿日元）	日本企业所占份额	主要企业名称
玻璃基板	11000	51%	康宁、旭硝子玻璃、日本电气硝子
ACF	700	95%	索尼化学、日立化成
配向膜	450	19%	JSR、日产化学工业、JNC
偏光片	7850	57%	日东电工、住友化学、LG 化学（韩）
PVA film	?	100%	可乐丽、日本合成化学
保护膜	2610	98%	富士胶片、柯尼卡美能达
液晶	2370	96%	JNC、默克（德）
防反射膜	1010	84%	凸版印刷、大日本印刷
彩色滤光片	1400	18%	凸版印刷、大日本印刷等
液晶面板成品	8.3 万亿日元	19%	三星电子、乐金显示（韩）

出处：根据“关于日本企业国际竞争力的定量调查”（经济产业省，2013）制成。

[1]“0402”中的“04”表示长度，“02”表示宽度，一个贴片电容是由 100 个厚度为 1 微米的陶瓷片堆叠而成的，而 1 部智能手机平均要使用 500 个这样的电容。2014 年 4 月起，村田制作所开始对“0201”型（体积更小）电容进行量产。

罗姆的疏忽与 TDK 的失败

2007 年以前，罗姆公司的利润率始终保持在 18% 以上，是一家名副其实的绩优企业。当时，各大电视厂商为了标新立异，都不愿使用千篇一律的通用组件，于是罗姆公司为每家厂商定制了集成电路，并用颜色加以区分。正是这种差别化的服务保证了罗姆公司的高收益。然而，随着日本电视产业整体下行，罗姆公司也陷入了艰难的境地。

与日本市场相对，国外的电视厂商不追求差异化生产，而是追求快速量产，因此它们的需求变成了便宜的通用组件。

目前，欧姆龙公司将目标锁定在了汽车、工业产品以及平板电脑的组件，希望凭借自己最为擅长的功率集成电路实现东山再起。

2006 年，上釜健宏（1958— ）成为 TDK 的新一任社长。他主张“贴近客户”，推崇“速度至上”，提倡“技术独创”。他认为公司不别出心裁，就赢不了中韩两国的企业。于是他在公司内部大力推行新政，要求产品紧跟客户需求，同时要求产品 3 年必须更新换代。在这些举措下，公司的硬盘磁头销量稳居行业榜首，市场占有率达到了 30%。2009 年，TDK 公司又以 1600 亿日元的价格收购了全球最

4 家主要企业的销售利润走势图（2007—2013 年度）

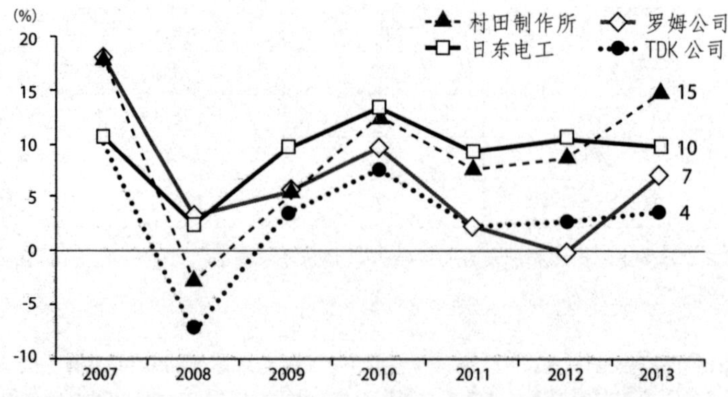

大的电子元器件（表面声波滤波器等[1]）制造商爱普科斯（EPCOS），准备借此进军手机市场。

然而市场风云变幻，硬盘生产企业由原来的几十家瞬间缩减至 3 家[2]，且这 3 家公司开始陆续生产硬盘。因此 TDK 的磁头产品彻底没了市场。与此同时，爱普科斯没能拿下苹果公司的订单（iPhone 5s），TDK 也没能打入安卓手机市场，无奈之下 TDK 不得不大批裁员，出售无力经营的业务。

其实归根结底，TDK 的失败原因有二：其一，它没能跟上市场节奏；其二，过分相信自己的品牌优势。

爱普科斯擅长车载用品和工业产品等电子元器件的深度开发（耗时较长），然而，在智能手机市场，每个季度都会推出新品，显然它的研发速度无法跟上市场的脚步。

另外，安卓手机的制造厂商大多数为中韩企业及美国高通，并非日本企业。因此 TDK 对这块市场投入的精力还远远不够。 TDK 不会是在想“就凭我在行业内的知名度，我不去找你，你也会来找我”吧?

公司遇到危机后，TDK 曾向爱普科斯增派了 15 名擅长快速研发的技术人员，TDK 的社长为了拿下订单也曾三次拜访高通公司。然而败局已定……

村田制作所——社长大胆放权，百人当机立断

村田制作所最大的优势就在于它的技术实力。为了保持这种优势，公司不断投入大量资金用于技术研发，尤其在其他公司难以效仿的化学产品上。目前公司主要产品的全球市场份额均保持在 35%—60%，可以说稳坐行业内的头把交椅。

但能在竞争如此激烈的电子行业中保持现今的成绩，绝对要归功于公司的“决策速度”。

[1] 对特定频率的信号进行滤波的电子元件，是智能手机等通信器材不可或缺的元件之一。

[2] 西部数据、希捷、东芝。东芝在 2.5 英寸的硬盘上有较大优势。2000 年共有 40 家硬盘制造企业。

面对客户提出的难题，产品的负责人能够当机立断。在公司有很多这样的年轻决策者，其中仅在通信部门就达到了100名。他们都有权决定：

- 产品的明细、开发周期、量产时间以及数量和价格

村田制作所的村田横夫社长曾说过："我不做任何决定，最多也只是点头答应。"村田社长还表示他最厌恶员工凡事都要向公司请示，当场就应该给客户答复！

村田制作所花费了10年时间，培养了一批决策者，从而建立起当机立断的决策体系。不过这10年时间没有白花，正是这一体系才让村田制作所跟上了客户的变化。

随着智能手机的出现，电子元件行业的大客户也由诺基亚、爱立信等以长期战略为中心需要反复交涉的企业变成了苹果、三星电子等需要当机立断的企业。面对这种变化，罗姆公司和TDK公司难以应对，而村田制作所却刚好可以发挥自己的优势。

村田制作所的这100名年轻决策者并非由公司简单指派，而是公司用10年时间培养出来的专业人才。这些人才来自公司的各个部门，他们都积极向上且善于沟通，接下来他们会用几年甚至10年时间在公司的研发、生产、企划等多个部门轮岗，最后公司会从这些人中选出合适的决策者。

电子元件的商业模式变迁

	普通手机		智能手机
顾客	诺基亚/爱立信	→	苹果/三星电子/中国手机企业
价值提供	技术实力 长期规划 合作伙伴	→	技术力/低成本 当机立断 灵活应对
盈利模式	长期	→	短期积累
竞争力	技术难以效仿 公司决策	→	技术难以效仿 多名决策者

其实找到一个既掌握本行业前沿技术又具备良好沟通能力的人才绝非易事，尤其是在这种市场较小的技术领域。另外，由于涉及技术问题，又很难从外部引进人才。而这正是村田制造所难以被超越的关键所在。

为了守护住一方寸土（小型市场），企业就必须拥有非凡的能力（竞争力）。正如村田制造所“培养的大批专业人才”，这种非凡的能力越是难以被效仿，公司的竞争力就越强。

小型市场的霸主——日东电工的“全球小型市场王牌战略”

日东电工是世界上 LCD 偏振光片的主要供应商之一，在全球市场上它以 40% 的占有率高居首位。近些年，日东电工又推出了“全球小型市场王牌战略”[1]，在这一战略的指导下，公司开辟出了多个小型市场，销售额也达到了7000 亿日元，利润也始终保持在 10% 左右。

日东电工原本是一家胶带生产企业，多年来公司不断对相关产业进行整合、拓展。目前，日东电工的业务已经涉及了 70 个行业，海外销售额和从业人员的比例也达到了 70%，成为一家名副其实的全球性企业。

日东电工的社长柳乐幸雄（1948— ）先生曾说过：“想要在小型市场中打造出王牌产品，就不能进行集中选择。”

因为“不开发大批新产品，王牌产品从哪里来？而新产品中只要有 30% 转化为商品就足矣”。

“迈出第一步，闭上一只眼，这就是日东电工的企业文化。”

“正是这种败也无妨的创新精神才使公司的产品避免了货品化。”

例如，短短几年间应用于电视机的液晶屏就走向了货品化，但应用于智能手机和平板电脑的液晶屏却出现了迅猛增长。日东电工抓准时机，迅速地将偏振光

[1] 日东电工通过分析产品的发展前景，选取其中的“小众市场”，利用特有的技术，保证了它在“小众市场”上的霸主地位。

片的用途转向手机触屏。同时，日东电工还研发出了用于触屏上的透明导电性薄膜，这款薄膜也同样成为王牌产品（市场占有率居世界第一），成为日东电工的一大收入来源。

一家企业如果只盯住一个小型市场，终有一日会惨遭淘汰。而日东电工所谓的“全球小型市场王牌战略”并不是让经营者进行“集中选择”，而是让经营者认识到“在新产品中只要有三成转化为商品就足矣”，让管理者有“迈出第一步，闭上一只眼”的勇气，因为这种商业模式无法一蹴而就，需要我们在失败中摸索前进。

三谷宏治　　　克莱顿·克里斯坦森
（1964—　）　（1952—　）

我和克里斯坦森

三谷（以下简称为"三"）：您身体恢复得怎么样了？已经没什么大碍了吧。

克里斯坦森（以下简称为"克"）：谢谢您的关心，虽然不能像过去那样拼命，不过搞搞研究、开场讲座、写本书什么的应该没有问题。

三：那就好啊。不过我听说您可是同事里回家最早、周末不加班的居家好男人啊！

克：哪里哪里。人生路上与谁同行只是选择的问题。而我的选择是 1 周里 5 天和同事、客户一起同行，1 天和神同行，剩下的时间和家人同行，仅此而已。

三：您的同事迈克尔·波特教授很关心救护问题，我看最近您也写了不少关于这方面的论文和书籍，恐怕与您这次生病不无关系吧？

克：我的父亲因患恶性淋巴瘤，49 岁便离我而去。恶性淋巴瘤的生存率其实高达 80%，不幸的是他却属于剩下的 20%。7 年后，我刚刚 30 岁就被确诊为Ⅰ型糖尿病[1]，之后就一直靠注射胰岛素维持身体所需。所以我在《哈佛商业评论》上发表《医疗行业的困境》绝非心血来潮，尤其作为一名基督教徒，我始终关注着人的生死。

三：这么说您关注医疗和医药问题也都来源于此吧？

克：2007 年，我刚写完《创新者的处方》[2]一书（草

[1] Ⅱ型糖尿病通常由不良的生活习惯引发，而Ⅰ型糖尿病主要由自身的免疫异常引发。

[2] *The Innovator's Prescription*（2009），论述了美国救护制度的改革方案。

稿），就突发了一场严重的心脏病。2009 年底又被查出了低度恶性淋巴癌，幸好这两个病都没要了我的命。而且这场病还给了我更多观察和了解医疗现状的机会。当然，我是躺在床上观察的。（笑）

三：我 6 岁的时候也住过 40 天院，不过那个时候我只知道医院不是什么好玩的地方。（笑）由于住院期间实在是闲得发慌，我一下读了 100 本书。也许正是这 100 本书为我日后的研究生活埋下了伏笔吧？（笑）

克：哈哈，三谷先生，其实“闲”正是我们当代人的一大特征。在这个世界上，大多数人并没有发挥自己的“智力”，可以说我们生活在一个“智力富余”的时代。如果能把这些“富余的智力”都聚集在一起，真不知道这个世界会发生何种变化！Linux 操作系统就是一个很好的例子[1]。然而，在我们中间蕴藏的力量还远不止如此！

三：是啊，如果我们从打游戏、看电视的时间中抽出一成用在生产活动上，这个成果都是惊人的！到 2010 年为止，维基百科的建设时间共计 1 亿小时，而全体美国人 1 年花在看电视上的时间就高达 2000 亿小时。因此只要抽出其中的 1%，每年就可以建 20 个像维基百科这样的网站了。（笑）

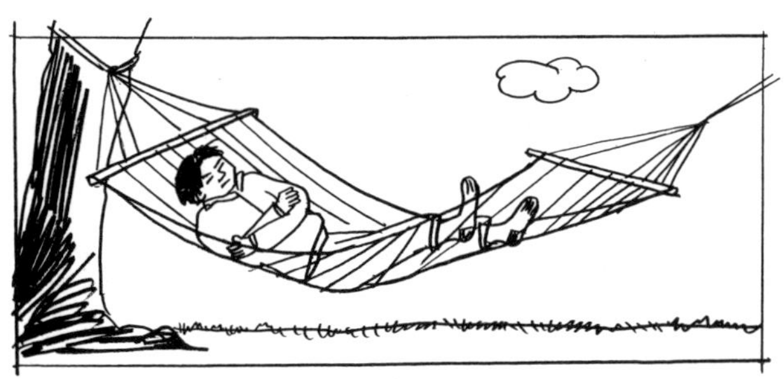

[1] Linux 的主要发明人为林纳斯·托瓦兹（Linus Torvalds，1969— ），目前仍有 1000 名志愿者参与 Linux 的开发工作。

克：可不是吗！我相信日本也一定蕴藏着大量“富余的智力”吧。

三：是的，在日本也有许多人受限于地域，埋没在家庭，无法展示他们超凡的专注力。他们或许不善言谈，或许英语很差，但他们身上超凡的专注力，就是日本最大的战略资源。

克：不过凭此能打败美国的硅谷吗？能打败中国的各路勇士吗？

三：我们常说当今是一个“互联时代”，但如果我们只是简单地联结在了一起，就必将迷失自己。只有把握自己的不同之处，才能认清自己。而日本人超凡的专注力就是我们的价值所在。另外，当今的时代已不再是谁胜谁败的问题，而是能否通过协作，给对方带来价值，为整体增加利益的问题。打败对手不叫赢，在失败中吸取教训进而取得成功才叫赢！

克：说得不错嘛！（笑）

三：啊，让您见笑了。我最近正好在写一本名叫《商业模式全史》的书，所以……

克：听起来不错嘛。什么样的书啊？嗯嗯……这里这么写会不会更好点？这个概念不错！对了、对了，还有这样一个例子。（续）

结束语

自家小店，认识商业的起点

自打懂事起，我便知道家里经营了一家小店。这家小店的正式名称为“三谷酒食料品店”，不过当地人都习惯称它为“三谷店”，而我自然就成了“三谷店的小子”。我家的小店位于福井县永平寺町的一个农村，是一家服务街坊邻居的农副食品商店。每天清晨 5 点父母就得起床，晚上要忙碌到 11 点才能休息。因此我们兄弟三人都成了名副其实的“伙计”。

农副商店的利润主要来自生鲜食品，不过为了经营此类商品，就必须承担较大的风险。因为不管多好的鱼、多好的肉，过了保质期便卖不掉，要么自己家吃掉，要么吃不完扔掉。不过这些商品的毛利较高，想赚钱就得承担相应的风险。这是我从自家小店最先学到的事情。

后来，母亲取得了烹饪资格，便将家中的一角改成了厨房，估计哪些生鲜鱼类卖不掉，她就会将其做成菜品进行销售。这样既提高了小店的利润，又减少了生鲜鱼类的废弃。专业点说，我家的小店由单纯的销售业转变成了制造业和服务业（部分）。

不过在此之前，以Uny为首的超市开始从名古屋以及滋贺一带向福井席卷而来。从20世纪60年代开始，超市和商场迅速兴起，尤其是永旺集团（原名佳世客[JUSCO]）投资兴建的购物中心与平和堂投资经营的“Bell”商城将当地的购物产业推向了顶峰。面对这种大型连锁企业的价格战，作为一家农村的小店毫无抵抗能力。

无奈之下，父亲选择了自由连锁经营（Voluntary Chain），一种最初级的零售连锁模式。不过在这种模式下，农村的小店也有了价格优势，再加上区域内上门送货等贴心服务总算可以和那些大型连锁企业进行一番抗衡。

除本地化服务，再也无计可施

其实，除了生鲜食品，酒类也是我们家小店较为稳定的收入来源（占销售额的30%）。这要多亏政府对酒品销售的严格限制，因为周边没有竞争对手，所以无论啤酒、洋酒，还是日本酒，利润都相当可观。

不过，酒水折扣店的出现却让我们家的优势瞬间化为了泡影。由于政府放宽了对酒类的限制，这些折扣店开始大批进口水货洋酒（行货价格很高），迫于压力朝日啤酒不得不采取应对措施（即低价批发），希望用低价维持市场的份额。

父亲很绝望，他无奈地说：“这些折扣店的售价，比我们的进价还低，这不是在开国际玩笑吗！”

的确，面对这次危机，全家束手无策，眼看着短短几年间，酒水的销量就锐减大半。不过，酒水折扣店同样在劫难逃，最终还是败给了有正规销售许可的大型超市。

20世纪90年代，对农村的副食品店来说，曾有一次转型成为便利店的好机会。但父亲并没有选择这条路。因为三个孩子都已经独立了，他也厌倦了争来斗去。

父亲去世后，小店由母亲独自经营。她不再销售那些有风险的生鲜食品，同时缩小店面规模，让这家店成了街坊四邻的“休憩场所”。

目前，小店的主要收入来自店前摆放的四台自动售货机。由于家旁有一个运动场，一到夏天，特别是周末，冰啤、饮料都十分畅销。这些商品的进价和售价都相对固定，因此赚个零花钱还不成问题，更重要的是，母亲再也不用担心它们会过期变质了。

不过，总有一天这四台机器会坏掉，如果维修费用过高，要好几十万的话，恐怕到那时拥有80年历史的“三谷屋”就得宣布关门大吉。

正是这间小小的“三谷屋”，让我懂得了商业的本质和乐趣，也让我看见了不同商业模式间斗争的残酷。

新型商业模式的诞生与我的商务咨询经历

高中毕业后，我便离开了家乡，一晃30余年。这期间虽然在法国的枫丹白露待过一年半，但总的来说，基本都在东京度过。

大学期间我主攻物理学，毕业后却选择了文科类的职业。1987年我进入波士顿咨询公司，1996至2006年供职于埃森哲。算下来我从事经营战略咨询已有19个年头。

我曾应客户的请求（抑或是别无他法），试着帮助这些企业重塑商业模式。从我接触到的案例来看，多数大企业都关心如何才能应对新兴企业的来势汹汹，却很少愿意在自己身上动刀子，尝试新的商业模式。

1996年，我从波士顿咨询公司辞职加入了埃森哲的战略团队，大家通过努力探索，也成功开创了一些新的商业模式。当时，在商业咨询领域，尤其是波士顿咨询公司、麦肯锡公司这样的顶尖企业，咨询顾问大都既有经验，又有学历（MBA），当然开发新客户等工作也相当具有挑战性。可是在日本，既难以找到这样的人才（有经验、有学历），也难以培养这样的人才，团队建设绝非易事。

而埃森哲公司却在人才培养和团队建设上实现了质的飞跃。

• 人才储备：对大学生、研究生进行“强化训练”和“企业内培”，借此增强公司的业务能力。仅指定若干名年轻的IT咨询人员在公司内进行轮岗

• 业务能力：开辟新客户时，以IT咨询部为门户，之后再输送给其他业务部。深挖老客户时，由年轻的经理负责

• 品质管理：公司对顾问分级，高级顾问需对下级人员的业务品质进行管理

这个平均年龄仅为30岁的经营战略团队，凭借业务上超高的性价比，获得了客户的一致好评，从1996年到我离开的2006年，团队也从原来的40人发展到了200人，足以和波士顿咨询公司、麦肯锡公司相媲美。

最初，公司只是不想录用有工作经验的人员才研究出了上述对策，没想到最后却成了商务咨询类公司“用年轻人撑起整片天”的新型模式。

商业模式的未来，你的未来，以及……

本书从美第奇家族讲起，最后又涉及了我本人的一些经历。至此，关于商业模式的话题就告一段落了。

关于商业模式理论的研究，其实满打满算也只有20年，因此未来的路还很漫长。不过有一点我可以肯定的是，无论在学术界还是在商业界，商业模式理论中还有无数宝贵的资源等待着我们去挖掘。

在经营战略理论中，商业模式可以说是涵盖面最广、系统性最强的概念体系之一。无论是创业者、企业家，还是商业顾问、学者，我们都应该在模式创新上不懈努力。

为此，我们要敢于改变自己，改变团队，甚至改变企业和事业整体。要走别

人没走过的路，要不畏艰辛，敢于冒险。要相信这条路越是布满荆棘，在竞争时才越具实力。

2013年，我出版了一本名为《经营战略全史》的书，受到了广大读者的支持与好评，这对我来说是莫大的鼓励，于是我决定再次执笔，出版《商业模式全史》一书。2014年应《哈佛商业评论》的邀约，我在这本杂志4月份的刊物上发表了一篇同名论文。在此，我要特别感谢总编岩佐文夫先生和责任编辑肱冈彩女士。因为本书正是在这篇论文的基础上续写而成的。

在写这篇论文的过程中，由于篇幅限制，我总觉得不尽兴，因此决定拓展开来写一本关于商业模式历史的书。本书第2章以后的内容，在论文中几乎均未提及。通过本书您是否能够大致了解商业模式的演变过程了呢?

在本次出版过程中，从编辑、设计到排版，都由《经营战略全史》出版团队的原班人马一手操办，在此表示深深的谢意。同时借此机会，向Discover21的干场弓子社长、负责编辑的原典宏先生、负责设计的吉冈秀典先生、负责插画的长崎则子女士、负责校对工作（工房灿光公司）和负责印刷工作的各位先生，以及制作图表的小林祐司先生一并表示感谢。

此外，在我写作的过程中，受到了众多亲友的批评指正以及帮助鼓励，请允许我在此表达谢意。

最后，希望各位读者也能参与到商业模式的创新之中，开创一个属于你们的、崭新的明天。

FONGHONG
凤凰联动出品